AI 시대 문화예술 마케팅의 비밀

AI 시대 문화예술 마케팅의 비밀
문화예술과 콘텐츠 산업에서 배우는 미래 전략

초판 인쇄 2025년 9월 25일
초판 발행 2025년 9월 30일

지은이 안성아·손지현 | 교정교열 정난진
펴낸이 이찬규 | 펴낸곳 북코리아 | 등록번호 제03-01240호
주소 13209 경기도 성남시 중원구 사기막골로45번길 14 우림2차 A동 1007호
전화 02-704-7840 | 팩스 02-704-7848
이메일 ibookorea@naver.com | 홈페이지 www.북코리아.kr
ISBN 979-11-94299-58-5 (93320)

값 23,000원

* 본서의 무단복제를 금하며, 잘못된 책은 구입처에서 바꾸어 드립니다.

안성아 · 손지현 지음

AI 시대 문화예술 마케팅의 비밀

문화예술과 콘텐츠
산업에서 배우는
미래 전략

북코리아

AI 시대 문화예술 마케팅의 비밀

들어가는 글

AI 시대, 기술은 진화하고 마케팅은 다시 쓰인다

불과 몇 년 전만 해도 마케팅은 고객을 이해하고, 상품을 기획하고, 적절한 채널로 소비자와 소통하는 일로 여겨졌다. STP, 4P 같은 전통적 전략 프레임은 오랜 시간 마케팅 교육의 정석 코스였고, 실무에서도 널리 통용되는 유용한 틀이었다.

하지만 이제 상황이 달라졌다. AI는 아이디어를 제안하고, 콘텐츠를 제작하며, 유통과 소비자 커뮤니케이션까지 마케팅의 전 과정에 깊숙이 관여하고 있다. AI는 소비자보다 소비자를 더 잘 알고, 브랜드보다 브랜드의 미래를 더 빠르게 예측하는 존재가 되었으며, 우리는 지금 기술의 진화가 마케팅의 언어와 문법을 새롭게 쓰는 역사적 전환점에 서 있다.

이러한 변화의 시대, 우리는 왜 문화예술과 콘텐츠 시장에 주목해야 할까? 디지털 기술이 처음 등장한 1990년대, 가장 먼저 구조적 변화를 맞이한 분야는 문화예술과 콘텐츠 산업이었다. 다른 산업이 주로 유통과 커머스에서 변화를 겪을 때, 음악, 영화, 게임 등은 창작에서 제작, 유통, 소비에 이르기까지 전 가치사슬이 디지털로 재편되는 혁신을 경험했다.

현재도 AI 기술의 영향이 가장 빠르게 확산되고, 가장 뚜렷하게 드러나는 분야 중 하나는 문화예술과 콘텐츠이다. 창작자에게는 창의적 파트너로, 마케터에게는 브랜드와 소비자 사이를 잇는 인터페이스로, 소비자에게는 개인화된 큐레이터로 작동하며 전례 없던 사례와 경험을 만들고 있다. 기술에 대한 실험과 실패, 혁신에 대한 수용과 저항이 역동적으로 일어나는 이 분야는 마케팅의 미래를 가장 선명하게 보여주는 살아 있는 무대이자 교과서라 할 수 있다.

문화예술 소비자는 특정 산업에 국한된 사람이 아니다. 우리는 매일 콘텐츠를 감상하고, 공유하고, 더 나아가 직접 만들기도 한다. 이제는 누구나 소비자이자 창작자인 시대, 문화적 감수성과 창의성이 소비자와 소통되는 언어로 중요해질 수밖에 없다. 소비자가 이러한 경험을 통해 브랜드와 관계 맺기를 원하는 만큼 마케팅 실무자라면 누구나 문화적 접근 방식을 이해해야 한다. 이 책은 문화예술이라는 렌즈를 통해 변화하는 AI 시대의 마케팅 패러다임을 조망하고자 했다. 이 전환의 지점을 통과하지 못하면, 우리는 미래의 시장과 소비자를 놓칠 수 있다.

전환의 시기, AI라는 도구에 상상력을 담아내며, 내일의 시장과 마케팅을 진지하게 그려보고자 이 책을 집필했다. 이 여정을 응원해준 동료 교수들과 10주년을 맞은 개미 멤버들 그리고 사랑하는 가족들에게 고마운 마음을 전한다. 이 책을 통해 독자들이 새로운 마케팅 패러다임을 이해하고, 선제적으로 대응할 수 있는 통찰과 전략을 얻기 바란다. 나아가 문화예술 교육 현장에서 필립 코틀러의 『전석매진 *Standing Room Only*』을 잇는 마케팅 지침서가 되기를 기대한다.

2025년 여름
저자 안성아·손지현

목차

들어가는 글: AI 시대, 기술은 진화하고 마케팅은 다시 쓰인다   5

1부 AI 시대의 경쟁력, 문화예술로 승부하라   11

1장 왜 문화예술 마케팅인가?   13
1. 문화예술로 승부하지 않는 브랜드는 없다   15
2. 문화예술을 아는 기업이 시장을 리드한다   19
3. 기술혁신의 실험실, 문화예술 산업   23

2장 두 갈래 길에 선 문화예술 산업   31
1. 혁신의 딜레마, 혁신을 거부한 기업들   33
2. 딜레마를 전환의 기회로 만든 기업들   36
3. 기술을 받아들인다고 다 혁신은 아니다   41
4. AI 시대, 기술을 어떻게 받아들일 것인가?   43

2부 AI 시대의 마케팅 전략   47

3장   진화하는 마케팅 패러다임   49
  1   왜 '마케팅 패러다임의 진화'라고 말하는가?   51
  2   마케팅 패러다임은 어떻게 진화하는가? 제품-고객-가치-기술   53
  3   문화예술 마케팅의 패러다임 진화   58

4장   마케팅 환경분석 재정의   69
  1   마케팅 전략의 출발점 '환경분석'   71
  2   미래를 준비하는 환경분석   80
  3   환경분석 도구와 AI의 결합: 전략 파트너로 진화   85

5장   다시 쓰는 문화예술 소비자 행동   91
  1   문화예술 소비에 영향을 주는 요인   93
  2   전형적인 문화예술 소비자 유형   105
  3   소비자 유형의 파괴, 유형이 깨지고 파편이 되다   115

6장   AI 시대의 마케팅 전략 리셋: STP와 4P   119
  1   AI 시대 키워드는 '초-초초-초초초 개인화'   121
  2   AI가 재편하는 시장권력   125
  3   전통적 STP 전략을 넘어   133
  4   달라진 마케팅 믹스: 4P → 4C → 4I   161

3부 새로운 마케팅 믹스 프레임워크: Next 4I — 167

7장 영리한 상품 전략: Ingenious Product — 169
1. 상품의 정의와 문화예술 상품의 특징 — 171
2. 상품은 어떻게 구성되어 있는가? — 175
3. 상품 전략의 변화: 더 영리해지다 — 181
4. 브랜드가 살아남는 법 — 191
5. 유연한 제품 수명주기 — 199

8장 정밀한 가격 전략: Incisive Pricing — 205
1. 가격과 가격 전략 — 207
2. 가격은 어떻게 결정되는가? — 209
3. 전통적인 가격 차별화 전략 — 213
4. 가격 전략의 변화: 정밀함이 경쟁력이 되다 — 218
5. 기술 기반으로 부상한 가격 결정 요인 — 227

9장 플랫폼 연계 전략: Inter-Platform — 231
1. 유통 전략의 변화: 판매보다 연결 — 233
2. 예술 플랫폼을 설계하는 방식 — 240
3. 예술 유통의 지형을 바꾼 기술 플랫폼 — 245
4. 티켓은 어디서, 어떻게 팔아야 할까? — 256
5. 신기술이 탑재된 스마트 공간 — 261

10장 이머시브 촉진 전략: Immersive Promotion — 267
1. 촉진의 기본 원리 — 269
2. 촉진 전략의 변화: 감정과 몰입으로의 확장 — 273
3. 이머시브 촉진 전략 도구 — 277
4. IMC 실행 방식의 변화 — 281
5. 커뮤니케이션 과정과 고객 여정 — 284

4부 마케팅 리서치와 미래 대비 전략   293

11장 마케팅 리서치 혁신   295
    1   마케팅 리서치의 변화: 설문에서 프로그래밍으로   297
    2   리서치 기반 문화예술 위기관리   302
    3   리서치 기반 문화예술 재원 확보   305
    4   AI 시대의 리서치 무기, 프롬프트   309

12장 마케팅 성과 관리의 진화   311
    1   일반적인 마케팅 성과 관리 및 지표   313
    2   문화예술 산업의 성과 지표   315
    3   점유율의 지표들: 시장에서 지갑을 넘어 시간까지   321
    4   고객제표란? 고객을 자산으로 보는 새로운 지표   325

나가는 글: 미래를 준비하는 예술교육   329
참고문헌   333
찾아보기   342

1부

AI 시대의 경쟁력,
문화예술로 승부하라

1부. AI 시대의 경쟁력, 문화예술로 승부하라

1장

왜 문화예술 마케팅인가?

> "살아남는 것은 가장 강한 종이나 가장 똑똑한 종들이 아니라 변화에 가장 잘 적응하는 종들이다."
> – 찰스 다윈 Charles Darwin, 영국 생물학자

1. 문화예술로 승부하지 않는 브랜드는 없다
2. 문화예술을 아는 기업이 시장을 리드한다
3. 기술혁신의 실험실, 문화예술 산업

문화예술은 이제 기업이 반드시 익혀야 할 전략적 언어가 되었다. 기업이 시장에서 살아남고 사랑받기 위해서는 문화예술을 이해하고, 예술가처럼 사고하며, 예술작품처럼 소통할 수 있어야 한다. 그것이 바로 브랜드가 감정과의 관계, 그리고 공감을 기반으로 소비자와 연결되는 방식이기 때문이다.

1

문화예술로 승부하지 않는 브랜드는 없다

브랜드와 문화예술 간 경계가 사라진다

기업과 문화예술 사이에 경계가 점점 더 희미해지고 있다. 기업과 예술의 인연은 사회적 책임Corporate Social Responsibility, CSR*을 실천하는 수단으로 시작됐다. 하지만 이제는 문화예술을 다루는 것이 브랜드 정체성을 감각적으로 풀어내는 핵심 전략이 되어버렸다.

문화예술은 브랜드와 함께 움직이며, 감탄을 만들고, 스토리를 전하는 도구로 작동한다. BMW의 '아트카 프로젝트Art Car Project'나 스와치Swatch의 '아트 컬래버 시리즈Art Collaboration Series'처럼 세계적인 현대미술 작가들이 실제 제품을 캔버스로 삼아 예술을 입히고 있다. BMW는 "예술은 도로를 달릴 수 있다"는 메시지를, 스와치는 "예술은 손목 위에서도 빛날 수 있다"는 감성을 전달한다. 앤디 워홀Andy Warhol, 바스키아

---

* 사회적 책임CSR이란, 기업이 단순히 경제적 이익을 추구하는 것을 넘어 윤리적 경영과 사회·환경적 가치를 함께 실현하려는 활동이다. 문화예술 분야에서는 문화예술 지원과 같은 활동을 통해 사회적 가치와 공익에 기여하는 것을 의미한다.

Jean-Michel Basquiat, 키스 해링Keith Haring 같은 작가들과의 협업은 단순히 '예쁘다'를 넘어서 브랜드와 예술의 정체성이 만나는 접점을 만들어냈다.

브랜드는 이제 콘텐츠 기획제작자이다

오늘날 기업은 제품 판매자가 아니라 영화와 공연을 제작하고 세계관을 구축하는 기획·제작자의 역할까지 수행하고 있다. 이른바 브랜디드 콘텐츠Branded content 전략*은 브랜드 메시지를 직접적으로 전달하기보다 이야기 속에 자연스럽게 녹여내는 커뮤니케이션 방식이다. 기업들은 자극적인 광고보다 브랜드의 가치와 감성을 담은 스토리 한 편이 소비자에게 더 깊은 인상을 남긴다는 사실을 알고 있다.

에어비앤비Airbnb는 숙소 서비스 플랫폼이지만, 고객이 픽사Pixar 애

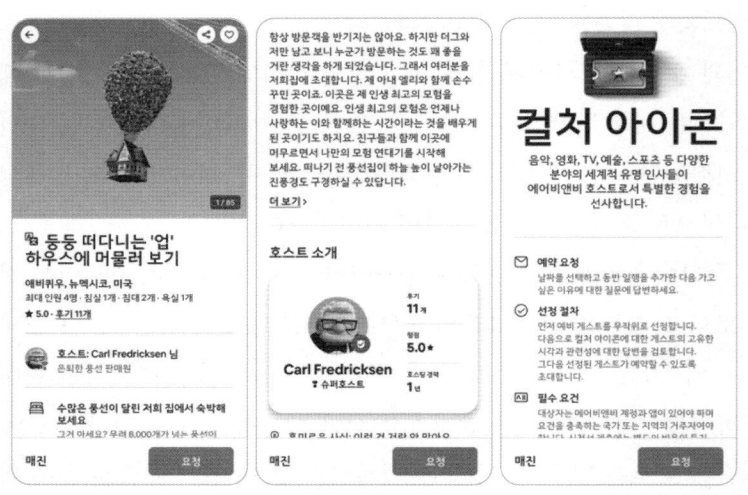

에어비앤비의 컬처 아이콘**

* Jerrid Grimm (2023), "Beyond banner ads: How branded content is redefining advertising for publishers", impact.com 기사 참조.
** 에어비앤비(https://www.airbnb.co.kr/) 앱 '컬처 아이콘'에서 캡처.

니메이션 '업Up' 하우스에서 보내는 특별한 하루, 또는 코미디언 케빈 하트Kevin Hart와 함께하는 하룻밤 같은 '컬처 아이콘Culture Icons' 콘텐츠를 선보였다. 소비자는 '광고로 본 브랜드'보다 '이야기를 경험한 브랜드'를 선호하고, 브랜드 전략은 말 대신 브랜드를 직접 경험하게 하고 공감하게 하며, 기억에 남도록 설계하는 방향으로 가고 있다.

선택받고 싶은 브랜드는 감성을 설계한다

예전엔 품질이 시장의 승부를 갈랐다. 하지만 이제는 기술이 상향 평준화되고, 제품 간 성능 차이도 미미해졌다. 기능만으로는 소비자의 선택을 끌어내기 어려운 시대다. 소비 기준도 '소유'에서 '경험'으로, '정보'에서 '공감'으로 점차 옮겨가고 있다. 사람들은 '무엇을 살까'보다 '어떤 경험을 할까'를 중심에 두고 움직인다.

이런 변화는 기업의 전략도 바꾸게 한다. 예전에는 상품에 관한 정보 전달이 주요 마케팅 활동이었지만 지금은 친구가 해준 이야기, 인스타그램 팔로워Instagram follower가 소개한 장소, 그리고 나와 비슷한 사람이 선택한 경험이 훨씬 더 강한 신뢰를 준다는 것을 기업도 알게 되었다. '누가 그것을 샀는가'가 '그것이 얼마나 좋은가'보다 더 중요하다. 한 번의 진짜 경험은 열 번의 광고보다 강하고, 감정이 실린 순간은 기억 속에 남아 사람들 사이로 흘러 다니며 또 다른 소비로 이어진다.

감성이 시장의 가장 강력한 촉매가 된 이 시대에는 '감성의 설계'가 중요하다. 제품의 성능은 따라 할 수 있어도 사람의 마음을 움직이는 감각과 서사는 쉽게 복제할 수 없기 때문이다. 감성을 세밀하게 구축한 브랜드만이 다시 선택받을 수 있다.

현대카드, 후발주자에서 업계 리더로: 문화예술과 데이터를 통한 성장

현대카드는 카드업계의 후발주자였다. 초창기에는 '현대차 직원용 카드'라는 이미지가 강했고, 브랜드 인지도 낮았다. 하지만 기존 카드사들과는 다른 길을 택했다. 금융을 넘어 문화, 라이프스타일, 데이터를 통해 소비자와의 접점을 확장하는 전략이었다.

2005년 '슈퍼 매치', 2007년 '슈퍼 콘서트'를 통해 현대카드는 카드사로는 이례적인 문화 콘텐츠를 직접 기획했다. 2011년에는 이러한 문화 마케팅을 보다 체계화한 '컬처 프로젝트 Culture Project'를 론칭했다. 건축, 디자인, 패션, 예술 등 다양한 장르로 확장하며, 현대카드는 카드사의 브랜드 정체성을 '문화'라는 언어로 새롭게 정의해 나갔다.*

'감성'으로 브랜드를 구축한 현대카드는 동시에 '이성'(데이터와 기술)으로 사업을 강화했다. 2015년부터 본격화된 PLCC Private Label Credit Card (상업자 전용 카드) 전략**으로 이마트, 스타벅스, 네이버, 넥슨, 무신사 등 다양한 업종과 파트너십을 맺었다. 이 과정에서 현대카드는 파트너사의 충성고객을 확보하는 데 그치지 않고, 서로 다른 업종 간 데이터를 엮어 새로운 마케팅 아이디어를 창출할 수 있는 데이터 생태계를 만들어냈다. 나아가 소비자의 쇼핑, 외식, 여행, 투자 등 라이프스타일 전반에 스며들며 단순 결제를 넘어선 '경험 설계 브랜드'로 자리매김했다.

최근 현대카드는 전략의 중심을 데이터와 AI로 옮겼다. AI 기반 고객 세분화, 초개인화 추천, 실시간 리스크 분석 등을 운영 중이며, 앞으로는 예측 기반 전략이 핵심 경쟁력이 될 전망이다. 특히 2024년, 자체 개발한 AI 플랫폼 '유니버스 UNIVERSE'***를 일본에 수출하며 기술력을 인정받았다. 이 플랫폼은 고객의 행동과 상태를 '태그 Tag'로 정밀하게 분석해 타기팅할 수 있는 초개인화 AI로, 업종을 가리지 않고 다양한 비즈니스에 적용할 수 있다.

---

*   박승준 (2025.3.24), "Loved by Hyundai Card: 문화에 진심인 현대카드", 오피니언.

**   팀퍼포먼스 (2025.4.25), "현대카드는 어떻게 수많은 브랜드와 PLCC를 만들 수 있었나", 오픈애즈.

*** 현대자동차그룹 뉴스룸 (2024.10.17), "현대카드, 금융업계 최초 AI 소프트웨어 수출".

2 문화예술을 아는 기업이 시장을 리드한다

오늘날 기업들은 문화예술의 언어를 배우고 있다

감성에 기반한 차별화된 소통, 창의적인 기획력, 트렌드를 읽어내는 감각은 더 이상 문화예술 종사자만의 영역이 아니다. 기업의 기획자, 디자이너, 마케터는 물론, 회사 모든 부서에서 문화예술 창작자처럼 생각하고 기획할 수 있는 역량이 요구되고 있다. 채용에서도 이러한 감성적 사고력과 창의성은 중요한 평가 기준으로 자리 잡았다.

이러한 변화 속에서 문화예술은 이제 기업이 반드시 익혀야 할 전략적 언어가 되었다. 기업이 시장에서 살아남고 사랑받기 위해서는 문화예술을 이해하고, 예술가처럼 사고하며, 예술작품처럼 소통할 수 있어야 한다. 그것이 바로 브랜드가 감정과의 관계, 그리고 공감을 기반으로 소비자와 연결되는 방식이기 때문이다.

변화가 빠른 시대일수록 기업은 문화예술 마케팅에서 해답을 찾는다

일반 기업들은 문화예술과 콘텐츠 산업에서 축적된 전략과 소비자 대응 방식을 적극 수용하고 있다. 예술 시장에서는 희소성에 대한 갈망, 소속되고 싶은 심리, 짧은 트렌드 순환 주기 등 지금의 소비 시장에서 주목받는 과제들을 이미 오래전부터 다뤄왔고 그에 대한 노하우가 축적되어 있다. 그리고 기업들은 이러한 노하우를 '외부 참고자료' 정도가 아닌, '내부 사고 프레임'으로 내재화하고 있다.

대표적인 사례로 희소성 마케팅이 있다. 루이비통Louis Vuitton의 아티스트 컬래버레이션collaboration, 샤넬Chanel의 한정판 향수, 스타벅스Starbucks의 도시별 텀블러 에디션 등은 제품을 떠나 '갖고 싶은 이야기'를 담은 상징적인 오브제로 소비된다. 예술 시장에서 오래전부터 활용되어 온 이 전략은 한정성, 유일성, 소장 가치를 강조함으로써 소비자의 소유욕과 자아 표현 욕구를 동시에 자극한다.

팬덤 마케팅 역시 문화예술에서 출발한 전략 중 하나다. 음악, 공연, 영화 같은 문화산업에서 형성되던 팬덤은 오늘날 패션, 뷰티, 테크 산업으로 확산되고 있다. 구찌Gucci의 커뮤니티 중심 전략, 애플Apple의 브랜드 팬 문화, 다이슨Dyson의 테크 팬덤은 소비자를 단순한 구매자가 아닌, 브랜드와 함께 의미를 만들어가는 주체로 만들었다.

또한 짧은 제품 수명과 시장의 불확실성은 문화예술 산업에 매우 익숙한 현상이다. 히트곡의 소비 주기, 영화의 흥행 흐름, 인기에 대한 급격한 반응과 빠른 소멸은 소비자의 리셋 속도와 반응을 잘 보여준다. 예술 시장은 이러한 불안정한 흐름을 오히려 자산화하며, 끊임없는 실험과 기획을 통해 시장에 유연하게 대응해왔다.

기업이 문화예술을 조직 내에 자산화하는 방법이 다양해졌다

문화예술을 사내 교육에 도입하면, 직원들의 창의성 증진, 직무 성과 향상, 조직문화 개선, 만족도 제고, 동기부여 등 조직 전반에 긍정적인 영향을 미친다는 연구 결과들이 이미 널리 알려져 있다.

이전 기업들이 문화예술을 도입했던 방식은 '힐링'을 중심으로 한 예술 워크숍, 예술가와의 협업 프로그램, 전시나 공연 같은 예술 체험 활동, 사내 예술 동아리 지원 등이 일반적이었다. 그러나 이제는 예술적 사고Art thinking, 예술 기반 학습Art-based learning, 감성지능EQ 개발처럼 조직 전반에 자연스럽게 스며들 수 있는 방식으로, 예술을 더 멀리 그리고 더 깊게 바라보며 끌어들이고 있다. 기업들은 내부에 전담 부서를 신설하거나, 외부의 창의적 공간을 적극 활용하려는 움직임을 보이고 있는데, 구글의 크리에이티브 랩Creative Lab처럼 실험적인 프로젝트를 기획하거나, 벨웍스Bell Works 같은 창의 공간에서 새로운 자극을 얻으며 아이디어를 발굴하는 방식이 그 예이다.

구글의 사내 조직: 크리에이티브 랩

구글의 크리에이티브 랩Creative Lab은 혁신과 창의성을 중심에 둔 다학제적 팀으로 디자이너, 작가, 엔지니어, 영화 제작자 등 다양한 분야의 전문가들이 모여 실험적인 프로젝트를 수행하는 조직이다. 이 팀은 구글의 제품과 기술이 지닌 잠재력을 탐색하며, 사용자에게 유용하고 아름다우며 즐거운 경험을 제공하는 것을 목표로 한다. 일반적인 마케팅 부서와 달리, 창의적 사고와 기술의 융합을 통해 새로운 가능성을 탐구하고, 사회에 긍정적인 영향을 미치는 솔루션을 개발하는 데 집중한다.

이곳에서 제작된 "웹은 당신이 만드는 것입니다The Web is What You Make of It" 캠페인은 구글 크롬Chrome의 인지도를 높이기 위해 기획된 프로젝트로, 예술가와 엔지니어의 협업을 통해 다양한 스토리텔링 기법을 활용한 것이 특징이다. 또한, 이 랩에서 개발한 '구글 아트앤컬처Google Arts & Culture' 플랫폼은 전 세계의 문화유산을 디지털화해 사용자가 새로운 방식으로 문화를 경험할 수 있도록 한다.

또한, 구글 크리에이티브 랩은 시대의 흐름에 발맞춰 기술 발전에 따른 새로운 창작 방식도 적극적으로 실험하고 있다. 2025년 현재, 이 팀은 기술과 예술의 경계를 허무는 시도를 이어가며 이미지 생성 AI '위스크Whisk'와 영상 제작 AI '플로우Flow'를 선보였다. 두 프로젝트 모두 생성형 AI의 창의적 활용 가능성을 탐색하며, 전통적인 콘텐츠 제작 방식에 신선한 전환점을 제시하고 있다.

3   기술혁신의 실험실, 문화예술 산업

기술혁신은 모든 산업에 직간접적인 영향을 미친다. 그러나 이제 지능형 기술이 보편화되고 있는 시대에 문화예술과 콘텐츠 산업은 가장 넓고 다양한 방식으로 변화하는 분야라 할 수 있다. 전혀 영향을 받지 않는 장르부터 기술에 의해 즉각적으로 재편되는 장르까지, 그 반응의 스펙트럼이 유독 넓다. 이러한 특성 때문에 문화예술 산업은 미래 산업의 흐름을 미리 읽을 수 있는 하나의 '선행 지표'가 된다. 새로운 기술이 인간의 감각과 상상력에 어떻게 작용하는지를 가장 먼저 보여주는 영역이기 때문이다.

또한 문화산업을 관찰하는 일은 단지 하나의 산업군을 분석하는 것이 아니라, 기술 변화가 시장에 어떤 감성적·사회적 파장을 일으킬지를 예측하는 작업이다. 문화예술은 그 자체로 미래 산업을 비추는 거울이자, 다른 산업의 전환을 조망하는 유효한 참고서 역할을 할 수 있다.

1) 디지털 전환을 정면으로 마주한 문화예술

디지털 시대의 흐름을 가장 먼저 감지하고 실험해온 공간, 그 중심에 문화예술 산업이 있었다. 이는 영화, 음악, 방송, 게임, 만화, 도서 등 대부분의 창작물이 디지털화에 최적화된 형태를 띠고 있기 때문이다. 완전한 디지털 전환이 가능한 이들 콘텐츠는 무한 복제와 실시간 전송을 가능케 하며, 디지털 기술이 어떤 방식으로 작동하는지를 가장 선명하게 드러내왔다.

넷플릭스Netflix, 스포티파이Spotify, 애플뮤직Apple Music 같은 플랫폼은 대규모 서버 기반의 디지털 전송 기술을 바탕으로 빠르게 성장했다. 이들의 정교한 추천 알고리즘은 소비자에게 콘텐츠를 노출하는 새로운 유통 경로를 만들어냈다. 이제 이들은 신흥 플랫폼이면서 디지털 시대를 상징하는 거대 엔터테인먼트 기업이 되었다.

구독Subscription 기반 플랫폼은 월정액 모델을 통해 지속가능하고 안정적인 수익 구조를 구축했다. 유튜브Youtube 같은 소셜미디어는 인디 창작자들이 광고, 협찬, 브랜드 컬래버 등을 통해 수익을 창출할 수 있는 환경을 제공했다. 여기에 팬들의 직접 후원이 가능한 크라우드펀딩 모델까지 확산되면서, 창작 생태계의 자생력을 높였다.

팬덤의 의미도 달라졌다. 아티스트나 배우를 좋아하고 소비하는 데서 멈추지 않고, 콘텐츠를 분석하고 재해석하며 확산시키는 능동적 주체가 되었다. SNS, 온라인 커뮤니티, 밈Meme 문화는 이들이 제작자에 준하는 영향력을 행사할 수 있음을 보여준다.

한편, 누구나 쉽게 콘텐츠를 만들고 퍼뜨릴 수 있는 환경은 제작의 진입장벽을 크게 낮추었고, 이는 유튜버나 인플루언서처럼 일반인이 콘텐츠 산업의 중심에 설 수 있는 기반이 되었다. 그 결과, 소비자이자 제작자인 프로슈머Prosumer들이 주도하는 롱테일 콘텐츠 생태계가 활발히 형성되며, 문화산업의 구조는 더욱 수평적이고 개방적이며 다양해지는 방향으로 나아가고 있다.

2) 디지털 이전에도 기술은 예술을 흔들었다

디지털 기술만이 아니다. 역사적으로 보아도 문화예술은 언제나 시대의 기술 변화와 함께했다. 르네상스 시대엔 인쇄술이 등장하면서 예술이 귀족의 전유물에서 대중의 손에 닿기 시작했고, 18세기 산업혁명은 석판화와 판화 기술을 발전시켜 예술을 복제 가능한 것으로 만들었다. 19세기엔 사진 기술이 회화의 역할을 바꾸면서 인상주의 같은 새로운 흐름을 이끌었다. 20세기엔 영화와 텔레비전이 시간과 공간을 넘나드는 새로운 서사 형식을 열었다. 시대마다 등장한 기술은 예술의 표현과 수용 방식에 새로운 가능성을 열어주는 동력이 되어왔다.

시각예술이 기술과 만났을 때

19세기 초, 사진기의 발명은 미술사에 큰 전환점을 가져왔다. 더 이상 현실을 똑같이 그릴 필요가 없어지자, 화가들은 새로운 표현을 탐색하기 시작했다. 사실성보다 감각과 작가의 시선이 중요해지면서 인상주의가 등장했고, 이후 입체파, 추상표현주의, 초현실주의로 이어지며 미술은 그 영역을 넓혀갔다. 1990년대 들어 디지털 기술이 급속히 발전하면서, 예술은 디지털 아트와 미디어 아트 등으로 또 한 번의 확장을 맞이하게 되었다.

음악 산업이 기술과 만났을 때

1877년, 에디슨Thomas Edison이 축음기를 발명하면서 음악은 처음으로

'기록'되고 '재생'될 수 있게 되었다. 1920년대에는 라디오가 등장하며 음악이 더 널리 퍼졌고, 1948년 LP 레코드는 클래식을 대중 가까이 끌어왔다. 1963년엔 카세트테이프가 나오면서 음악은 처음으로 '들고 다닐 수 있는' 콘텐츠가 되었다. 1980년대에는 CD가 등장하며 음악을 디지털 방식으로 저장하고 소유할 수 있게 되었다. 1990년대 말, MP3와 P2P 공유 서비스의 확산은 음악을 파일 형태로 유통하는 시대를 열었다. 2001년 애플이 아이튠즈를 출시하며 합법적 디지털 음원 생태계를 구축했고, 이후 스포티파이, 멜론 등 스트리밍 서비스가 음악 소비의 중심으로 자리 잡았다.

영화 산업이 기술과 만났을 때

1895년 뤼미에르 형제가 시네마토그래프 Cinématographe를 선보이며 영화가 탄생했다. 바로, 영화가 처음으로 극장에서 상영된 역사적인 해이다. 1950년대에는 텔레비전이 등장해 극장 밖에서도 영상을 즐길 수 있게 되었고, 1970년대에는 VHS와 베타맥스 Betamax 덕분에 가정에서도 영화 감상이 가능해졌다. 1997년에는 DVD가 등장하며 영상 콘텐츠가 본격적으로 디지털로 전환됐다. 2000년대 후반 넷플릭스를 시작으로 디즈니+, 티빙 등 다양한 OTT 서비스가 등장했고, 코로나19 팬데믹을 거치며 일상 속 주요 미디어로 자리 잡았다. 한편, 극장은 사라지지 않기 위해 와이드스크린, IMAX, 3D, 4DX, 스크린 X 같은 기술을 도입하여 특별한 체험 공간으로 변신했다.

공연예술이 기술과 만났을 때

공연예술은 고대에 야외에서 육성과 자연 조명에 의존했으나, 르네상스 이후 무대 장치와 조명이 발전하면서 시각적 연출이 강화되었다. 19세기 후반에는 전기 조명과 음향 장비의 도입으로 무대 연출의 정교함과 몰입감이 크게 향상되었다. 20세기 중반에는 영화와 텔레비전의 영향으로 촬영 기법과 편집 방식이 공연 연출에 도입되었고, 마이크와 서라운드 음향 기술은 '현장감'을 극대화하는 데 기여했다. 2006년 메트로폴리탄 오페라Metropolitan Opera의 'Live in HD'는 공연 실황을 전 세계에 생중계하며 공연예술의 디지털 전환에 결정적인 전환점이 되었다. 이후 스트리밍, VR/AR, 홀로그램 등 다양한 기술이 접목되며 공연은 시공간의 한계를 넘는 새로운 방식으로 계속 실험되고 있다.

3) AI 시대 예술 생태계를 움직이는 관객 데이터

문화예술은 오랫동안 기술혁신의 실험실이었지만, 기술 자체가 예술을 바꾼 것은 아니었다. 새로운 기술이 아무리 뛰어나도 문화예술 산업을 바꾸는 진짜 주체는 '관객'이고 '소비자'였다. 기술은 환경을 바꾸었지만 그 안에서 문화를 살아 있게 만든 것은 언제나 관객이었다.

디지털 시대로 넘어오면서 문화예술은 누구나 언제든지 접속할 수 있게 되었다. 관객은 똑같이 일상 속에서 문화예술을 감상하고 소비했지만, 종일 들은 음악 플레이리스트, 마음에 드는 영상에 누른 '좋아요' 버튼 하나, 무심코 단 댓글들은 모두 데이터로 차곡차곡 쌓였다.

AI 시대에 들어서면서 이러한 관객의 일상적 행동 데이터가 다음 예술 생태계를 움직이는 동력이 되고 있다. 기술 덕분에 더 많은 사람이 예술을 즐길 수 있게 되었다면, 그 안에서 예술의 생명력을 키우고 방향을 정하는 주체는 관객의 취향과 선택이 되었다. 그리고 이 선택은 구체적이고 분석 가능한 데이터 형태로 남아서 예술의 다음 흐름을 설계하는 역할을 하고 있다. 예술은 여전히 창작자의 영역이지만, AI 시대의 예술 경험은 '관객 데이터'에 의해 재구성되는 중이다.

관객 데이터가 창작의 영감이 된다

예술가의 직관과 영감은 여전히 창작의 시작점이지만, 요즘은 관객이 남긴 데이터가 흐름의 방향을 잡아준다. 소비자가 영상이나 음악을 소비하면서 무심코 남긴 시청 시간, 선호 장르, 반복 재생 같은 디지털 발자취는 창작자에게 새로운 아이디어를 던져주는 힌트가 된다. 스포티파이Spotify가 연말마다 공개하는 '랩드Wrapped'* 데이터는 아티스트가 팬들의 취향을 구체적으로 파악하고, 다음 작업의 영감을 얻는 창구가 되고 있다.

관객의 반응으로 콘텐츠가 설계된다

예술의 기획 단계에서도 관객의 데이터는 중요한 나침반이 될 수 있다. 무엇이 주목받았고, 언제 이탈이 일어났으며, 어떤 장면이 반복 소비되었는지를 데이터로 읽는다. 이 발자취들이 곧 다음 기획의 밑그림이 된다. 한 예로 넷플릭스는 시청자의 행동 데이터를 분석해 인기 있는 전개 방식이나 장르의 패턴을 찾아내고, 이를 바탕으로 다음 시즌 혹은 신작의 방향을 잡는다. 관객의 선택은 곧 기획의 근거가 된다.

관객의 습관이 알고리즘을 만든다

개개인의 취향은 데이터에 의해 수치화된다. 서비스 사용자의 클릭, 스킵, 반복 재생 같은 행동이 알고리즘에 저장되고, 이것들이 쌓여 더 정교한 추천 시스템이 만들어진다. 스포티파이의 'Discover Weekly'는 매주 사용자 취향에 딱 맞는 30곡을 골라주는데, 이건 결국 내가 만든 나만의 음악 큐레이터인 셈이다. 대부분 콘텐츠 플랫폼의 큐레이션도 취향의 데이터가 만든 결과물이다.

* https://newsroom.spotify.com/2023-wrapped/

관객의 선택이 가치를 결정한다

디지털 시대에는 예술도 '소장각'이 된다. NFT와 블록체인Blockchain 덕분에 관객은 작품을 직접 소유하고 거래하는 주체로 참여할 수 있게 되었다. 무엇이 더 가치 있는 예술인지에 대한 판단 기준도 기존 미술계의 권위에서 대중의 선택으로 옮겨갈 수 있음을 보여주었다. 디지털 아티스트 비플Beeple의 NFT 작품이 경매에서 약 6,900만 달러*에 낙찰된 거래는 이러한 변화를 상징적으로 보여주는 사례이다.

* https://www.blockmedia.co.kr/archives/172324

1부. AI 시대의 경쟁력, 문화예술로 승부하라

2장

두 갈래 길에 선 문화예술 산업

"위험한 것은 변화하는 것이 아니라, 변화하지 않는 것이다."
– 제프 베조스Jeff Bezos, 아마존 창립자

1. 혁신의 딜레마, 혁신을 거부한 기업들
2. 딜레마를 전환의 기회로 만든 기업들
3. 기술을 받아들인다고 다 혁신은 아니다
4. AI 시대, 기술을 어떻게 받아들일 것인가?

우리는 지금 AI라는 기술혁신이 주도하는 거대한 전환점에 서 있다. 이번 변화는 아날로그에서 디지털로의 이행보다 훨씬 더 넓고 깊게 산업 생태계 전반에 영향을 미치고 있다. 특히 문화예술 산업에서는 창작과 소비 경험은 물론, 예술의 개념 자체를 재정의하는 계기가 될 것이다. 이러한 흐름 속에서 기업은 선택을 피할 수 없다. 변화를 어떻게 받아들이느냐에 따라 기업의 미래가 바뀔 것이다.

1 혁신의 딜레마, 혁신을 거부한 기업들

기술혁신은 기존 산업의 질서를 뒤흔듦과 동시에 새로운 기회를 만든다. 그러나 아이러니하게도, 이미 성공한 기업일수록 이러한 변화 앞에서 한 걸음 물러서는 경향이 있다. 낯선 기술에 몸을 사리는 것이다. 이는 '혁신의 딜레마 The innovator's dilemma'로 불리는 현상이다. 현재의 사업 성과가 안정적이고, 기존 고객도 큰 변화를 요구하지 않을 때 기업은 리스크가 큰 혁신보다는 검증된 현재를 선택하게 된다. 결과적으로, 잘나가던 기업일수록 변화에 느려지고, 그사이 과감한 플레이어들이 등장해 판을 바꾸게 된다. 산업의 역사 속에는 이러한 역전의 순간들이 숱한 사례로 이어져왔다.

디지털을 외면한 음악 산업

1990년대 후반, 음악 파일 서비스가 처음 등장했을 당시, CD 판매량은 정점을 찍고 있었다. 1997년, 인터넷을 통해 압축된 음악 파일을 주고받는 서비스가 세상에 나왔지만, 대형 음반사들은 여전히 앨범 중심의 시장이 이어질 것이라 믿었고, 음질이 떨어지는 MP3 파일에는 큰 관심을 두지 않았다. 오히려 일부는 저작권 침해를 이유로 법적 대응에 나서기도 했다.

그러나 상황은 빠르게 달라졌다. MP3와 P2P 서비스 이용이 급증하면서 소비자는 디지털 음악으로 급격히 이동했고, 변화의 속도를 따라잡지 못한 음반업계는 뾰족한 대응책을 내놓지 못한 채 시간만 흘려보냈다. 2000년대에 접어들며 CD 매출은 급감했고, 디지털 전환에 미온적이었던 음반사들은 그 대가를 혹독히 치르게 되었다.

명성에 안주한 브리태니커

오랫동안 브리태니커Britannica는 백과사전의 대명사였다. 미국 중산층 가정의 서재에서 이 전집은 지적 문화의 상징처럼 여겨졌다. 영업사원들은 집집마다 방문해 백과사전을 판매했고, 부모들은 자녀 교육을 위해 기꺼이 수천 달러를 지불했다.

1980년대 마이크로소프트Microsoft가 CD-ROM 버전 제작을 제안했을 때, 브리태니커는 200년 넘게 쌓아온 브랜드의 힘을 믿고 이를 거절했다. 이후 1993년 마이크로소프트는 '엔카르타Encarta'를 출시하며 디지털 백과사전 시장을 선점했다. 검색 기능과 멀티미디어 콘텐츠를 갖춘 엔카르타는 저렴한 비용 또는 무료로 제공되며 빠르게 확산되었다. 브리태니커도 온라인 서비스를 시작했지만, 엔카르타의 속도와 접근성을 따라잡지 못했다. 2000년대 들어 위키피디아 같은 무료 서비스가 등장하면서 경쟁력은 더 떨어졌고, 2012년 종이 백과사전 발행을 공식 중단했다.

기술은 있었지만 과거에 머무른 코닥과 노키아

코닥Kodak은 세계 최초로 디지털카메라의 핵심 기술을 개발한 기업이었다. 그러나 당시 코닥은 막대한 수익을 올리던 필름 사업에 지나치게 의존하고 있었고, 그로 인해 자사 기술의 상업화를 주저했다. '디지털은 아직 비싸고, 소비자는 여전히 필름 사진의 품질을 선호한다'는 판단 아래,

혁신보다는 기존 수익모델을 지키는 쪽을 택했다. 하지만 캐논Canon, 소니Sony 등 후발주자들이 디지털카메라 기술을 빠르게 상용화하고 대중화에 성공하면서, 소비자의 선택은 필름이 아닌 디지털로 기울었다. 결국 코닥은 파산 보호 신청에 들어갔다.

한편, 노키아Nokia는 2000년대 초반까지 사실상 전 세계 휴대폰 시장을 지배하던 절대 강자였다. 스마트폰 관련 핵심 기술을 가장 먼저 보유한 기업 중 하나였으며, 초기 스마트폰 개발에도 앞장섰다. 그러나 문제는 실행에 있었다. 노키아는 기존 피처폰 중심의 하드웨어 설계와 독자적인 소프트웨어 플랫폼을 끝내 고수하며, 과감한 전환을 망설였다. 당시 경영진은 높은 시장점유율과 사용자가 익숙한 방식에 대한 선호를 근거로, 기존 구조를 유지하는 것이 더 안전하다고 판단했다. 그러나 이러한 판단은 애플의 아이폰과 구글의 안드로이드가 주도한 앱 생태계 앞에서 무너졌다.

변화 앞에 멈춘 거인, 블록버스터

블록버스터Blockbuster는 미국의 비디오 대여 시장을 장악했던 리더 기업이었다. 1990년대, 비디오와 DVD의 인기에 힘입어 미국 전역에 9천 개 이상의 매장을 운영했으며, 금요일 저녁이면 가족 단위 고객이 매장을 가득 메우곤 했다. 특히 연체 시 부과되는 수수료는 회사의 핵심 수익원이었다.

한편, 당시 넷플릭스는 우편을 통한 DVD 대여라는 새로운 방식을 도입한 스타트업에 불과했다. 몇 년 뒤, 넷플릭스는 블록버스터에 회사를 5천만 달러에 인수해줄 것을 제안했지만, 블록버스터는 온라인 시장의 잠재력을 낮게 평가하며 이를 거절했다. 하지만 흐름은 빠르게 바뀌었다. 넷플릭스는 2007년부터 스트리밍 서비스를 본격화하며, 영상 콘텐츠 소비 방식을 완전히 뒤바꿔놓았다. 반면, 블록버스터는 2010년 파산하고 말았다.

2 딜레마를 전환의 기회로 만든 기업들

혁신은 기존 질서를 파괴하는 위협으로 다가오기도 하지만, 그것을 어떻게 받아들이느냐에 따라 새로운 기회로 바뀔 수 있다. 오늘날까지도 지속적으로 성장하고 있는 기업들은 '혁신의 딜레마'에 직면할 때마다 과감한 결단을 해왔다. 이들은 기존 사업의 안정성과 신기술의 가능성 사이에서 균형점을 찾아내거나, 과감히 스스로의 핵심 모델을 전환함으로써 시장 변화에 선제적으로 대응했다.

혁신의 파도를 먼저 타기로 결정한 애플
애플은 2001년 휴대용 디지털 뮤직플레이어인 아이팟iPod을 출시하며 음악 산업에 진입했다. 당시 MP3 시장은 불법 다운로드와 불안정한 기기 성능으로 혼란스러웠고, 레코드 업계는 여전히 CD 판매에 집중하고 있었다. 애플은 디자인, 용량, 사용자 경험에서 완성도 높은 아이팟을 선보이며, 디지털 음악 기기의 새로운 기준을 제시했다.

하지만 애플의 진짜 혁신은 2003년 아이튠즈 스토어iTunes Store 출시에서 드러난다. 이 플랫폼은 개별 곡 구매 모델을 통해 소비자에게 편의를 제공하는 동시에, 음악 산업의 저작권 질서 회복에도 기여했다. 애플은 음악 산업과의 협상을 통해 디지털 음악 유통의 정식 경로를 열었고, 이는 기기 판매와 더불어 음악 생태계 중심의 수익구조를 확장하는 시도였다.

하지만 시간이 지나며 스트리밍이 새로운 표준으로 떠오르자, 애플은 또 한 번의 전환을 선택했다. 2015년 아이튠즈의 성공을 뒤로하고 애플뮤직Apple Music을 출시하며 정액제 스트리밍 시장에 뛰어든 것이다. 기존 모델의 잠재적 침식을 감수하면서도 변화하는 소비자의 기대에 맞춰 방향을 전환한 결정이었다.

혁신을 다르게 받아들인 닌텐도

닌텐도Nintendo는 1980년대부터 가정용 게임기 시장을 이끌어온 선도 기업이다. '패미컴'과 '슈퍼패미컴'으로 콘솔 게임을 대중화했고, '게임보이' 시리즈를 통해 휴대용 게임 시장도 열었다. 2000년대 초반, 콘솔 시장은 고성능 중심의 경쟁으로 재편되었다. 소니와 마이크로소프트는 고화질 그래픽, 빠른 프로세서, 멀티플레이 기능 등을 앞세우며 성능 전쟁을 주도했다. 그러나 닌텐도는 이 흐름을 그대로 따르지 않았다.

2006년 닌텐도는 Wii를 출시하며 쉽게 조작할 수 있는 새로운 게임 경험을 제안했다. 직접 몸을 움직이며 게임을 조작하는 모션 컨트롤 방식은 가족, 중장년층 등 고사양 게임에 서투른 비전통적 게임 이용자층의 환호를 받았다. 닌텐도는 기술 우위를 좇기보다 게임의 '즐거움'을 재정의하는 방식으로 혁신을 받아들인 것이다. 2017년 출시된 휴대용 게임 콘솔 스위치Switch 역시 닌텐도다운 전환이었다. 휴대성과 거치형을 결합한 하이브리드 구조로, 다양한 상황에서 유연하게 게임을 즐길 수 있는 방식을 제시했다. 이후 닌텐도는 자사의 게임 IP를 중심으로 디지털 구독 서비스(닌텐도 스위치 온라인)를 확대하고, 고전 콘텐츠 재활용, 영화·테마파크 진출 등을 통해 사업 영역을 넓혔다. 특히 2023년 개봉한 「슈퍼 마리오 브라더스 무비」가 글로벌 흥행에 성공하며, 게임 IP의 엔터테인먼트 확장 가능성을 보여주었다.

닌텐도는 언제나 기술 중심의 경쟁에 뛰어들기보다 자신만의 방식으로 혁신을 받아들이는 전략을 선택해왔다. '늦은 듯하지만 가장 창의적인' 방식으로 시장을 재정의하며 성장하고 있다.

혁신의 흐름을 따라 움직인 영화사들

가정용 비디오와 홈시어터 기술의 발전은 한때 극장의 종말을 예고했다. 관객은 영화관에 가지 않아도 집에서 편안하게 콘텐츠를 즐길 수 있었고, 이는 전통적인 극장 중심 수익모델에 큰 위협이 되었다. 당시 영화업계는 '혁신의 딜레마'에 직면했다. 관객의 시선은 점점 집으로 향하는데, 기존 수익 구조는 극장 상영에 집중되어 있었기 때문이다.

이를 극복하고자 영화 산업의 메이저사들은 '홀드백Holdback' 제도를 도입했다. 극장 개봉 이후 일정 기간이 지난 뒤에만 비디오나 TV로 영화를 공개하는 방식이었다. 이는 관객을 다시 극장으로 끌어들이는 동시에, 2차·3차 수익 시장도 보존할 수 있도록 설계된 전략적 선택이었다. 혁신을 거부하는 대신, 기존 질서를 유지하면서도 새로운 기술 환경과 공존할 수 있는 방식을 찾아낸 것이다.

이후에도 영화 산업은 변화에 맞춰 전략을 계속 조정해왔다. OTT의 성장과 스트리밍 플랫폼의 부상은 또다시 기존 질서에 도전장을 내밀었지만, 제작·배급사들은 디지털 개봉, 동시 개봉, 극장 우선 등 다양한 유통 모델을 실험하며 소비자 행동에 유연하게 대응했다. 최근에는 플랫폼별 콘텐츠 전략을 병행하거나, 스트리밍 플랫폼과의 공동제작 방식으로 수익 다변화와 리스크 분산에 나서고 있다. 영화 산업은 기술의 파도 속에서 '극장'이라는 전통을 놓지 않으면서, 새로운 물결을 타는 법을 자기 방식대로 모색하고 있다.

창구와 홀드백: 영화 산업이 신기술에 대응한 영리한 전략*

영화 산업은 새로운 기술과 매체가 등장할 때마다 창구 Window 전략을 재설계하여 매체 간 경쟁을 완화하고 소비자 접점을 확장해왔다. 이때 창구 순서와 홀드백 기간은 시장 환경, 콘텐츠의 특성, 소비자 심리, 그리고 산업 구조를 종합적으로 고려해 정교하게 설계된다.

먼저, 채널 간 잠식 Cannibalization의 정도는 창구 전략 결정에서 중요한 변수로 작용한다. 예컨대 극장 개봉이 끝나자마자 곧바로 두 번째 채널로 전환할 경우, 극장 수익이 급격히 감소할 수 있다. 이를 방지하기 위해 적절한 홀드백 기간을 설정하여 주요 채널의 수익성을 보호하는 접근이 필요하다. 관람 가격도 중요한 결정 요인이다. 가격이 높은 고수익 채널에 콘텐츠를 먼저 배치한 뒤, 이후 다른 채널에서 추가 소비를 유도하는 방식이 수익 극대화에 효과적이다.

마케팅 효과 유지 기간도 고려해야 한다. 일반적으로 극장 개봉 같은 초기 창구에 대규모 마케팅 캠페인이 집중되는데, 이는 첫 번째 채널에서의 성공이 후속 채널에서도 소비자의 기대 심리를 자극해 산업 전체의 수익성을 끌어올리는 파급 효과를 만들어내기 때문이다. 따라서 콘텐츠에 대한 관심과 인지도가 최고조에 달한 시점에 가장 수익성이 높은 채널을 활용하고, 광고 효과가 약해지기 전에 후속 채널로 전환하는 것이 전체 수익에 도움이 된다.

이러한 창구 순서와 홀드백 전략 설계는 새로운 매체의 등장이 반복되는 환경에서 영화 산업이 스스로를 보호하는 동시에 시장 규모를 확장한 영리한 대응이었다.

---

* 안성아·이백헌·고정민 (2013), 「불법복제를 고려한 영화채널 간 배급시기 및 가격 결정 모형」, 『마케팅연구』 28(1), 133-160.

3 기술을 받아들인다고 다 혁신은 아니다

앞에서 언급한 애플, 영화사, 닌텐도 등의 사례에서도 알 수 있듯이, 그저 기술을 받아들이는 것만으로는 성공할 수 없다. 이들이 변화에 잘 적응할 수 있었던 이유는 기술 자체보다 그 기술이 만들어내는 새로운 소비자 경험에 주목하고 거기에 맞춰 전략을 다시 짰기 때문이다.

과거 라디오 시대가 한창이던 1950년대 초에 TV가 처음 등장했을 때를 돌이켜보면, 당시 방송사들은 라디오 드라마를 그대로 TV로 옮겼다. 라디오에서 목소리만으로 연기하던 성우들이 마이크 대신 카메라 앞에 서서 연기했고, 방송은 좁은 스튜디오 안에서 제한적으로 이루어졌다. 그러나 시간이 지나면서 TV라는 매체의 특성을 반영한 새로운 제작 방식이 등장했다. 서로 다른 장소의 장면을 이어붙이는 교차편집, 다양한 각도에서 동시에 촬영하는 멀티카메라 촬영기법 등이 도입되었고, 그제야 TV다운 콘텐츠가 본격적으로 만들어지기 시작했다. 기존 형식을 그대로 옮기는 데서 그친 것이 아니라, 매체의 특성에 맞게 콘텐츠를 새롭게 구성한 결과였다.

게임회사 EA Electronic Arts 의 사례도 이와 유사하다. EA는 한때 최고의 판매 기록을 세운 PC 게임 '심즈 The Sims'를 2002년 온라인 버전으로 출시했다. 그러나 다수의 유저가 동시에 접속하는 멀티플레이어 환경에서는 기존 '심즈'가 제공하던 '나만의 세계를 자유롭게 즐기는' 경험이 사라지고, 스트레스와 통제할 수 없는 타인과의 충돌이 빈번하게 발생했다. 이러한 변화는 많은 유저에게 실망감을 안겼다. EA는 온라인이라는 기술 환경의 특성을 충분히 이해하지 못했고, 결국 '온라인 심즈The Sims Online'는 2008년 서비스를 종료하게 되었다.* 이는 매체가 바뀌면 콘텐츠의 방향도 함께 달라져야 한다는 사실을 간과한 결과였다.

이처럼 기술은 늘 새롭게 등장하고 기업들도 앞다투어 이를 도입하지만, 그 자체가 경쟁력이 되지 않는다. 중요한 건 기술이 고객에게 어떤 새로운 경험과 가치를 줄 수 있느냐이다. 기술을 중심에 두되, 기술을 통해 어떤 차별화된 경험을 만들고, 그것을 어떻게 브랜드와 연결할지에 대한 통찰이 있어야 한다.

---

* 위키피디아, https://en.wikipedia.org/wiki/The_Sims_Online

4

AI 시대, 기술을 어떻게 받아들일 것인가?

AI 역시 마찬가지다. 많은 기업이 AI나 첨단 기술을 '채택'하려 하지만, 진정한 경쟁력은 기술을 어떻게 받아들이고, 그것을 조직의 관점과 문화 속에 어떻게 통합하느냐에 달려 있다.

AI는 자동화 도구를 넘어 조직의 사고방식과 전략을 근본적으로 재구성하는 계기가 되고 있다. 따라서 AI는 외부에서 끌어와 '적용'하는 대상이 아니라, 내부에서 '소화'되어야 하는 조직문화이다. 기술 수용 자체보다 중요한 것은 그것을 받아들이는 방식이며, 바로 이 태도가 기업의 미래를 좌우하게 된다. '무엇을 도입했는가'보다 '어떻게 받아들였는가'가 훨씬 더 큰 차이를 만들어낸다.

AI는 사고방식이다
엑셀을 배울 때는 계산을 더 빠르게 처리하는 것이 목적이었다면, AI는 '어떻게 문제를 정의할 것인가', '어떤 데이터를 기반으로 판단할 것인가' 같은 사고방식 자체의 전환을 요구한다. AI를 '자동화 기술'로 바라보면 효율은 얻을 수 있지만, 지속가능한 경쟁력은 얻을 수 없다.

AI는 다른 기술과 달리 정답을 제시하지 않는다. 오히려 "무엇을 예측해야 하는가?", "무엇이 중요한 변수인가?", "무엇을 최적화해야 하는가?" 같은 질문을 끊임없이 요구하는 프레임이다. 좋은 질문이 없으면 AI도 무의미하다. 결국 AI 시대의 핵심 역량은 기술적 숙련이 아니라 문제를 정의하는 인간의 능력에 달려 있다. AI 기술 자체보다 그 기술을 대하는 태도와 질문의 방향이 중요하다. AI가 무엇을 할 수 있는가보다 기업이 AI를 통해 무엇을 알고 싶은지, 어떤 가치를 창출하고자 하는지가 핵심이 된다.

AI에 맞게 전략을 재설계하다

AI는 기존 전략에 단순하게 '붙이는' 기술이 아니다. AI는 데이터 기반 의사결정, 확률적 판단, 실시간 피드백이라는 완전히 다른 작동 원리를 기반으로 하기 때문에 전략의 문법 자체를 처음부터 다시 써야 한다.

　예전처럼 오랜 시간 토론하고, 체계적인 계획을 세운 후 실행하는 방식으로는 AI의 민첩함과 유연성을 따라갈 수 없다. AI 시대의 전략은 실시간으로 학습하고, 소비자의 반응에 즉각적으로 대응할 수 있는 구조여야 한다.

AI는 기업 전체의 과제다

AI는 조직 내 한 부서의 시범 운영이나 단발성 프로젝트로 끝나서는 안 된다. 진정한 변화는 조직 전체에 걸친 데이터 인프라 구축, 의사결정 구조의 전환, 리더십 마인드셋의 변화가 함께 이루어질 때 가능하다.

　소비자와 맞닿는 접점에서 AI가 어떤 경험을 만들어낼 수 있을지를 먼저 고민하고, 그에 맞춰 필요한 기술과 시스템을 거꾸로 설계하는 방식이 요구된다. 이런 방식은 한두 부서만의 시도가 아니라, 조직 전체가 공통된 마인드셋으로 함께 움직일 때 가능하다.

99디자인스 사례에서 보는 AI와의 공존과 긴장

글로벌 크라우드소싱 플랫폼인 99디자인스(99designs.com)는 전 세계 프리랜서 디자이너와 고객을 연결해주는 서비스로, 고객이 디자인을 의뢰하면 다수의 디자이너가 시안을 제출하고, 최종적으로 선택된 디자이너만 비용을 받는 구조로 운영된다. 이러한 경쟁 기반의 플랫폼은 오랜 시간 디자이너들의 실력을 시장에서 검증받는 방식으로 작동해왔다.

최근 들어 많은 디자이너가 AI 기술을 작업에 적극적으로 도입하고 있다. 예를 들어, AI를 활용해 색상 조합을 추천받거나, 레이아웃을 자동으로 최적화함으로써 반복적인 작업을 줄이고, 창의적인 기획과 아이디어에 더 많은 시간을 쏟을 수 있는 환경이 만들어졌다. 이처럼 AI는 디자이너의 효율성과 생산성을 높여주는 유용한 보조 도구로 활용되고 있다.

그러나 동시에, AI 디자인 생성 도구의 대중화는 또 다른 변화를 가져왔다. 이제 고객은 디자이너를 거치지 않고도 무료 또는 저렴한 비용으로 빠르게 디자인을 생성할 수 있게 되었고, 그 결과 프리랜서 디자이너들의 입지가 위협받고 있다. 특히 경력이 적은 신진 디자이너들에게는 시장 진입의 문턱이 더욱 높아졌다. 더 큰 문제는 AI가 유사한 스타일의 디자인을 대량으로 생성하면서 시장 전반에 창의성과 개성이 줄어들고 있다는 점이다.*

이 사례는 AI 기술이 디자인 산업에 가져다준 긍정적 효과와 동시에 그로 인해 발생한 구조적 위기를 함께 보여준다. 효율성만을 목표로 AI를 도입하면, 인간 고유의 창의성과 다양성은 뒷전으로 밀릴 수 있다. 요컨대 AI를 어떻게 받아들이느냐에 따라 그 기술은 도약의 발판이 될 수도 있고, 산업 전반의 획일화와 경쟁력 약화를 초래할 수도 있다.

---

* Michel, S. (2024), The AI paradox: Will generative AI enhance or destroy the business model of 99designs.com? *Harvard Business Review*, April, 90-98.

1부. AI 시대의 경쟁력, 문화예술로 승부하라

2부

AI 시대의 마케팅 전략

2부. AI 시대의 마케팅 전략

3장 진화하는 마케팅 패러다임

"마케팅의 본질은 가치이다."
- 스티브 잡스 Steve Jobs, 애플 창업자

1. 왜 '마케팅 패러다임의 진화'라고 말하는가?
2. 마케팅 패러다임은 어떻게 진화하는가? 제품-고객-가치-기술
3. 문화예술 마케팅의 패러다임 진화

기술은 문화예술 분야에서도 마케팅 패러다임을 재편하는 게임 체인저이다. 기술은 관객과의 관계를 형성하고 유지하는 방식 자체를 바꾸고 있다. 앞으로는 잠재 관객의 발굴, 기존 관객의 유지와 확장, 이탈 가능성 예측 같은 분석을 비롯해 타기팅, 행동 예측, 실시간 응대, 마케팅 자동화 등 거의 모든 단계에서 AI가 관여하게 될 것이다.

1. 왜 '마케팅 패러다임의 진화'라고 말하는가?

> "마케팅Marketing은 고객, 클라이언트, 파트너, 그리고 사회 전반에 가치를 제공하는 제안을 창출하고, 전달하며, 소통하고, 교환하기 위한 활동, 조직, 프로세스의 집합이다."
> – 미국마케팅협회American Marketing Association, AMA, 2013년 7월 공식 승인

마케팅은 상품을 '판매'하기 위한 기술이 아니다. 고객의 필요와 욕구를 이해하고, 그에 맞는 가치를 창출하며, 고객과의 관계를 형성해나가는 일련의 활동 전체를 포함한다. 이는 고객 만족과 기업의 이윤을 동시에 추구하는 전략적 행위로, 기업 전반에 긍정적인 영향을 미치는 포괄적인 개념이다.

패러다임Paradigm은 세상을 이해하고 해석하는 틀이며, 그 시대에 널리 공유되는 인식 방식이다. 사회 전반의 가치관, 기술, 환경이 변화함에 따라 기존의 방식이 더 이상 유효하지 않게 될 때, '패러다임 전환'이 발생한다. 토머스 쿤Thomas Kuhn이 과학 혁명을 설명하며 사용한 이 개념은 "과학이 점진적으로 발전하는 것이 아니라, 기존 이론이 해결하지 못하는 문제들이 누적되며 완전히 새로운 이론으로 급격히 대체되는 과

정"을 의미한다. 그는 이를 패러다임 전환이라 정의하며, 과학자들이 공유하는 전제와 문제 해결 방식 자체가 완전히 바뀌는 현상이라고 설명했다. 이와 마찬가지로, 마케팅 분야에서도 시대가 변하면서 전통적인 STP 전략과 마케팅 믹스(4P)를 바라보는 관점이 바뀌고 있다.

한편, '진화'란 외부 환경 변화에 적응하기 위해 시스템이 더 나은 방향으로 변화하는 과정이다. 찰스 다윈Charles Darwin의 진화론에서 출발한 이 개념은 오늘날 경영학과 조직 이론에서도 널리 차용되고 있다. 특정 기간 안에 누적된 변화가 방향성을 만들고 구조 자체를 바꾼다.

종합하면 '마케팅 패러다임의 진화'라는 표현은 마케팅이라는 분야가 환경 변화에 적응하면서 사고방식과 접근법 자체가 새롭게 재편되었음을 의미한다. 이러한 변화는 필립 코틀러Philip Kotler가 제시한 마케팅의 진화 과정 — Market 1.0(제품 중심) → Market 2.0(소비자 중심) → Market 3.0(가치 중심) → Market 4.0(디지털 중심) → Market 5.0(기술 기반) → Market 6.0(경험 기반) — 과도 결을 같이한다.

2 마케팅 패러다임은 어떻게 진화하는가?
제품-고객-가치-기술

1) '제품' 중심 Product-oriented 마케팅

1950~1960년대 산업화 시대는 제품이 곧 기업의 존재 이유였던 시기로, 당시 마케팅은 생산 중심의 사고방식에 기반해 이루어졌다. 이 시기의 마케팅은 '좋은 제품을 만들기만 하면 팔린다'는 믿음을 전제로 했다. 그러다가 제2차 세계대전 이후 경제가 회복되고 대량생산 기술이 급속도로 발전하면서, 기업들은 생산 효율성과 품질 개선에 전력을 다했다. 당시에는 수요가 공급을 초과하지 않았기 때문에 소비자의 선택권이 제한적이었고, 기업은 자신이 통제할 수 있는 마케팅 믹스인 4P(Product, Price, Place, Promotion) 전략만으로도 충분히 시장을 주도할 수 있었다.

　이 시기의 마케팅은 소비자의 목소리를 듣기보다 제품의 기능과 품질을 강조했다. '무엇을 원하는가'보다는 '무엇을 만들 수 있는가'가 더 중요한 질문이었다. 컨베이어 벨트로 대량생산 시스템을 도입한 포드Ford자동차의 창립자 헨리 포드Henry Ford는 이렇게 말했다. "어떤 고객이든 원하는 컬러의 자동차를 가질 수 있습니다. 다만 원하는 색이 검은색

이기만 한다면요." 이 유명한 말은 당시 수요가 공급을 크게 웃돌던 시대적 상황과 표준화를 추구했던 효율성 중심의 마케팅 철학을 단적으로 보여준다.

2) '고객' 중심 Customer-oriented 마케팅

마케팅은 '좋은 제품'에만 머무르지 않았다. 1960년대를 끝으로 경제 성장률이 둔화되고 공급이 수요를 초과하면서, '좋은' 제품만으로는 경쟁 우위를 확보하기 어려워졌다. 이에 따라 기업들은 제품 기획 단계에서부터 소비자의 니즈Needs와 선호에 주목하게 되었고, 마케팅의 초점도 자연스럽게 '제품'에서 '소비자'로 이동했다.

이러한 흐름 속에서 기존의 4P로는 새로운 시장을 공략하기 어려워졌고, 적극적인 마케팅 계획수립을 위해 시장 세분화Segmentation, 목표고객 선정Targeting, 포지셔닝Positioning으로 구성된 STP 전략을 본격 도입했다. 더불어 소비자를 알기 위한 시장조사와 소비자 심리 연구가 중요해졌다. 이 시기부터 고객 만족을 높여 소비자의 마음을 얻는 것이 기업 성패의 핵심 요소로 자리 잡았다.

3) '가치' 중심 Value-oriented 마케팅

1970년대부터 1990년대 후반까지를 대표하는 고객 중심 마케팅은 '물건을 사는 사람'인 소비자에서 시작해 사회적 가치에 공감하고 가치를 중시하는 '고객'으로 시선을 넓혀갔다. 자본주의의 발전과 함께 환경, 빈곤 등 사회 문제에 대한 대중의 관심이 높아지면서, 마케팅의 범위도 소비자 개인이 속한 사회 전체의 가치와 신념까지 포괄하게 되었다. 이러한 가치는 제품의 효용에서 기업이 사회에 긍정적인 영향을 미치려는 노력(사회적 책임)과 환경을 고려하는 태도(지속가능성)까지 확장되었다. 이에 따라, 기업이 어떤 미션과 비전을 제시하고 이를 어떻게 실천하는지가 고객의 구매 의사결정에 중요한 요소로 작용하게 되었다. 이로써 마케팅의 대상은 제품을 구매하는 '소비자'에서 기업의 철학과 행동까지 평가하는 '가치 지향적 고객'으로 변화했다.

4) 기술 기반 Technology-oriented 마케팅

디지털 혁신, 기술 기반 마케팅의 시작

1990년대 중반부터 2000년대 초반까지 이어진 IT 붐은 인터넷 기술의 상용화와 함께 수많은 기술 기반 스타트업을 등장시켰다. 이메일, 웹사이트, 포털 중심의 1세대 온라인 플랫폼이 출현하면서 기존의 오프라인 중심 마케팅 방식에 도전이 시작되었다. 비록 2000년대 초 닷컴 버블이 있었지만, 이 시기를 기점으로 디지털 기반의 비즈니스 생태계가 본격적으로 형성되었고, 디지털 시대가 열리기 시작했다. 다양한 디지털 채널에서 고객과 소통하며 접점을 넓혀나갔고, 마케팅의 중심축도 점차 온라인과 모바일로 이동했다.

4차 산업혁명과 함께 확장된 기술의 지평

2010년대에 들어서면서 4차 산업혁명*이 주요 화두로 떠오르고, 인공

---

* '4차 산업혁명 4th industrial revolution'이라는 용어는 2016년 세계경제포럼 World Economic Forum, WEF에서 클라우스 슈밥 Klaus Schwab 회장이 처음 공식적으로 사용했다.

지능, 사물인터넷IoT, 웨어러블 디바이스, VR/AR, 로보틱스, 블록체인 등 다양한 신기술에 대한 관심이 급속히 확산되었다. 특히 디지털 환경이 생활의 일부인 디지털 네이티브 세대의 성장과 코로나19 팬데믹을 계기로, 온라인과 가상 플랫폼은 일터이자 교육 공간, 그리고 사교의 장으로 자연스럽게 자리 잡게 되었다. 이에 고객과의 접점이 폭발적으로 증가하면서, 기업들은 이러한 기술들을 마케팅에 활용하지 않으면 소비자의 관심조차 받기 어려운 환경에 직면하게 되었다.

AI 시대 도래, 기술 주도 마케팅의 본격화

2022년 말 공개된 ChatGPT는 AI를 본격적으로 일상 속으로 끌어들이며, 마케팅의 방식을 또 한 번 바꾸어놓았다. 무엇보다 AI 기술의 발전은 고객 개개인의 취향과 상황에 맞는 상품을 제공하고, 앞으로 어떤 행동을 할지 예측하며, 고객의 요청이나 변화에 즉각적으로 반응하는 시스템을 가능하게 만들었다. 덕분에 마케팅은 '필요한 순간에, 필요한 사람에게, 가장 적절한 방식으로' 다가갈 수 있게 되었다.

그러나 아무리 기술이 발전하더라도 마케팅의 본질은 여전히 사람

마케팅 패러다임의 변화

의 마음을 움직이는 일이다. 기술 기반 마케팅 역시 감성, 공감, 신뢰, 그리고 정서적 유대감을 중심으로 소비자와의 관계를 더욱 깊이 있게 만들어가는 방향으로 나아가고 있다. 이에 따라 고객의 감성을 자극하고, 삶 속에 자연스럽게 스며들며, 순간순간의 감정과 맥락을 읽고 공감하는 마케팅이 더욱 중요해졌고, 이러한 감성적 경험을 설계하기 위해 다양한 기술이 적극적으로 활용되고 있다.

결국 기술 기반 마케팅의 궁극적인 지향점은 기술과 감성의 융합이다. 데이터를 해석하되 마음을 이해하고, 시스템을 구축하되 관계를 설계하는 것. 이 모든 과정을 고객과 브랜드가 함께 만들어가도록 전략을 수립하는 것이야말로 오늘날 마케팅이 나아가야 할 방향이다.

3　문화예술 마케팅의 패러다임 진화

1) 문화예술 마케팅 개념

기존 문화예술 마케팅 개념의 이해

문화예술 마케팅은 전통적으로 두 가지 개념*으로 나뉘어 설명된다. 첫째는 '문화예술을 위한 마케팅Marketing for cultural arts'이다. 이는 박물관, 미술관, 공연 단체 등 문화예술 기관이 예술작품의 고유한 가치를 대중에게 알리고 소비를 촉진하기 위한 마케팅 활동을 의미한다. 둘째는 '문화예술을 활용한 마케팅Cultural arts for marketing'이다. 이는 기업이 브랜드 이미지 제고 혹은 마케팅 전략의 일환으로 문화예술 콘텐츠를 적극적으로 활용하는 방식을 뜻한다. 이러한 개념은 글로벌 마케팅 영역에서 다양한 용어로 쓰인다.

◆ Cultural marketing은 문화적 정체성, 전통, 사회적 가치를 바탕으로 브랜드 메시지를 설계하고, 소비자와의 정서적 연결을 강화하는 마

---

* 김병희 (2022), 『문화예술 마케팅 커뮤니케이션 전략』, 학지사.

케팅 전략이다.

- Arts marketing은 공연예술이나 시각예술 등 예술 자체를 중심으로 기획하고 홍보하며, 관람객과의 소통을 중시하는 마케팅 전략이다.
- Content marketing은 예술적 요소를 담은 콘텐츠를 고객에게 유익하고 관련성 있게 제공함으로써 브랜드와의 지속적인 관계를 형성하는 마케팅 전략이다.
- Storytelling marketing은 예술을 매개로 브랜드의 내러티브를 구성하고, 감성적 메시지를 전달하여 소비자의 공감과 몰입을 이끌어내는 기업 마케팅 전략이다.

넓은 의미의 문화예술 마케팅

오늘날 예술과 콘텐츠, 콘텐츠와 플랫폼 간의 경계가 모호해지고, 창작과 소비가 하나의 연속된 흐름이 되면서, 전통적으로 예술가의 영역이었던 문화예술과 콘텐츠의 생산 주체가 크게 확대되었다. 이제 문화예술 마케팅에서는 '누가 만든 것인가', '누가 문화예술을 활용하는가'라는 창작의 '주체'나 '역할'을 기준으로 구분하던 접근법이 무의미해졌다. 더 나아가 문화예술과 마케팅은 기술을 매개로 실시간 연결되고 상호작용하는 하나의 '경험 시스템'으로 성장하고 있고, 이로 인해 더 중요한 질문은 '어떻게 예술을 통해 새로운 가치를 창출했는가'가 되었다.

이런 흐름에서 문화예술 마케팅은 예술과 문화의 고유한 감성과 가치를 매개로 하여 소비자와 정서적으로 연결하고, 브랜드 가치를 증진시키려는 기업의 전략적 마케팅 활동도 포괄할 수 있다.

2) 문화예술 마케팅의 패러다임 진화

권위 중심 Authority-oriented 마케팅

문화예술 마케팅의 가장 초기 형태는 권위 중심의 방식으로 이해할 수 있다. 이 시기 예술은 독립적인 감상 대상이나 시장의 상품이 아니라, 정치적 권력이나 종교적 질서를 시각화하고 정당화하는 수단으로 기능했다. 고대 로마의 개선문, 중세 성당의 스테인드글라스, 왕실의 초상화와 같이 예술은 특정 권력의 위엄과 정당성을 대중에게 인식시키기 위한 상징적 도구로 활용되었다. 예술은 권력자의 후원을 통해 생산되었으며, 후원자들은 사회적 위계 속에서 자신의 위치를 공고히 하는 수단으로 예술을 사용했다. 이 시기의 예술은 관객의 반응이나 시장의 수요와는 무관하게, 상징 자본으로서 작동하며 권위의 시각적 표현으로 존재했다.

(예술)작품 중심 Artistic Value-oriented 마케팅

작품 중심 마케팅은 예술작품 고유의 예술성과 창작적 완성도를 중심에 두고 전개되는 전략으로, 문화예술의 고유한 특성상 오늘날에도 여전히 중요한 방식이다. 예술단체는 예술의 상업화로부터 그 순수성과 자율성을 지키는 것을 중요한 사명으로 삼으며, 마케터는 이러한 사명을 인식하고 예술가의 창작물을 관객에게 효과적으로 전달하는 매개자로서의 역할을 수행한다.

다시 말해, 마케터는 예술의 본질을 훼손하지 않으면서도 예술의 소통 방식, 유통 구조, 가격 전략을 설계하며 관객층을 발굴하고 확대하는 과제를 함께 수행한다. 이러한 접근은 고급예술 High art을 지향하는 기관에서 더욱 강조된다. 실제로, 고급예술 기관이 관객의 취향에 지나치게

고급예술과 대중예술의 비교

고급예술 High art	특성	대중예술 Popular art
제한된 감상자 (배경지식과 특정 교육 필요)	소비자 특성	폭넓은 대중 (배경지식에 대한 요구 낮음)
미적 경험, 성찰 중심	감상 태도	오락성, 공감대 중심
형식과 메시지가 상대적으로 복잡, 실험적·혁신적 형식 추구	형식적 특성	접근성이 높고 메시지 이해 용이, 친숙한 코드와 관습 사용
예술적 완성도, 혁신성 기준	가치 평가	대중적 인기, 흥행성 기준
미술관, 공연장 등에서 제한된 유통	유통 방식	대중 미디어, SNS 등 시장 중심 유통

맞추려 할 경우 오히려 성과가 저하될 수 있다는 연구 결과*도 있다. 이는 고급예술의 수용자가 예술의 본질과 창작의 독립성을 중시하기 때문이다.

따라서 이러한 기관들은 시장의 단기적 수요에 반응하기보다 고유의 철학과 예술적 지향을 중심으로 콘텐츠를 기획하는 것이 바람직하다. 이처럼 작품 중심 마케팅은 예술성과 시장성 사이의 균형을 고민하는 문화예술 조직에 여전히 유효한 전략으로 작동하고 있다.

제작 중심 Production-oriented 마케팅

제작 중심 마케팅은 콘텐츠의 생산 효율성과 양적 확대를 핵심 가치로 삼는 전략으로, 특히 1930년대 할리우드 황금기에 뚜렷하게 나타난 문

---

* Cowen, A., & Tabarrok, A. (2000), An economic theory of avant-garde and popular art, or high and low culture, *Southern Economic Journal*, 67(2), 232–253.

화산업의 패러다임이다. 이 시기는 영화 산업이 대중예술로 급속히 성장하던 시기로, 스튜디오 시스템을 중심으로 연간 수백 편에 달하는 영화가 제작되며 양적인 팽창이 이루어졌다.

대중과의 더욱 원활한 소통을 위해 장르 체계가 도입되었는데, 멜로, 코미디, 서부극, 공포 등의 장르는 관객의 기대를 예측 가능하게 만들고, 콘텐츠 생산의 효율성을 높이는 데 기여했다. 스토리 구조, 캐릭터 유형, 배경 설정, 시각적 연출 등은 반복적이고 일관된 방식으로 구현되었고, 이는 일종의 콘텐츠 생산 시스템으로 작동했다. 영화 제작 과정은 기획부터 각본, 촬영, 미술, 후반 작업까지 체계적으로 분업화되어 운영되었다. 이러한 체계는 문화 콘텐츠의 생산을 산업적 공정처럼 표준화할 수 있도록 했으며, 결과적으로 대규모 콘텐츠 생산이 가능해졌다.

제작 중심 마케팅은 예술적 개성보다 일관성, 생산성, 그리고 시장 확대를 우선시했으며, 예술을 하나의 산업으로 성장시키는 데 결정적인 역할을 했다.

고객(관객) 중심 Audience-oriented **마케팅**

대중예술이 일정 수준 이상 산업화되면서 양적인 콘텐츠 공급만으로는 더 이상 관객의 기대를 충족시키기 어려워졌다. 대량 제작 체계에 따른 콘텐츠의 과잉 공급, 반복적인 서사 구조와 캐릭터 설정, 형식의 획일화는 관객에게 피로감을 안겨주었고, 관객은 점점 더 주체적이고 비판적인 수용자로 변화했다.

이러한 변화는 기술 환경의 변화와도 맞물려 있다. 텔레비전의 보급과 온라인 등 다양한 매체의 등장으로 관객은 더 많은 선택권을 가지게 되었고, 시장 경쟁은 더 치열해졌다. 이에 따라 문화예술기관과 콘텐츠 제작자들은 관객의 기대, 취향, 감상 방식 등을 세분화하여 분석하고, 콘텐츠의 품질뿐만 아니라 감정적 연결, 몰입 경험, 정서적 반응 등을 중요하게 고려했다. 실제로 할리우드에서는 영화 콘셉트 테스트, 포지셔닝 조사, 포커스 그룹 인터뷰(FGI), 테스트 상영Test screening 등 다양한 마켓 리서치에 수천만 달러를 투자하고 있다.

한편으로 문화예술 시장은 고객의 니즈를 리드하여 새로운 시장을 창출하는 방식으로 고객 중심적 마케팅을 실천한다. 일반 산업에서 소비자의 니즈를 찾아내고 그에 맞춘 제품을 설계한다면, 문화예술 소비자는 자신의 취향을 명확히 설명하지 못하다가 예술가나 기획자가 새로운 작품을 선보였을 때, '이게 바로 내가 좋아하는 거야'라며 자신의 취향을 인식하는 경우가 적지 않다.

그래서 문화예술은 새로운 콘텐츠나 스타일을 제안하는 기획자Taste maker의 역할이 중요하다. 기획자는 제작자나 프로듀서가 될 수도 있고 영화감독이나 작가 같은 예술가가 될 수도 있다. 이들은 소비자의 기존 취향을 따라가기보다 대중이 좋아할 만한 새로운 취향을 창조하고 제안함으로써 새로운 시장을 개척한다.

결론적으로 관객 중심 마케팅에는 취향을 반영하는 동시에 새로운 취향을 제시하는 전략이 모두 포함된다.

가치 중심Value-oriented 마케팅

메세나Mécénat 활동은 기업이 문화예술 후원을 통해 사회에 공헌함으로써 사회적 가치를 추구하는 마케팅 전략이다. 현대적인 의미의 메세나 활동은 1950년대부터 본격화되었다. 이때부터 기업들은 예술과 문화를 전략적으로 후원하며, 브랜드 이미지를 고급스럽게 만들고 사회적 책임을 실천하는 수단으로 활용하기 시작했다. 쉽게 말해, 예술을 통해 브랜드를 '품격 있게' 기억되도록 하는 예술주입 효과Art-infusion effect *를 기대

---

*   예술작품이 제품이나 브랜드와 연관될 때 소비자가 그 브랜드를 더 고급스럽고

한 것이다.

한국에서는 1990년대 이후 대기업을 중심으로 메세나 활동이 활발해졌고, 2000년대 들어와서는 '사회적 가치', '기업의 사회적 책임CSR', 'ESG(환경·사회·지배구조)' 같은 개념과 결합되며, 브랜드 신뢰를 높이는 중요한 전략 중 하나로 자리 잡았다. 오늘날에도 메세나 마케팅은 문화예술 후원을 통해 사회와의 연결고리를 만들고, 고객과의 정서적 유대를 강화하며, 브랜드에 문화적 깊이를 더하는 효과적인 수단으로 활용되고 있다.

AI 주도의 기술 기반 마케팅

기술은 문화예술 분야에서도 마케팅 패러다임을 재편하는 게임 체인저이다. 기술은 관객과의 관계를 형성하고 유지하는 방식 자체를 바꾸고 있다. 앞으로는 잠재 관객의 발굴, 기존 관객의 유지와 확장, 이탈 가능성 예측 같은 분석을 비롯해 타기팅, 행동 예측, 실시간 응대, 마케팅 자동화 등 거의 모든 단계에서 AI가 관여하게 될 것이다.

이미 거대 엔터테인먼트 산업과 글로벌 콘텐츠 기업들은 이러한 변화에 적극적으로 대비하고 있으며, 기술 중심의 마케팅 전략으로 고도화시키고 있다. 반면 중·소규모의 문화예술 기관이나 예술 단체들은 현실적으로 이러한 변화에 대응할 여력이 부족한 상황이다. 예산의 제약, 데이터와 기술에 대한 전문 인력의 부재, 디지털에 대한 낮은 이해도, 그리고 보수적인 조직문화는 디지털 전환의 속도를 느리게 만들고 있으며, 여전히 많은 조직이 전통적인 방식의 운영과 마케팅에 의존하고 있다.

하지만 흥미로운 점은 기술의 발전이 오히려 이러한 소규모 조직들

긍정적으로 평가하는 현상을 의미한다. 헨리크 핵트베트Henrik Hagtvedt와 바네사 패트릭Vanessa Patrick이 2008년 *Journal of Marketing Research*에 발표한 논문에서 처음 제안했다.

에게 새로운 기회를 제공하고 있다는 점이다. 메타Meta의 CEO 마크 저커버그Mark Zuckerberg는 "오늘날 모든 기업이 이메일과 웹사이트, 소셜미디어 계정을 보유하고 있듯, 가까운 미래에는 모든 기업이 고객과 직접 소통할 수 있는 AI 에이전트AI agent를 보유하게 될 것"이라고 말하며, AI 기술이 소규모 조직에서도 핵심 비즈니스 도구가 될 것이라고 보았다.

　AI 기반 마케팅 도구들은 디지털 광고의 타기팅과 집행, 고객 데이터 분석 및 페르소나 설정, 맞춤형 콘텐츠 및 상세페이지 자동 생성, SNS 및 웹사이트 콘텐츠의 A/B 테스트 및 최적화 등 다양한 영역에서 실질적인 도움을 제공하고 있다. 과거에는 막대한 예산과 고도의 전문 인력이 있어야 가능했던 마케팅 활동이 앞으로는 비교적 적은 비용과 간단한 툴만으로도 실행 가능해질 것이다. 기술 기반 마케팅은 대형 조직에만 해당하는 변화가 아니라, 작은 문화예술 단체에도 기회를 열어주는 전환점이 되고 있다.

영화 전체 제작 과정에 AI를 도입한 라르고*

미국의 라르고Largo.ai사는 인공지능 기술을 영화 산업에 접목하여 시나리오 개발부터 프리 프로덕션, 촬영과 편집, 마케팅 및 배급 단계에 이르기까지 영화 제작 전 과정을 지원하는 플랫폼을 개발했다.

시나리오 분석 및 개발 단계에서는 인공지능이 방대한 시나리오 데이터를 분석해 흥행 가능성이 큰 스토리 패턴을 도출하고, 관객 반응을 예측하며, 캐릭터 분석 결과를 제공한다. 일부 프로젝트에서는 AI가 직접 시나리오 초안을 작성하거나, 작가의 아이디어 전개를 보조하는 역할을 하기도 한다.

캐스팅 및 프리 프로덕션 단계에서는 인공지능이 배우의 이미지, 연기 스타일, 흥행성 등을 종합적으로 분석해 작품에 적합한 배우를 추천하고, 감독, 촬영감독, 작곡가 등 주요 스태프의 포트폴리오 데이터를 분석하여 프로젝트에 최적화된 인력을 제안한다. 또한 과거 유사 프로젝트의 제작 데이터를 기반으로 제작비를 예측하고, 예산을 효율적으로 관리할 수 있도록 지원한다.

촬영 및 편집 단계에서는 인공지능이 촬영 장소, 배우 스케줄, 날씨 등 다양한 요소를 고려해 최적의 촬영 계획을 수립한다. 촬영된 장면을 분석해 문제점을 찾아내고, 개선 방향을 제시하며, 편집 단계에서는 영상 데이터를 기반으로 최적의 컷과 편집 순서를 추천하여 작업 시간을 단축한다.

마케팅 및 배급 단계에서는 인공지능이 관객 데이터를 분석해 타깃 관객층을 도출하고, 맞춤형 마케팅 전략을 수립한다. 이후 광고 채널별 효과를 분석하여 효율적인 집행 계획을 세우고, 다양한 데이터를 바탕으로 영화의 흥행 가능성과 수익을 예측한다.

---

* Pulcrano, J. 외 (2022), Largo.ai in Hollywood: Good Enough? *Harvard Business Review*.

AI로 영상 콘텐츠를 분석하는 트리니티 어스*

중국 트리니티 어스Trinity Earth의 AI 기반 영상 콘텐츠 분석 도구는 방대한 영상 데이터를 실시간으로 처리하고, 의미 있는 인사이트를 도출하는 솔루션이다. 이 도구는 딥러닝과 컴퓨터 비전 알고리즘을 통해 영상 속 객체, 행동, 감정, 맥락까지 자동으로 인식하고 분류한다. 특히 미디어 산업에서 콘텐츠 관리와 타기팅 최적화에 활용되고 있다.

이 시스템은 인물의 성별, 연령대, 표정 변화와 더불어 영상에 노출된 브랜드 로고나 제품을 자동으로 감지한다. 광고주는 이를 통해 브랜드 노출을 정량적으로 측정할 수 있고, 제작자는 시청자 반응을 예측해 더욱 효과적인 콘텐츠를 제작할 수 있다. 실시간 스트리밍에서는 불법·부적절한 콘텐츠를 걸러내는 모더레이션 기능도 제공한다.

트리니티 어스의 가장 큰 강점은 메타데이터 분석과 영상 속 패턴과 트렌드를 정밀하게 분석할 수 있다는 점이다. 예를 들어, 반복되는 색조나 카메라 움직임이 시청자 몰입도에 미치는 영향을 분석하거나 지역별 선호 콘텐츠 특성을 비교하는 등 고도화된 미디어 분석이 가능하다. 현재 아이치이iQIYI, 텐센트 비디오Tencent Video 등 중국의 주요 OTT 플랫폼과 협업 중이며, 영어 및 다국어 영상 분석 기능을 강화해 글로벌 시장 진출도 확대하고 있다.

* Xing, X. 외 (2023), Trinity Earth: Big Data Creating Value for China's Film and Television Industry Chain, *Harvard Business Review*.

2부. AI 시대의 마케팅 전략

4장

마케팅 환경분석 재정의

"지피지기 백전불태 知彼知己, 百戰不殆"
– 『손자병법』「모공」편

1. 마케팅 전략의 출발점 '환경분석'
2. 미래를 준비하는 환경분석
3. 환경분석 도구와 AI의 결합: 전략 파트너로 진화

지금 필요한 전략은 단단하게 짜인 로드맵을 고수하는 것이 아니라 끊임없이 변화를 감지하고, 민첩하게 대응하며, 상황에 따라 전략의 방향 자체를 유연하게 재구성할 수 있는 역량이다. 이런 변화에 따라 전략은 점점 더 '감지 → 대응 → 적응'이라는 순환형 모델로 전환되고 있다.

1 마케팅 전략의 출발점 '환경분석'

오늘날 마케팅 환경은 빠르게 변화하고 있다. 특히 사회·문화적 트렌드에 민감한 문화예술 및 엔터테인먼트 산업에서는 외부 환경의 변화가 기업에 더욱 직접적인 영향을 미친다. 이처럼 불확실성과 변동성이 큰 시장에서는 변화의 징후를 놓치지 않고 정확히 파악하는 것이 마케팅 전략 수립의 출발점이 된다. 전략이 효과를 거두기 위해서는 무엇보다 환경에 대한 깊은 이해가 선행되어야 하며, 이를 위해 다양한 환경분석 프레임워크가 활용된다. 이때 분석의 목적과 범위에 따라 적절한 도구를 선택하는 것이 중요하다.

1) PEST 분석

PEST 분석은 거시환경을 구성하는 주요 요인들을 체계적으로 분류하여 기업 외부의 영향을 파악하는 데 활용되는 전략적 도구이다. '정치적(P)'·'경제적(E)'·'사회적(S)'·'기술적(T)' 요인을 중심으로 환경을 분석하며, 이를 통해 기업은 기회와 위협 요인을 사전에 식별하고 전략 수립에 반영할 수 있다.

- P: 정치적Political 요인 – 정부 정책, 법규, 규제, 정책, 외교, 세금 정책 등 기업 활동에 영향을 미치는 정치적인 요소
- E: 경제적Economic 요인 – 경제 성장률, 금리, 환율, 인플레이션, 실업률, 소비 수준 등 경제 전반 상황과 관련된 요소
- S: 사회적Social 요인 – 인구 변화, 문화, 라이프스타일, 교육 수준, 소비 트렌드, 사회적 가치관 등 사회 전반의 변화와 관련된 요소
- T: 기술적Technological 요인 – 기술 발전 속도, 자동화, 연구개발, 신기술 동향, 기술혁신 등 기술 변화와 관련된 요소

문화예술 기관에서의 PEST 분석

정치적 요인을 통해 기업은 문화 정책, 예산 지원, 저작권 보호법, 검열 제도 등과 같은 정부의 문화예술 관련 규제가 사업에 어떤 영향을 미칠지 파악할 수 있다. 특히 공공 지원에 의존하는 비영리 예술 단체나 정부 보조금에 민감한 기업에게는 정책 변화가 사업 유지에 중대한 변수로 작용한다.

경제적 요인은 소비자의 지출 여력, 경기 변동, 후원 기업의 재정 상황 등 밀접하게 관련되어 있다. 경기 침체기에는 공연, 전시, 콘텐츠 소비가 위축되기 쉬우므로 경제 지표를 분석함으로써 수요 변동을 예측하고 대응 전략을 수립할 수 있다.

사회적 요인을 분석하면 관객의 취향 변화, 세대별 문화 소비 방식, 다양성과 포용성에 대한 사회적 기대 등을 파악할 수 있다. 이는 프로그램 기획이나 콘텐츠 방향 설정에 중요한 기준이 된다.

기술적 요인은 디지털 플랫폼, 스트리밍 기술, 인공지능을 활용한 창작 도구 등 새로운 기술이 예술의 생산과 유통 방식을 어떻게 바꾸는

지를 분석하는 데 초점을 둔다. 기술 발전은 기존의 비즈니스 모델을 위협하기도 하지만, 동시에 새로운 예술 형식과 수익 기회를 제공하는 요소이기도 하다.

PEST의 확장 모델

PEST 모델은 특정 환경요소를 강조하거나 구분하는 방식으로 여러 확장 모델이 존재한다. 대표적으로 환경적 요인을 추가한 PESTLE 모델, 인구통계 요인을 독립적으로 분석한 DESTEP 모델, 윤리적 요인을 강조한 STEEP 모델 등이 있다.

거시환경 분석 도구

PEST	PESTLE
- 정치적 Political - 경제적 Economic - 사회적 Social - 기술적 Technological 요인	- 정치적 Political - 경제적 Economic - 사회적 Social - 기술적 Technological - 환경적 Environmental - 법적 Legal 요인
기본 거시환경	+ 환경적 요인

DESTEP	STEEP
- 인구통계학적 Demographic - 경제적 Economic - 사회문화적 Socio-Cultural - 기술적 Technological - 생태적 Ecological - 정치적 Political 요인	- 사회적 Social - 기술적 Technological - 경제적 Economic - 생태적 Ecological - 정치적 Political 요인
+ 인구통계학적 환경	+ 윤리적 환경

2) 5가지 경쟁요인 모델 Five forces model

마이클 포터의 5가지 경쟁요인 모델은 산업 내 경쟁 강도를 분석하고, 그 산업의 수익성과 매력도를 평가하기 위해 고안된 프레임워크이다. 이 모델은 특정 산업의 구조적 특성을 5가지 경쟁요인으로 나누어 설명하며, 이를 통해 기업이 직면한 외부 위협과 기회를 이해할 수 있도록 돕는다.

- 기존 기업 간의 경쟁 Competitive rivalry: 같은 산업 안에 비슷한 제품이나 서비스를 판매하는 기업이 많을수록 경쟁은 치열해진다. 특히, 시장이 더 이상 크게 성장하지 않거나, 운영비용이 많이 드는 구조라면 서로 고객을 뺏기 위해 가격을 낮추거나 마케팅을 더 강화하게 된다.
- 신규 진입자의 위협 Threat of new entry: 새로운 기업이 쉽게 들어올 수 있는 시장이라면 기존 기업은 계속해서 자리를 위협받게 된다. 진입장벽 Entry barrier이 낮으면 가격을 낮추거나 품질을 높이는 등의 방어 전략을 마련해야 한다.
- 대체재의 위협 Threat of substitution: 고객이 기존 제품 대신 사용할 수 있는 다른 제품이나 서비스가 있다면, 그 산업은 위협을 받는다. 사람들이 더 편리하거나 저렴한 다른 선택지를 찾으면 기존 제품의 수요가 줄어들기 때문이다.
- 공급자의 교섭력 Supplier power: 원재료나 부품을 공급하는 회사가 적거나, 특정 업체에 의존도가 높을수록 공급자의 힘은 강해진다. 이 경우 공급업체가 가격을 올리거나 불리한 조건을 요구해도 받아들일 수밖에 없어 기업 입장에서 부담이 커진다.
- 구매자의 교섭력 Buyer power: 고객이 제품에 대한 정보를 잘 알고 있거나 대량으로 구매하는 경우, 또는 선택할 수 있는 제품이 많을 경우에는 협상력이 높아져 가격을 깎거나 더 나은 품질을 요구할 수 있다.

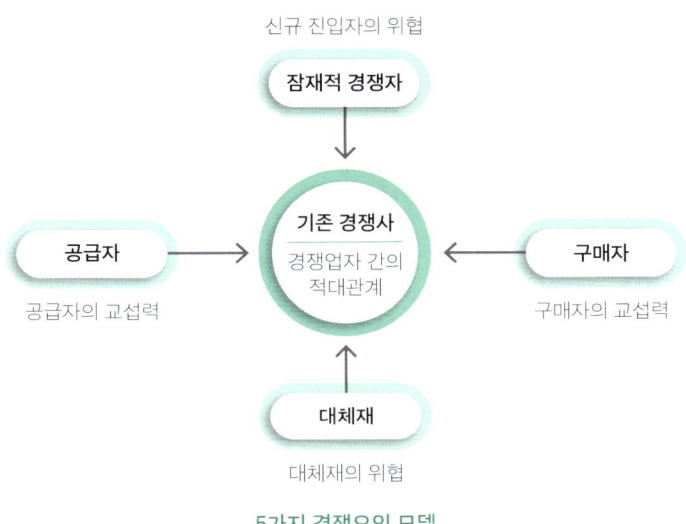

5가지 경쟁요인 모델

3) 3C 분석

3C 분석은 기업이 고려해야 할 3가지 핵심 요소인 고객, 경쟁사, 자사를 중심으로 분석하는 방법이다. 이 3가지 요소는 기업이 어떤 제품이나 서비스를 어떻게, 누구에게, 어떤 방식으로 제공할지를 결정하는 데 중요한 기준이 된다.

- 고객Customer 분석: 소비자의 니즈, 행동, 구매 패턴, 세분화된 시장 특성 등을 파악함으로써 어떤 고객을 목표로 설정할 것인지, 그리고 그들에게 어떤 가치를 제공할 것인지를 명확히 하는 데 목적이 있다. 고객의 요구가 빠르게 변화하는 시장일수록 이 분석은 더욱 중요하다.
- 경쟁자Competitor 분석: 시장 내에서 유사한 제품이나 서비스를 제공하는 다른 기업들의 강점, 약점, 전략, 시장점유율 등을 파악하는 과

3C 분석의 요소

정이다. 경쟁사의 동향을 분석함으로써 자사의 차별화 전략을 도출하거나, 잠재적인 위협 요소를 사전에 대응할 수 있다.

◆ 자사Company 분석: 기업 내부의 자원, 역량, 브랜드 인지도, 기술력, 조직문화 등과 같은 요소를 평가하는 과정이다. 자사의 강점과 약점을 명확히 인식해야만 고객의 기대를 충족시키고 경쟁 우위를 확보할 수 있는 실행 가능한 전략을 수립할 수 있다.

4) SWOT과 TOWS 분석

SWOT 분석은 기업의 내·외부 환경을 체계적으로 파악하기 위한 전략 분석 도구로, 강점, 약점, 기회, 위협의 4가지 요소를 중심으로 기업의 현재 위치를 진단하는 데 사용된다. 내부 요인인 강점과 약점은 기업이 통제할 수 있는 자원, 역량, 브랜드, 조직 구조 등을 포함하며, 외부 요인인 기회와 위협은 시장의 변화, 경쟁 상황, 기술 발전, 규제 등 기업 외부 환경에서 발생하는 요인을 의미한다.

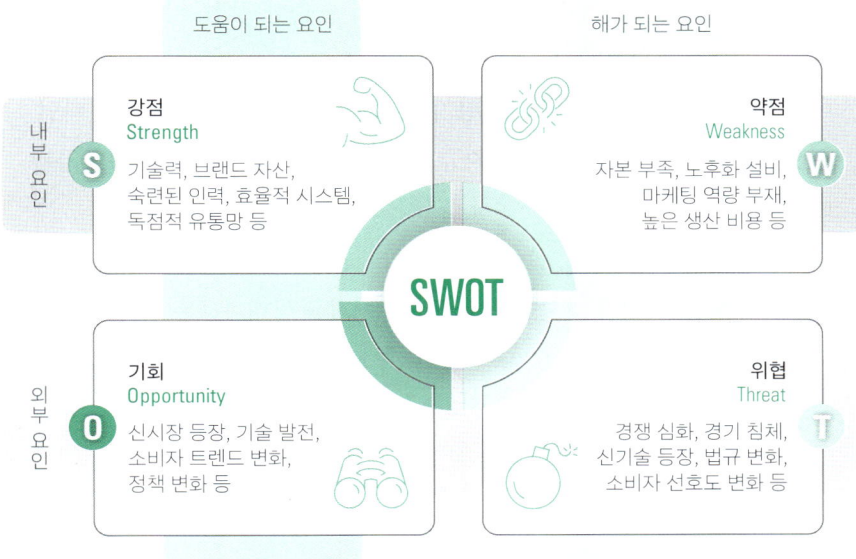

SWOT 분석

- 강점Strength : 기업이 내부적으로 보유하고 있는 경쟁 우위 요소를 의미한다. 이는 기업이 잘하고 있는 부분으로, 시장에서의 성공 가능성을 높여주는 자산이나 능력 등이 포함된다.
- 약점Weakness : 기업 내부에서 나타나는 구조적 한계나 부족한 점을 뜻한다. 이는 기업의 경쟁력 확보를 방해하거나 시장 내 입지를 약화시키는 요인이 될 수 있다.
- 기회Opportunity : 기업 외부 환경에서 발생하는 긍정적인 변화나 유리한 조건을 의미한다. 기업은 외부의 기회를 적절히 포착하고, 내부의 강점과 연결하여 전략적으로 활용해야 한다.
- 위협Threat : 기업 외부 환경에서 발생하는 부정적인 요인으로, 기업의 성과를 저해하거나 생존을 위협할 수 있는 요소이다. 기업은 이러한 위협 요소를 사전에 인식하고, 피해를 최소화하기 위한 대응 전략을 마련해야 한다.

한편, TOWS 분석은 SWOT 분석에서 도출한 강점, 약점, 기회, 위협 요소들을 바탕으로 구체적인 전략을 도출하는 도구이다. SWOT이 기업의 내부와 외부 환경을 정리하고 진단하는 데 초점을 맞췄다면, TOWS는 그 분석 결과를 바탕으로 '어떻게 행동할 것인가'를 결정하는 데 중점을 둔다.

- SO 전략: 강점을 활용하여 외부의 기회를 극대화하는 전략이다. 예를 들어, 기업이 보유한 기술력을 활용해 빠르게 성장하는 시장에 진출하는 방식이 이에 해당한다.
- ST 전략: 강점을 바탕으로 외부의 위협을 최소화하는 전략이다. 이는 경쟁사의 진입 위협에 대해 브랜드 인지도를 활용해 방어하는 식의 접근이다.
- WO 전략: 현재의 약점을 보완하거나 극복하면서 외부의 기회를 활용하는 전략이다. 기술력이 부족한 기업이 외부 파트너와 협력하거나 인재를 확보함으로써 신시장에 진입하려는 시도가 이러한 예이다.

TOWS 분석

- ◆ WT 전략: 약점과 위협이 동시에 존재하는 상황에서 리스크를 최소화하고 생존을 모색하는 전략이다. 이는 비용 절감, 사업 구조 조정, 위험 회피 등을 통해 불리한 환경을 견디는 방식으로 나타난다.

2 미래를 준비하는 환경분석

전통적인 SWOT, 3C 등의 분석이 현재의 내·외부 상황을 진단하는 데 효과적인 도구라면, 빠르게 바뀌는 환경 속에서는 한 걸음 더 나아간 전략적 시야가 요구된다. SOAR 분석, 블루오션 전략, 시나리오 플래닝 같은 접근은 변화 속에서 어떤 가능성이 열릴 수 있는지를 상상하고 설계하게 한다.

이러한 미래지향적 분석 도구들은 '앞으로 어떤 기회를 만들 수 있을까'를 질문한다. 중요한 것은 분석이나 진단의 결과 자체보다 그 과정을 통해 어떤 새로운 인사이트를 얻고, 전략적 방향성을 도출하며, 변화 너머의 가능성을 상상하고 설계해보는 데 있다.

1) SOAR 분석

SOAR 분석은 조직의 강점Strengths, 기회Opportunities, 포부Aspirations, 결과Results로 미래 전략을 도출하는 분석 도구이다. SWOT이 위협과 약점을 포함한 문제 중심의 프레임이라면, SOAR은 조직이 잘하고 있는 것과 앞으로 이루고자 하는 비전을 바탕으로 전략을 구성한다.

예를 들어 콘텐츠 제작사가 K-컬처 팬층을 겨냥해 글로벌 확장 전략을 고민 중이라면, SOAR 분석을 이렇게 풀어볼 수 있다. 먼저, 이 제작사는 트렌디한 콘텐츠 기획력과 탄탄한 제작 노하우, K-콘텐츠에 대한 감각적인 이해, 그리고 다양한 크리에이터 네트워크라는 확실한 강점(S)을 갖고 있다. 여기에 한류에 대한 전 세계적인 관심과 유튜브, SNS, 글로벌 OTT 플랫폼을 통한 확산력은 분명한 기회(O)로 작용한다. 이런 강점과 기회를 바탕으로, "아시아 콘텐츠를 사랑하는 글로벌 팬들이 더욱 몰입하고 교감할 수 있는 인터랙티브 플랫폼을 만들자"는 포부(A)를 설정할 수 있다. 팬들이 콘텐츠 안에서 직접 경험하고 연결될

Strengths 강점
- 우리 조직이 현재 잘하고 있는 점은 무엇인가?
- 경쟁사와 비교했을 때 우리만의 강점은 무엇인가?
- 조직 구성원들이 자부심을 느끼는 부분은 무엇인가?

Opportunities 기회
- 현재 시장이나 환경에서 어떤 기회가 보이는가?
- 앞으로 성장할 가능성이 있는 영역은 어디인가?
- 외부 변화(트렌드, 기술 등)가 우리에게 어떻게 유리하게 작용할 수 있는가?

Aspirations 포부
- 우리 조직이 진정으로 이루고자 하는 미래는 무엇인가?
- 조직 구성원들이 함께 공감할 수 있는 비전은 무엇인가?
- 사회와 고객에게 어떤 긍정적인 영향을 주고 싶은가?

Results 결과
- 우리 조직이 구체적으로 달성하고 싶은 성과는 무엇인가?
- 그 성과를 어떻게 측정할 수 있는가?
- 언제까지 어떤 변화를 만들어내고 싶은가?

SOAR의 핵심질문

수 있는 공간을 상상하는 것이다. 그리고 그 결과(R)로는 글로벌 시청자 수 200% 증가, 3년 내 해외 수익 비중 50% 이상 달성, 글로벌 공동제작 파트너십 확대 등을 구체적인 전략 목표로 설정할 수 있다.

2) 블루오션 전략: ERRC 모델

블루오션 전략은 경쟁이 치열한 기존 시장(레드오션)에서 벗어나 경쟁자가 거의 없거나 전혀 존재하지 않는 새로운 시장(블루오션)을 창출함으로써 수요를 새롭게 만들어내고 차별화된 가치를 제공하는 전략이다.

태양의 서커스Cirque du Soleil는 바로 이 전략의 대표적인 성공 사례로, 전통적인 서커스와는 완전히 다른 새로운 형태의 공연 문화를 만들어냈다. 동물 쇼의 경쟁이 심하던 기존 서커스 시장에서 벗어나 무용, 연극, 음악, 아크로바틱을 융합한 예술 공연으로 전환하며 새로운 고객층을 끌어들였다. 기존 시장의 규칙을 따르기보다는 스스로 새로운 시장을 정의하고 고부가가치의 엔터테인먼트 브랜드가 된 것이다.

블루오션 전략 중 ERRC 모델이 있다. ERRC는 제거Eliminate, 축소Reduce, 증대Raise, 창출Create의 4가지 관점에서 기존 산업의 경쟁 요소를 재구성함으로써 차별화된 가치를 창출하고 새로운 수요를 만들어내는 전략 도구이다. 즉, 기존 시장에서 당연하게 여겨지던 요소 중에서 제거할 것은 무엇인지, 과도하게 제공되고 있는 것은 무엇인지를 살펴 축소하며, 반대로 고객에게 더 많은 가치를 제공할 수 있는 요소는 증대시키고, 기존에는 존재하지 않았던 완전히 새로운 요소는 무엇인지 창의적으로 도출하는 방식이다.

ERRC 모델

3) 시나리오 플래닝

시나리오 플래닝Scenario planning은 미래에 하나의 정해진 방향만을 가정하지 않고, 다양한 가능성을 상정해 미리 대비하는 전략 수립 기법이다. 예측이 어려운 환경일수록 하나의 정답만 가정한 계획보다는 다양한 시나리오를 고려해 유연하게 대응할 수 있는 전략이 필요하다. 이를 통해 경영진은 여러 잠재적 상황을 사전에 상상하고 준비할 수 있으며, 예상치 못한 변화나 위기에도 빠르게 판단하고 대응하는 역량을 키울 수 있다.

시나리오 플래닝은 일반적으로 다음과 같은 단계로 이루어진다. 먼저, 핵심 이슈나 의사결정 주제를 명확히 정의한다. 이는 "우리가 어떤 미래를 대비하기 위해 시나리오를 만드는가?"라는 질문에서 출발한다.

시나리오 플래닝 5단계

그다음으로는 외부 환경 요인과 불확실성을 식별한다. 정치, 경제, 사회, 기술 등 다양한 요인 중에서 미래에 영향을 미칠 가능성이 크고, 동시에 예측하기 어려운 요인을 중심으로 선정한다. 이후에는 선택된 불확실성 등을 조합하여 2~4개의 시나리오를 구성한다. 각 시나리오는 가능한 한 미래의 한 형태를 이야기처럼 풀어낸 것으로, 극단적인 낙관적·비관적 상황뿐 아니라 현실적인 시나리오도 함께 고려된다. 시나리오가 완성되면, 그에 따라 전략적 대응 방안을 마련한다. 각 시나리오에 맞는 대응 전략을 미리 설계함으로써 실제 상황 발생 시 빠르고 유연하게 대처할 수 있다. 마지막으로, 시나리오는 정기적으로 재검토하고 업데이트해야 한다.

3 환경분석 도구와 AI의 결합: 전략 파트너로 진화

AI 기술이 접목되면서 PEST, SWOT, 3C, Five Forces, SOAR, ERRC, 시나리오 플래닝 같은 전통적 전략 도구들은 이제 책상 위에서 정리하는 분석 틀이 아니다. 이 도구들은 환경을 더 넓게 읽고, 더 깊이 이해하며, 더 빠르게 파악하고, 변화의 징후를 미리 감지하는 전략적 파트너로 바뀌고 있다. 전략가에게는 더 똑똑한 질문을 던질 수 있는 프레임을 제공하고, 동시에 더 민첩하게 움직일 수 있는 직관과 근거를 제시해준다.

1) 분석 도구의 진화: 넓게, 깊게, 빠르게, 그리고 미리

환경을 더 넓게 읽는다: "이젠 시장만 보지 않는다"
AI는 다양한 산업, 국가, 소비자층에서 실시간으로 생성되는 방대한 데이터를 분석해 과거에는 눈에 잘 들어오지 않던 외부 요인까지도 포착한다. 덕분에 전략 도구들은 이제 특정 시장 안에 갇히지 않고 글로벌 트렌드, 기술 변화, 정책 흐름까지 아우르는 넓은 시야를 갖추게 되었다.

환경을 더 깊게 읽는다: "표면 말고 본질까지 본다"

'무슨 일이 일어났는가'에 그치지 않고, '왜 그런 일이 일어났는가'를 파악할 수 있어야 진짜 전략이다. AI는 수많은 데이터 속에서 변수 간의 숨은 패턴과 상관관계를 읽어내며, 표면적인 수치 너머의 구조적 통찰과 전략의 맥락을 드러낸다. 보이지 않던 기회, 놓치기 쉬운 리스크까지 한 발 앞서 포착하게 돕는다.

환경을 더 빠르게 읽는다: "느려지면 진다"

요즘 시장은 눈 깜짝할 새에 뒤바뀐다. AI는 수작업으로는 도저히 따라잡을 수 없는 속도로 데이터를 분석하고 정리해 전략 수립과 실행 사이의 간극을 극단적으로 압축시킨다. 이제 연간 전략 수립이 아닌, '실시간 대응 전략'이 가능한 시대다.

환경 변화를 미리 느낀다: "미래는 오는 게 아니라 감지하는 것이다"

AI는 데이터를 해석하는 데 그치지 않는다. 학습하고 예측하며, 아직 일어나지 않은 가능성을 시뮬레이션한다. 이를 통해 기업은 위기나 기회의 조짐을 조기에 감지하고 '일이 벌어진 뒤에 대응'하는 전략이 아닌 '벌어지기 전에 준비하는 전략'을 설계할 수 있게 된다.

2) 분석 도구의 진화는 전략 모델을 바꾼다

선형 모델에서 순환 모델로

환경분석 도구의 진화는 전략의 실행 방식을 바꾸고 있다. 오늘날 전략은 더 이상 한 번 잘 짜두면 끝나는 '계획표'가 되기 어려워졌다. 과거에는 명확한 분석을 토대로 전략을 수립하고, 일정에 따라 그것을 실행하는 방식이 일반적이었다. 이른바 '분석 → 수립 → 실행'이라는 선형적 전략 모델은 정해진 흐름 안에서 비교적 안정적으로 작동할 수 있었다.

그러나 AI 시대는 상황이 다르다. 지금 필요한 전략은 단단하게 짜인 로드맵을 고수하는 것이 아니라 끊임없이 변화를 감지하고, 민첩하게 대응하며, 상황에 따라 전략의 방향 자체를 유연하게 재구성할 수 있는 역량이다. 이런 변화에 따라 전략은 점점 더 '감지 → 대응 → 적응'이라는 순환형 모델로 전환되고 있다. 미리 짠 계획을 중심에 두기보다는 지속적인 관찰과 즉각적인 반응, 그리고 필요한 순간의 조율과 전환이 중요하다.

문화예술 분야는 왜 순환 모델이 필요한가?

문화예술은 이러한 순환 전략의 필요성이 두드러지는 분야이다. 무엇보다 트렌드 변화의 속도가 매우 빠르다. 한 시즌을 주도하던 스타일이나 장르가 금세 구식으로 여겨지고, 새로운 미학이나 표현 방식이 순식간에 떠오르는 일이 빈번하다. 또한 문화예술은 감정과 경험을 기반으로 가치를 창출하기 때문에 사회·문화적 정서나 분위기 같은 환경 변화에 민감하게 반응한다. 시대의 흐름을 제대로 감지하지 못하면, 기획의 완

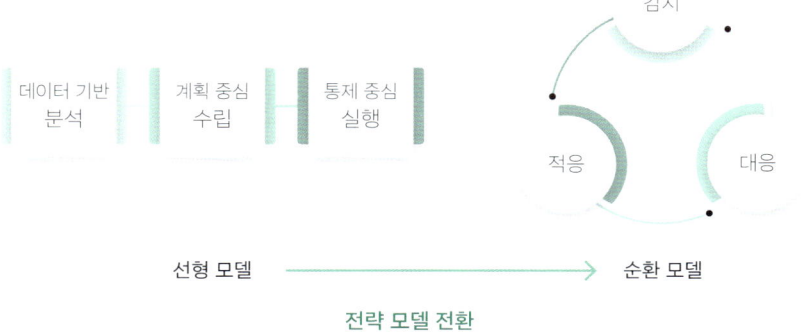

전략 모델 전환

성도와 상관없이 외면받을 수 있다.

    게다가, 문화예술 분야에는 시장 규모가 작고 외부 변화에 민감하게 반응할 수밖에 없는 기관이나 단체들이 적지 않다. 이들이 주관하는 많은 프로젝트는 개인 창작자나 소규모 조직을 중심으로 운영되기 때문에 정책 변화, 플랫폼 정책 수정, 기술 환경 변화 등 외부 변수에 대한 완충 여력이 크지 않다. 특히 공공 예산, 지원 사업, 후원 제도의 변화는 기획의 존속 여부에 직결될 수 있다. 이러한 조건 속에서 문화예술 현장에서는 '계획'만큼 신속한 대응과 유연한 적응이 중요하다.

AI로 영화 흥행 예측과 제작 결정을 지원하는 시네리틱과 스크립트북*

영화 비즈니스는 막대한 제작비가 투입되는 만큼 흥행 예측이 어렵기로 유명한 산업이다. 특히, 제작 초기 단계에서는 감이나 경험에 의존한 결정이 많아 실패 시 리스크도 그만큼 크다. 이에 따라 최근 할리우드 영화사들은 시네리틱Cinelytic이나 스크립트북ScriptBook 같은 AI 기반 흥행 예측 서비스로 리스크를 관리한다.

시네리틱은 배우, 감독, 장르, 예산 등의 다양한 요소를 종합적으로 분석해 박스오피스 성과를 예측하는 AI 플랫폼이다. 이 시스템은 시나리오 분석부터 캐스팅 결정, 재무 구조 설계까지 고려해 투자자와 제작자의 투자 판단을 지원한다. 특히 캐스팅 분석Talent analytics 기능은 주목할 만하다. 특정 배우가 출연했을 때 기대되는 흥행 성적을 수치화해 보여주고, 흥행 가능성이 큰 배우 조합도 추천해준다.

한편, 스크립트북은 영화 시나리오 자체를 분석해 상업적 성공 가능성을 예측하는 AI 플랫폼이다. 이 시스템은 각본의 구조, 감정 곡선, 등장인물의 관계, 플롯의 전개 방식 등을 정량적으로 분석해 흥행 여부를 사전에 판단한다. 이전까지 감에 기대오던 시나리오 판단을 수치와 분석으로 뒷받침할 수 있게 된 것이다.

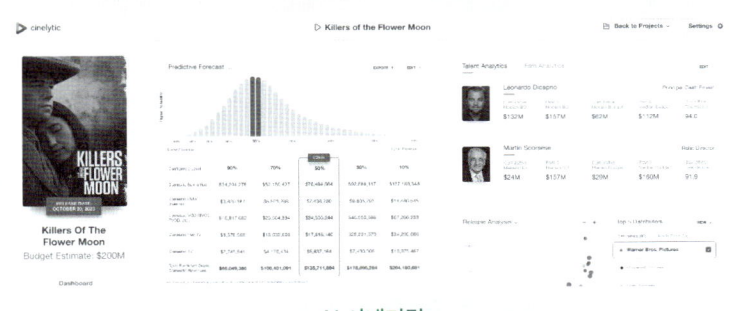

AI 시네리틱

* 한국방송통신전파진흥원 (2021), 「미 할리우드의 인공지능을 활용한 효과적인 제작 기획 및 투자 결정 트렌드」, 정책연구보고서.

2부. AI 시대의 마케팅 전략

5장

다시 쓰는 문화예술 소비자 행동

> "고객에게 그 어느 때보다 가까이 다가가라.
> 그들이 스스로 깨닫기 전에 이미 그들이 필요로 하는 것을
> 알려줄 수 있을 만큼 가까이."
>
> – 스티브 잡스, 애플 창업자

1. 문화예술 소비에 영향을 주는 요인
2. 전형적인 문화예술 소비자 유형
3. 소비자 유형의 파괴, 유형이 깨지고 파편이 되다

마케팅은 '모두에게 조금씩'이 아닌 '각자에게 정확히' 다가가는 방향으로 전환하고 있다. 브랜드가 겨냥해야 할 대상은 집단이 아니라 점차 뚜렷해지는 개인 간의 편차로 이동 중이다.

1 문화예술 소비에 영향을 주는 요인

문화예술은 인간의 감정과 사고, 상상력을 자극하며 삶의 질을 풍요롭게 해주는 중요한 활동이다. 연극을 보며 몰입하고, 전시회에서 영감을 받으며, 음악을 들으며 위로받는 경험은 단순한 여가 이상의 의미를 지닌다. 그러나 모든 사람이 같은 방식으로, 같은 정도로 문화예술을 소비하지는 않는다. 누군가는 주말마다 공연장을 찾고, 또 누군가는 1년에 한 번도 문화생활을 하지 않는다. 이처럼 개인의 문화예술 소비 행태에는 다양한 요인이 복합적으로 작용한다.

이 장에서는 문화예술 소비에 영향을 미치는 요인을 내부적 요인과 외부적 요인으로 나누어 살펴보고자 한다. 내부적 요인은 동기, 개인의 취향, 가치관, 교육과 소득 수준 등 개인의 심리적·인지적 특성을 포함하며, 외부적 요인은 사회적 환경, 경제적 여건, 문화예술에 대한 접근성 등 개인을 둘러싼 외부 조건을 의미한다.

1) 내부적 요인: 동기, 취향, 교육과 소득 수준

소비의 심리적 동기

누군가는 거대한 스크린 속으로 빨려 들어가는 듯한 4DX 영화를 보며 아찔한 쾌감을 느끼고, 또 누군가는 NFT 작품 하나로 자신을 표현하고 싶어 한다. 어떤 이들은 해설 콘텐츠를 챙겨 보며 서사의 결을 더 깊이 이해하고, 팬 커뮤니티 안에서 새로운 인연을 만들기도 한다. 세상살이에 지쳐 예술 테라피나 명상 콘텐츠를 통해 마음의 안정을 찾는 이들도 있다. 같은 콘텐츠를 두고도 사람들이 그것을 즐기는 이유는 제각각이다. 이러한 차이는 개인이 가진 다음의 심리적 동기로 설명할 수 있다.

첫째, 정서적 즐거움을 추구하려는 동기이다. 이는 일상의 반복 속에서 색다른 자극과 감정을 경험하고자 하는 인간의 본능적인 욕구에서 비롯된다. 감동, 전율, 긴장감 등 다양한 정서를 유도하는 콘텐츠는 감정의 폭을 넓히고, 삶에 활기를 불어넣는 역할을 한다. 사람들은 이러한 감정적 반응을 통해 자신이 살아 있음을 느끼고, 그 체험을 다시 찾으며 즐거움을 반복적으로 추구한다.

둘째, 지적 탐구와 학습을 향한 동기이다. 콘텐츠를 소비하면서 그 안에 담긴 메시지와 배경, 맥락을 깊이 이해하고자 하는 욕구가 여기에 해당한다. 새로운 정보를 얻거나 복잡한 개념을 해석하는 과정은 지적 자극을 제공하며, 개인의 사고를 확장하는 데 기여한다. 이는 단순한 오락이 아닌, 스스로 사고하고 해석하는 참여적 경험으로 이어진다.

셋째, 사회적 관계를 형성하고자 하는 동기이다. 콘텐츠는 다른 사람과의 연결고리가 되기도 한다. 유사한 관심사를 가진 이들과의 대화, 토론, 공감은 정서적 유대를 강화하고, 소속감과 안정감을 제공한다. 이러한 상호작용은 점점 더 개인화되는 사회 속에서 중요한 정서적 자원이 되며, 사회적 고립감을 해소하는 역할을 한다.

넷째, 자기표현과 정체성을 드러내려는 동기이다. 사람들이 특정 콘텐츠를 선택하고 공유하는 행위는 취향의 표명뿐 아니라 자신이 누구인지에 대한 메시지를 세상에 전달하는 방식이 된다. 취향, 가치관, 세계관은 이 과정에서 더욱 명확해지고, 타인과의 차별성을 부각시키는 수단으로도 작용한다. 콘텐츠는 곧 정체성을 구성하는 하나의 언어가 된다.

마지막으로, 휴식과 치유를 위한 동기이다. 복잡하고 피로한 일상 속에서 콘텐츠는 감정의 안정과 심리적 회복을 돕는 도구가 된다. 조용한 음악, 반복적인 장면, 자연의 이미지 등은 내면의 긴장을 완화하고, 정서적 균형을 회복하게 한다. 이는 단순한 시간 때우기가 아닌 의식적인 자기돌봄의 방식으로 기능하며, 현대인의 정신적 건강을 위한 전략이 되기도 한다.

취향과 연령의 관계

문화예술 소비에는 개인의 취향이 중요한 영향을 미치며, 그 취향을 결정하는 핵심 요인 중 하나로 연령이 지목된다. 여러 연구는 특정 연령대에 형성된 문화예술 경험이 이후의 삶에 장기적인 영향을 미친다는 점에 주목하고 있다. 특히 청소년기와 청년기에 형성된 취향은 중년기와 노년기까지 지속되는 경향이 강하다.

본느빌-루시와 스틸웰Bonneville-Roussy & Stillwell(2017)의 연구에 따르면, 음악 소비는 청소년기와 젊은 성인기에 가장 활발하며, 이 시기에는 또래 집단의 영향력이 크게 작용한다. 반면 중년기에는 새로운 장르나 아티스트에 대한 관심이 감소하고, 과거에 즐겨 들었던 음악을 선호하는 경향이 뚜렷해진다. 노년기에는 리듬이 복잡하거나 자극적인 음악보다 조화롭고 감미로운 음악을 선호하는 경향이 두드러진다.

홀브룩과 쉰들러Holbrook & Schindler(1989)는 다양한 연령대를 대상으로 한 대중음악 취향 조사에서, 개인의 음악 선호는 주로 청소년기와 젊

클래식 음악 관객 vs. 발레 관객은 같은가, 다른가?*

클래식 음악과 발레 공연의 고관여 관객을 대상으로 한 조사에서 두 장르의 관람 동기에는 뚜렷한 차이가 있는 것으로 나타났다. 클래식 음악 관객은 주로 심미적 만족과 자기계발을 동기로 공연장을 찾았다. 이들은 작품성과 연주자의 기량, 작곡가의 의도와 해석에 깊은 관심을 가지며, 수준 높은 음악 감상을 통해 내면의 성장과 정서적 충족을 추구하는 경향이 강했다. 특히 클래식 음악 애호가들은 연주의 완성도를 감별하고, 특정 지휘자나 연주자를 중심으로 공연을 선택하는 특성을 보였다.

반면, 발레 관객은 여성 비율이 높고, 공연을 통해 비현실적이고 아름다운 시각적 경험을 즐기고자 하는 동기가 두드러졌다. 발레리나의 우아한 움직임, 의상, 무대미술 등 시각적 요소와 환상성은 중요한 관람 요인으로 작용했다. 또한, 자녀 교육, 가족과의 문화 향유, 지인과의 관계 형성 등 사회적·관계적 동기도 영향을 미쳤다. 이들은 잘 알려진 고전 레퍼토리나 유명 작품을 선호하며, 시각적 아름다움에 대한 기대가 관람 결정에 큰 영향을 줬다.

종합하면, 두 장르의 관객은 서로 다른 이유로 공연을 관람했다. 클래식 음악 관객이 내면적 충족과 개인적 성장을 중시하는 '자기계발형 관객'이었다면, 발레 관객은 시각적 즐거움과 관계 중심의 문화 참여를 선호하는 '감각·교류형 관객'이었다.

---

* 안성아 (2011), 「2010 클래식음악, 발레 관람객조사 보고서: 마케팅 관점에서」, 문화체육관광부-예술경영지원센터 정책연구보고서.

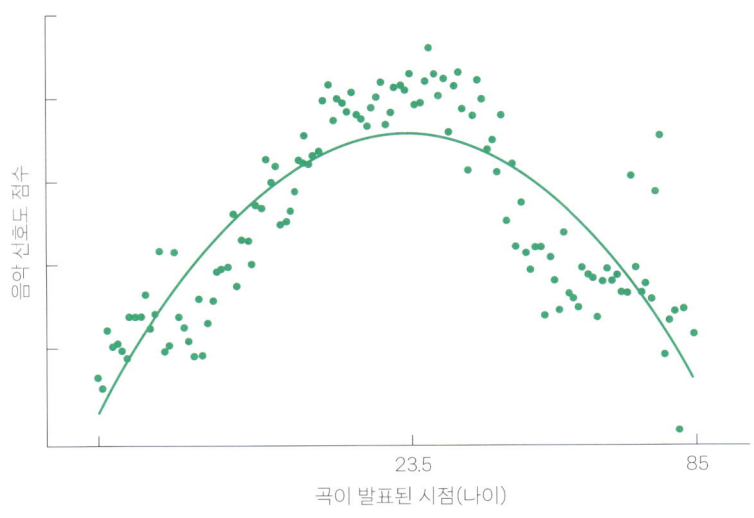

홀브룩과 쉰들러의 연구 결과

음악 선호도는 참가자가 24세 전후였을 때 발표된 곡에서 가장 높게 나타났으며, 그 전후로는 선호도가 낮아지는 '역U자형 inverted U-shaped' 패턴을 보임.

은 성인기 사이에 형성된다고 보고했다. 이들은 사람들이 가장 감정적으로 연결되어 있는 음악은 대개 10대 후반에서 20대 초반(평균 23.5세)에 유행했던 곡들이며, 이후의 삶에서도 이 시기의 음악에 대한 선호가 지속된다는 점을 밝혔다. 나이가 들수록 새로운 음악에 대한 수용은 감소하고, 익숙한 음악에 대한 향수는 더욱 강화되는 경향이 나타난다. 이러한 현상은 영화, 패션, 디자인 등 다른 문화 영역에서도 유사하게 관찰된다.

교육과 소득 수준

사회학자 허버트 갠스 Herbert Gans는 사회계층에 따라 문화예술을 향유하는 방식이 다르다고 보았다. 상류층은 예술가에게 초점을 맞추고, 예술가의 메시지를 관객이 능동적으로 해석해야 한다는 태도를 지닌다. 중류층은 관객이 쉽게 이해할 수 있는 명료한 메시지를 중시하며, 중·하류층은 이해하기 쉬운 서사 중심의 콘텐츠를 선호하는 경향이 있다. 노동계층은 문화예술을 주로 휴식과 현실 도피의 수단으로 받아들이는 성향을 보인다.

한편, 피에르 부르디외Pierre Bourdieu는 '문화적 자본Cultural capital' 개념을 통해 개인의 취향은 개인적 선택이 아닌 개인이 속한 사회적 지위에 의해 형성된다고 주장했다. 상류층은 교육, 가정환경, 문화적 경험을 통해 축적된 문화적 자본을 바탕으로 고급문화를 소비하는 반면, 중·하류층은 대중문화나 제한된 장르에 집중하는 소비 패턴을 보인다.

하지만 미디어와 기술의 발달은 문화예술 소비의 문턱을 낮추었고, 이에 따라 계층 간 문화 향유의 양상도 달라졌다. 미국의 사회학자 피터슨과 심쿠스Peterson & Simkus는 고소득·고학력층에서 고급문화와 대중문화를 넘나드는 '옴니보어Omnivore' 소비 행태가 나타나는 반면, 저소득·저학력층은 특정 장르에 집중하는 '유니보어Univore' 소비 경향을 보인다고 밝혔다.

오늘날에는 사회계층이 문화예술 소비의 양상을 결정짓는 주요 요인이라고 말하기가 조심스럽다. 다양한 디지털 플랫폼과 소셜미디어의 확산, 누구나 손쉽게 접근 가능한 콘텐츠 환경은 개인의 문화 소비를 계층적 배경보다 취향, 관심사, 사용 경험 등에 따라 형성되도록 만들고 있다.

2) 외부적 요인: 준거집단, 인플루언서, 문화적 요인

준거집단

어떤 작품을 좋아하고 어떤 공연을 보러 가는지 결정하는 것은 종종 개인의 내면보다 그가 속해 있는, 또는 속하고 싶은 집단과 더 깊은 관련이 있을 때가 있다. 이를 설명하는 개념이 바로 '준거집단 Reference group'이다.

유아기에는 준거집단으로서 가족의 영향이 크게 작용하는 반면, 청소년기에는 가족으로부터 독립하여 또래, 친구, 동호회 등의 영향을 받는다. 성인 역시 자신이 동경하거나 소속감을 느끼는 사회집단 속 문화예술을 선택하고, 반대로 거리를 두고 싶은 집단의 취향은 회피하려는 경향을 보인다.

오늘날 준거집단의 영향력은 디지털 공간에서 더욱 강력해지고 있다. 오프라인에서 친구나 가족이 중심이던 준거집단은 이제 온라인 커뮤니티와 소셜미디어로 확장되며 국경과 물리적 거리를 초월한다. 인스타그램에서 팔로우하는 셀럽, 유튜브에서 구독하는 채널, 디스코드 속 취향 기반 그룹들이 새로운 기준을 만들고, 그 기준이 취향과 소비를 선도한다. 특정 전시회가 '인스타그래머블'하다는 이유로 인기를 끄는 현상은 더 이상 개개인의 취향만으로는 설명되지 않는다.

어떤 콘텐츠가 '힙하다'고 여겨지는 것도 결국은 누가 보고 누가 좋아했는지가 결정짓는다. 우리는 혼자 감동받고 혼자 즐긴다고 생각하지만, 그 선택의 이면에는 '누구와 연결되고 싶은가'라는 질문이 자리하고 있는지도 모른다.

청소년극과 교사의 영향력*

우리나라 청소년들은 학업 부담 때문에 문화예술에 관심을 가질 여유가 없다. 국립극단에서 진행한 청소년극 관객 연구에 따르면, 그런 청소년들이 공연을 관람하기까지는 '교사'의 영향력이 중요한 것으로 나타났다. 학교에서 교육 목적이나 진로 연계 활동으로 특정 공연을 선정하면, 교사의 설명과 추천을 통해 학생들은 관심을 갖고 공연을 관람하게 된다. 문화예술 경험이 많지 않은 청소년에게 교사는 신뢰할 수 있는 안내자이자 준거집단이 되며, 그 영향력은 이후 공연 관람의 동기 형성과 선택에까지 영향을 미친다.

따라서 청소년극 마케팅에서는 교사를 핵심 협력자로 설정하는 접근이 필수이다. 교사 대상 시사회 개최, 교육자료 제공, 커리큘럼과 연계한 콘텐츠 개발 등은 교사의 참여를 유도하고 학생들과의 연결고리를 강화하는 실질적인 방안이 될 수 있다.

* 안성아 외 (2016), 「국립극단 청소년극 관객연구」, 국립극단.

인플루언서

한때 문화예술 소비에 영향을 미치는 오피니언리더는 연예인, 문화 평론가, 예술 전문가들이었다. 그러나 이제 그 자리에 인플루언서 Influencer 가 있다. 이들은 홍보자를 넘어서 취향을 설계하고 문화를 유행시키는 주체로 성장했다.

특히, 소셜미디어 속 인플루언서는 관객과 일상적으로 연결되어 있다는 점에서 더 큰 영향력을 지닌다. 이들이 즐기는 전시, 공연, 콘텐츠는 '개인의 취향'이라기보다 대중이 따라야 할 새로운 '경험의 기준'으로 인식된다. SNS에 자주 등장하는 예술 전시는 '작품'이기 전에 '찍어야 할 배경'이 되고, '좋아요' 수가 많은 취향은 곧 트렌드가 된다.

이러한 흐름은 이제 가상 인플루언서 Virtual influencer 로까지 확장되고 있다. 릴 미켈라 Lil Miquela 나 로지 Rozy 처럼 실존하지 않는 AI 기반 모델들이 패션·음악·예술 콘텐츠를 소비하고 추천하며, 실제 팬덤까지 형성하고 있다. 이들은 지치지도 않고, 스캔들도 없으며, 24시간 온라인에서 활동할 수 있다는 점에서 기업에게 매력적이다. 게다가 브랜드 콘셉트에 맞게 인종, 성별, 외모까지 자유롭게 설계할 수 있으니 현실적인 제약도 없다.

콘텐츠 소비자를 넘어 사회적 준거집단이 된 팬덤*

현대의 팬덤은 콘텐츠 소비자에 머물지 않으며, 공연 예절부터 사회적 의제에 대한 의견 형성까지 구성원들에게 실질적인 영향력을 미치는 준거집단으로 작용하고 있다.

K-pop 팬덤의 사례가 이를 잘 보여준다. 일부 팬들은 플라스틱 앨범이 초래하는 환경문제에 문제의식을 갖고, 기획사를 향해 친환경적 앨범 제작과 플라스틱 사용 최소화를 요구하는 집단행동에 나섰다. 포장 최소화, 친환경 소재 사용, 분리배출 표시 개선 등 구체적인 요구사항을 제시하기도 했다.

또한 팬들은 소속사의 경영방식이 아티스트의 메시지와 일치하는지 여부도 적극적으로 감시한다. 불일치할 경우 불매운동이나 앨범 구매 중단으로 입장을 표명하며, 자신들의 뜻을 관철하기 위한 행동양식을 만든다. 이렇듯 팬덤의 영향력이 커지면서 콘텐츠 마케터는 팬클럽 내부의 흐름을 이해하고 존중하는 마케팅을 점점 더 중요시하게 되었다.

* 윤수정 (2023.12.25), "기획사에 앨범 쓰레기 반납시위… 세계 K팝 팬과 기후위기 맞서는 그녀", 조선일보 기사 참조.

문화 할인율

문화예술 소비에 영향을 미치는 외부적 요인 중 하나로 '문화 할인율 Cultural discount'이라는 개념이 있다. 문화 할인율이란 한 국가나 지역에서 만들어진 콘텐츠가 다른 문화권으로 수출될 때, 그 가치나 매력이 일정 부분 감소하는 현상을 의미한다. 이는 언어, 역사, 종교, 정서 코드 등 문화적 차이로 인해 원작이 지닌 의미나 감동이 온전히 전달되지 못하면서 발생한다.

가령, 유럽에서 큰 인기를 끈 드라마나 영화가 우리나라에서 기대만큼 반응하지 못하는 경우가 있다. 이는 해당 콘텐츠의 사회적 문맥, 유머 코드, 미적 감각이 우리 문화와 어긋나 몰입을 방해하고 소비 결정에 영향을 주기 때문이다.

문화 할인율은 해외 진출뿐 아니라 한 사회의 하위 문화권에서도 작용한다. 한 국가 안에서도 수도권과 지방에 따라 선호 콘텐츠가 달라지기도 하고, 어떤 커뮤니티에서는 활발히 소비되는 장르가 다른 커뮤니티에서는 거의 관심을 받지 못하기도 한다.

하지만 오늘날에는 글로벌 플랫폼과 번역 기술, 지역 맞춤화 기획 등으로 이러한 거리감이 좁혀지고 있다. 특히 K-콘텐츠의 확산 사례*처럼 문화적 차이를 극복하고 오히려 새로운 감각과 이질성이 매력 요인으로 작용하는 경우가 늘어나고 있다.

---

* 뮤지컬 〈어쩌면 해피엔딩Maybe Happy Ending〉이 한국 창작물임에도 미국에서 성공할 수 있었던 이유는 보편적 공감대를 담아 문화 할인율을 극복했기 때문이다. 한국인 극작가 박천휴와 미국인 작곡가 윌 애런슨Will Aronson의 협업은 한국적 감수성과 미국적 음악 문법을 융합한 창작 구조를 만들어냈으며, 리드 프로듀서 제프리 리처즈Jeffrey Richards의 글로벌 무대에 맞춘 전략적 프로듀싱과 제작진의 다문화적 시각이 결합되어 브로드웨이 진출의 성공을 이끌었다. 이러한 협업 구조는 단순한 K-콘텐츠 확산을 넘어, 문화적 감성과 스토리텔링을 결합한 글로벌 콘텐츠로 자리매김하게 한 요인이다.

한국인은 한국 공포영화가 더 오싹하다*

중앙대학교 연구팀은 한국인이 한국과 서양의 공포영화를 볼 때 어떤 쪽에서 더 큰 공포를 느끼는지 실험을 통해 분석했다. 참가자들에게 두 편의 영화를 보여주고 피부 전기 반응GSR을 측정한 결과, 한국 공포영화에서 더 강한 공포 반응이 나타났다. 그리고 한국 영화의 장면이 더 오래 기억에 남는다고 응답했다.

참가자들은 서양 영화의 잔혹하고 자극적인 장면보다 이불 속 귀신처럼 익숙한 공간에서 벌어지는 설정을 더 무섭게 느꼈다. 연구팀은 이러한 차이가 문화적 배경과 익숙한 이야기 구조에서 비롯된 것으로 보았다. 귀신, 원한, 초자연적 존재에 익숙한 한국인에게는 그런 설정이 더 현실적이고 생생하게 다가오기 때문이다.

두 지역의 공포영화는 연출 방식에서도 차이를 보인다. 한국 공포영화는 조용한 분위기 속에서 긴장감을 점차 쌓아가며 심리적 공포를 유도하는 반면, 서양 공포영화는 강한 시각 자극과 갑작스러운 충격 장면으로 순간적인 놀람을 유도하는 데 초점을 둔다. 이러한 차이 역시 각 문화가 공포를 인식하고 표현하는 방식의 차이에서 기인한 것으로 볼 수 있다.

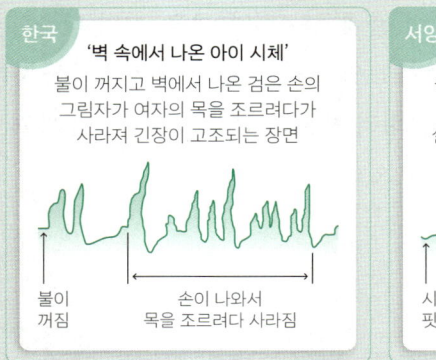

공포영화를 볼 때의 피부 전기 반응

* 중앙일보 (2004.6.30), "'공포' 한국인이 한국영화가 더 오싹", 박방주 과학전문기자. https://www.joongang.co.kr/article/356890 기사 참조.

2. 전형적인 문화예술 소비자 유형

1) 이성적 소비자 vs. 쾌락적 소비자

소비자가 콘텐츠를 선택하는 기준에 따라 이성적 소비Rational consumption 와 쾌락적 소비Hedonic consumption로 분류할 수 있다. 이성적 소비는 작품 선택에 있어 정보 탐색을 중시하고, 가격 대비 효용, 사회적 의미, 작가의 명성, 비평가의 평가 등을 종합적으로 고려하여 구매나 관람 여부를 결정하는 경향을 말한다. 이때, 선택된 작품은 '가치 있는 콘텐츠'로 간주되며, 가치 판단의 기준 역시 체계적이고 논리적인 사고 위에서 형성된다. 전시나 공연의 테마, 시대적 맥락, 예술적 완성도 등을 꼼꼼히 따지는 이성적 소비자는 마치 큐레이터처럼 문화 콘텐츠를 고르고 소비한다.

반면, 쾌락적 소비는 오감에서 느끼는 자극과 감정적 충족감을 중요시한다. 현장의 분위기, 감성적인 연출, 몰입감 있는 경험이 중요한 요소로 작용하며, 때로는 번지점프나 공포영화 같은 부정적인 감정(공포심 등)을 위해서도 지갑을 연다. 쾌락적 소비는 감정과 관련이 깊은데, 특정 대

이성적 소비와 쾌락적 소비

구분	이성적 소비 Rational consumption	쾌락적 소비 Hedonic consumption
소비 기준	합리성, 효율성, 실용성, 필요 충족	즐거움, 만족감, 자기표현, 욕구 충족
소비 과정	논리적 분석, 정보 탐색, 성능 비교 등 객관적 비교를 통한 선택	감정, 직관, 경험, 분위기, 타인의 영향 등 주관적 판단에 의한 선택
마케팅 초점	제품의 성능, 가격, 경쟁력 강조	이미지, 스토리텔링, 디자인, 감성 강조

상에 대한 감정은 오랜 시간을 두고 형성되는 것이어서 소비자가 소속된 하위문화Sub-culture를 이해하는 것이 도움이 된다. 즉 인종, 국가, 연령 등 소비자가 경험한 문화에 따라 취향과 행동이 다르게 나타난다.

하지만 이 두 소비 유형이 완전히 구분된다고 보기는 어렵다. 많은 소비자는 이성과 쾌락 사이를 유연하게 오간다. "콘텐츠는 재미있지만 비교육적이라 구매하지 않았다", "기능을 열심히 비교했지만, 색상이 예뻐 결제했다" 등 실제 소비 경험은 이성적 소비자나 쾌락적 소비자라는 이분법적 분류로 설명할 수 없다. 소비자가 어떤 맥락에서 어떤 '모드'로 소비하고 있는지 스펙트럼상에서 바라보는 것이 더 적합하다.

2) 소비 빈도와 몰입도에 따른 구분

소비 빈도

전체 소비자 중 약 20%에 해당하는 헤비 유저Heavy user가 전체 매출의 80%를 차지한다는 파레토 법칙(20:80 법칙)은 문화예술 시장에서도 유효하다. 헤비 유저는 공연, 전시, 영화, 도서 등 다양한 문화예술 활동을 자주 소비하며, 월 단위 또는 그보다 짧은 주기로 관련 콘텐츠를 즐긴다. 이들은 멤버십 프로그램, 조기 예매, 프리미엄 좌석 등을 활용하는 등 적극적인 소비 행태를 보이는 특징이 있다. 반면, 라이트 유저 Light user 는 특정 시기나 관심 주제에 따라 간헐적으로 소비하는 경향을 보이며, 이벤트성 계기나 입소문 등에 영향을 받아 움직이는 경우가 많다.

이러한 현상은 디지털 전환 이후에도 크게 달라지지 않았으며, 오히려 강화된 양상을 보이고 있다. 스트리밍 서비스, 팬덤 중심 커뮤니티, 크라우드펀딩 플랫폼 등과 같이 참여와 소비가 반복적으로 이루어질 수 있는 구조가 확산되면서, 핵심 팬층이 하나의 콘텐츠에 장기적으로 몰입하고 반복 소비하는 경향이 더욱 짙어졌기 때문이다.

소비 참여 및 몰입도

영국의 문화사회학자 애버크롬비 Abercrombie 와 롱허스트 Longhurst 는 소비자의 참여 및 몰입 수준에 따라 문화예술 소비자를 일반 소비자, 애호가, 열광자, 광신자, 그리고 아마추어 창작자로 구분했다.

일반 소비자 Consumer 는 문화예술을 여가 활동의 일환으로 소비하며, 콘텐츠의 예술성보다는 재미와 접근성을 중시하는 경향이 있다. 애호가 Fan 는 특정 장르나 아티스트에 꾸준한 관심을 가지며, 관련 정보를 수집하고 공유한다. 열광자 Cultist 는 선호하는 콘텐츠에 강한 감정적 유대감을 형성하고, 온라인 커뮤니티 활동이나 굿즈 구매 등 더욱 적극적인 방식으로 참여한다. 광신자 Enthusiast 는 해당 콘텐츠 분야 전체로 관심을 확장하고 관련 지식 탐구 및 심도 있는 감상을 즐긴다. 마지막으로, 아마추어 창작자 Petty producer 는 소비에 그치지 않고 직접 창작 활동에 나서는 이들이다. 아마추어 오케스트라에 가입하거나 네이버 '도전만화'에 웹툰을 만들어 올리는 등 문화예술의 생산자로 발전한다.

애버크롬비와 롱허스트가 제시한 문화예술 소비자 유형

유형	특성	기술 사용 예
일반 소비자 Consumer	문화예술을 소량 소비하는 일반적인 소비	유튜브, 넷플릭스, 인스타그램 등 무료 콘텐츠 및 AI 추천작 선택
애호가 Fan	특정 예술가나 장르를 감상하며, 관련 정보를 수집하고 공유하는 소비	아티스트 관련 SNS, 팬 커뮤니티 앱 가입
열광자 Cultist	특정 예술 장르에 깊이 몰입하고, 커뮤니티 활동에 참여하는 전문적 소비	VR 공연 관람, 메타버스 경험
광신자 Enthusiast	조직적 활동을 하며, 전반적 예술 장르에 진지한 관심을 가지는 소비	온라인 커뮤니티 활동 및 크라우드펀딩 참여
아마추어 창작자 Petty producer	직접 창·제작 활동에 참여	협업 도구 및 AI 창작 도구 사용

창작자가 된 가상 아이돌의 팬덤*

하츠네 미쿠Hatsune Miku는 일본 크립톤 퓨처 미디어Crypton Future Media가 개발한 보컬로이드Vocaloid 소프트웨어 캐릭터이자, 전 세계적으로 활동하는 가상 아이돌이다. 하츠네 미쿠는 전 세계적으로 홀로그램 콘서트를 개최하고, 팬들은 실제 공연장으로 와서 펜라이트 응원, 코스프레, 팬송 합창 등 실재 아이돌 팬덤과 유사한 방식으로 열광적으로 공연에 참여한다.

하츠네 미쿠의 성공은 '팬덤 경제Fandom economy'**라는 개념과 밀접하게 연결되어 있다. 팬들은 하츠네 미쿠의 음성 데이터와 비주얼을 활용해 노래를 작곡하고, 일러스트와 뮤직비디오를 제작하여 다양한 플랫폼에 게시한다. 일부 작품은 음원으로 정식 발매되거나 공식 굿즈로 판매되며, 기업은 일정 범위에서 저작권을 자유롭게 활용할 수 있도록 허용하여 팬이 제작한 콘텐츠가 다시 하츠네 미쿠의 브랜드 가치를 높이는 선순환 구조를 형성했다.

이러한 팬덤 모델은 현재 버추얼 연예인의 팬 문화로 이어지고 있다. 가상 캐릭터는 현실 인물이 아니기 때문에 팬들의 2차 창작을 통해 새로운 서사가 부여되고, 원작 세계관이 보완되어 새로운 서브컬처가 형성된다. 이처럼 가상 연예인 팬들은 창작자와 소비자의 경계를 허물고 가상 생태계의 확장을 이끌고 있다.

* Tony Rehagen (2021.5), "One of Japan's most beloved pop stars is a hologram", expmag.com 기사 참조.
** 팬덤 경제란 팬이 단순한 소비자에 머무르지 않고, 콘텐츠의 생산과 확산 과정에 직접 참여하면서 경제적 가치를 창출하는 구조를 의미한다.

3) 관여도에 따른 구분

관여도 개념 및 4가지 소비 행동

관여도 Involvement 는 소비자가 특정 제품이나 콘텐츠에 대해 얼마나 깊이 생각하고, 관심을 기울이며, 선택 과정에 적극적으로 참여하는지를 나타내는 개념이다. 문화예술 영역에서의 관여도는 소비 행위를 넘어 콘텐츠에 대한 이해, 해석, 그리고 감정적·지적 몰입의 정도까지 포함한다.

관여도 기준에서는 소비자를 저Low관여자와 고High관여자로 나눌 수 있다. 콘텐츠 시장의 저관여자는 구매 과정에서 수동적인 태도를 보이며, 타인의 추천, 트렌드, SNS 바이럴 등 외부 요인에 반응하는 경향이 있다. 반면, 고관여자는 콘텐츠를 능동적으로 탐색하고, 작품의 주제, 시대적 맥락, 작가의 철학 등을 고려하여 선택하며, 때로는 이를 자신의 가치관이나 세계관과 연결하려는 경향도 보인다. 이러한 관여도의 높고 낮음은 소비자의 구매 경험 여부와 연결하여 4가지 행동으로 분류할 수 있다.

- ◆ **고관여 상황의 최초 구매 – 복잡한 구매**Complex buying **행동**: 이 경우 소비자는 해당 제품이나 콘텐츠에 대해 관심이 높고, 처음 구매하는 상황이기 때문에 비교적 신중하게 접근한다. 정보를 많이 찾아보고, 다양한 요소를 고려한 뒤 결정을 내리는 경향이 있다. 예를 들면, 처음 미술 작품을 구매하거나, 생애 첫 오페라 공연을 예매하는 상황이 이에 해당한다.

- ◆ **고관여 상황의 반복 구매 – 브랜드 충성**Brand layalty **행동**: 이 유형의 소비자는 이미 만족스러운 경험을 한 브랜드나 콘텐츠에 애착을 갖고, 이후에도 꾸준히 소비를 이어간다. 같은 공연 시즌권을 매년 갱신하거나, 좋아하는 감독의 작품은 빠짐없이 챙겨보는 행동이 여기에 포함된다.

관여도 × 구매 경험: 4가지 소비자 행동 분류

과거 구매 유무 \ 관여도	고관여	저관여
최초 구매	복잡한 구매 행동	다양성 추구 행동
반복 구매	브랜드 충성 행동	습관적 구매 행동

◆ **저관여 상황의 최초 구매 – 다양성 추구**Variety seeking 행동: 이때 소비자는 이전 구매 경험에 불만족했다기보다 새로운 것을 시도해보고 싶은 욕구 자체로 인해 새로운 제품을 선택한다. 새로운 경험을 위해 이전 선택을 바꾸는 것이 '자발적 다양성 추구' 행동이라면, 다른 사람의 권유를 받거나 완판으로 재고가 없어서 다른 제품을 시도해보는 '상황적 다양성 추구' 행동도 종종 발생한다.

◆ **저관여 상황의 반복 구매 – 습관적 구매**Habitual buying 행동: 큰 고민 없이 익숙하고 편한 선택을 반복하는 경우이며, 다시 생각할 필요조차 느끼지 않는다. 매주 같은 영화관을 들르거나 늘 듣던 팟캐스트를 자동 재생하는 것처럼, 무의식적으로 이어지는 소비가 이에 해당한다.

관여도에 따른 소비 행동, AI가 개입하면 어떻게 달라질까?

흥미로운 점은 위의 4가지 행동이 AI 기술과 만나면서 인간의 자발적인 선택만으로 이뤄지지 않고, AI에 의해 자연스럽게 유도되거나 심지어 형성되기도 한다는 점이다.

복잡한 구매 행동을 하는 고관여 소비자에게는 AI가 리뷰 분석, 유사 소비자 행동 비교, 맞춤 큐레이션 등을 통해 더욱 신뢰할 수 있는 정보를 제공한다. 덕분에 소비자는 방대한 선택지 속에서 효율적으로 결정을 내릴 수 있게 된다.

브랜드 충성 행동의 경우, AI는 브랜드와 소비자 사이의 연결고리를 더 촘촘하게 만든다. 팬으로서의 성향, 반응 패턴, 구매 주기를 인식하고, 시의적절한 리마인드와 보상으로 브랜드에 대한 애착을 유지·강화한다.

다양성 추구 행동을 보이는 저관여 소비자에게는 알고리즘 추천이 결정적인 역할을 한다. 그날의 기분이나 날씨, 이전에 클릭했던 콘텐츠 이력만으로도 새로운 경험이 자연스럽게 연결되며, 사용자는 별다른 탐색 없이도 '지금 나에게 어울리는' 선택을 하게 된다.

습관적 구매 행동의 영역에서는 AI가 일상을 더욱 자동화한다. 반복되는 행동을 인식하여 미리 콘텐츠를 준비하거나, 알림 없이도 루틴을 이어갈 수 있도록 돕는다. 자주 듣는 팟캐스트가 아침 출근길에 자동으로 재생되거나, 매주 금요일 저녁마다 익숙한 장르의 영화가 추천되는 식이다.

4) 신기술을 수용하는 태도에 따른 구분

새로운 기술이나 제품은 모든 사람이 동시에 받아들이는 것이 아니라 각자의 성향과 태도에 따라 수용 시점이 달라진다. 이러한 수용 속도와 태도에 따라 혁신자, 조기 수용자, 조기 다수자, 후기 다수자, 최후 수용자의 5가지 소비자 유형으로 나뉘는데, 이는 에버렛 로저스Everett Rogers의 혁신 확산 이론Diffusion of innovations에서 비롯된 개념이다. 이 이론은 기술이나 아이디어가 사람들 사이에서 어떻게 확산되는지를 설명하며, 수용의 차이를 이해하는 데 중요한 틀을 제공한다.

◆ 혁신자Innovators: 가장 먼저 새로운 기술이나 제품을 받아들이는 집단이다. 이들은 새롭고 실험적인 것을 시도하는 데 거리낌이 없고, 위험

감수 성향이 강하며, 기술 이해도도 높은 편이다.

◈ 조기 수용자Early adopters: 혁신 소비자 다음으로 신기술을 빠르게 받아들이는 집단이다. 이들은 주변 사람들에게 영향력을 미치는 오피니언리더로서, 혁신이 더 넓게 확산되는 데 중요한 역할을 한다.

◈ 조기 다수자Early majority: 다소 신중하지만, 대중성과 안정성이 확인되면 혁신을 수용하는 집단이다. 이들은 사회 전반에 혁신이 본격적으로 퍼지는 시점에서 중심적인 역할을 하며, 시장의 임계점을 넘는 데 기여한다.

◈ 후기 다수자Late majority: 보수적인 태도를 보이며, 주변의 압력이나 대세 분위기에 의해 뒤늦게 수용에 나선다. 이들은 제품이나 기술이 충분히 보편화되고 가격이 안정되었을 때야 비로소 관심을 보인다.

◈ 최후 수용자Laggards: 전통적 가치에 더 익숙하고, 새로운 변화에 가장 저항적인 집단이다. 이들은 기술의 수명이 거의 다할 즈음에서야 수용하거나, 경우에 따라서는 끝까지 수용하지 않기도 한다.

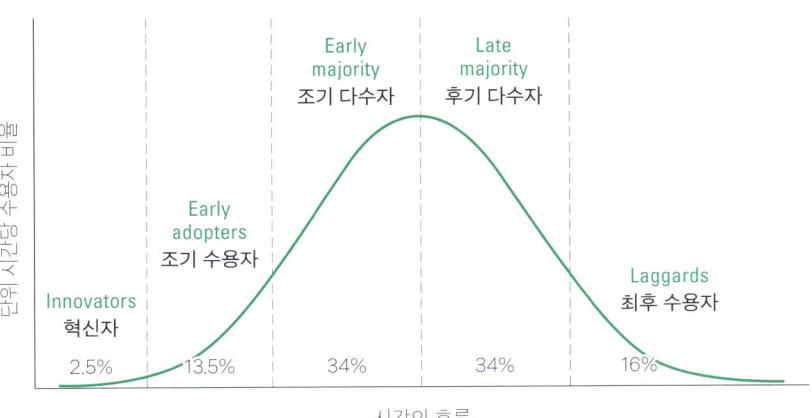

혁신 확산 이론의 수용자 유형 분류

캐즘Chasm을 뛰어넘은 ChatGPT

제프리 무어Geoffrey Moore의 '캐즘 이론'에 따르면, 성능이 뛰어난 신기술들이 조기 수용자와 조기 다수자 사이의 단절, 즉 '캐즘'에 빠져서 시장 확산에 실패하고 만다.

그런데 ChatGPT는 출시 5일 만에 100만 명을 넘으며 기술 확산 역사상 가장 빠른 확산 속도라는 평가를 받았다. ChatGPT는 어떻게 캐즘을 단숨에 뛰어넘었을까?

첫째, 진입장벽이 낮았다. 어려운 설치도 없고, 복잡한 설명도 없었다. 그냥 질문하면 바로 답이 돌아오는 자연어로 대화하는 인터페이스 덕분에 누구나 쉽게 접근할 수 있었다. 둘째, 너무 실용적이었다. 단순한 잡담부터 이메일 작성, 프로그램 코딩, 언어 번역, 기획서 초안까지 실생활과 업무에 바로 활용할 수 있는 도구로 기능하며 유용성에 민감한 조기 다수자들이 자연스럽게 유입됐다. 셋째, 바이럴 효과가 엄청났다. 사람들은 ChatGPT의 답변을 캡처해 SNS에 공유하고, 사용 경험을 퍼뜨리며, ChatGPT를 하나의 유행이자 현상으로 만들었다. 특히 Z세대와 밀레니얼세대 사이에서는 '써본 사람만 아는 필수 도구'처럼 자리 잡았다.

그렇게 ChatGPT는 '완성도 높은 사용자 경험'을 갖춘 기술로 출시되고 그 성능이 주기적으로 업그레이드되면서 캐즘을 빠르게 뛰어넘을 수 있었다. 신기술 확산 기록은 ChatGPT 이후부터 다시 써야 할 듯하다.

3   소비자 유형의 파괴, 유형이 깨지고 파편이 되다

소비자 행동은 오랜 시간에 걸쳐 체계적으로 연구되어온 분야다. 심리적 동기, 인구통계학적 특성, 환경적 요인 등에 따라 소비자를 유형화하려는 다양한 연구가 제시되어왔고, 마케팅 전략은 이러한 이론들을 기반으로 설계되어왔다. 이러한 이론들이 설득력을 가질 수 있었던 이유는 오랫동안 '당연한 것'으로 받아들여진 전제들이 있었기 때문이다.

그러나 지금, 우리는 이처럼 당연했던 법칙들이 조금씩 흔들리고 있는 전환점에 서 있다. AI와 알고리즘 기반의 개인화 기술은 '보편적 소비자'라는 개념을 무력화시키고 있고, 디지털 환경에서의 소비는 점차 '소유'보다 '접속'에 가까워지고 있다. 브랜드 역시 더 이상 일관성을 유지하는 것만으로는 소비자의 관심을 끌기 어려워졌다.

1) 평균 실종 시대 The end of average: 타깃은 개인들의 편차다

마케팅은 오랫동안 '평균적인 소비자'를 기준으로 설계되어왔다. 연령, 소득, 지역 등 정형화된 변수에 따라 소비자 집단을 구분하고, 각 집단의 평균적 취향에 맞춘 제품이나 메시지를 전달하는 것이 효율적 전략으로 여겨졌다.

그러나 소비자는 점점 더 분화되고, 세분시장의 평균이라는 개념은 희미해지고 있다. 예컨대 '30대 초반이고 분당에 거주하며 여의도에서 일하는 기혼 직장인 여성'이라는 세분화된 범주 안에서도 '자녀 교육이 중요한 여성', '육아와 무관한 딩크* 여성', '워라밸을 중시하는 여성', '자기계발에 집중하는 여성', '인플루언서로 활동하는 여성' 등 완전히 다른 취향과 가치가 공존한다. 흔히 법조인들은 근엄하고 보수적이고, 예술가는 진보적이고 자유롭다고 생각하지만, 아이돌 팬덤 활동을 하는 자유분방한 법조인과 보수적인 정치 활동을 하는 예술가도 많다. 이제 인구통계학적 특성이나 사회적 타이틀만으로는 소비자의 정체성을 설명하기 어려운 시대가 되었고, 평균 중심의 마케팅 전략은 설득력을 잃어가고 있다.

하나의 세분시장 내의 작은 차이에 대해 과거에는 포착하기 어려웠다면, 지금은 기술 발달로 이것이 가능해지고 있다. 마케팅은 '모두에게 조금씩'이 아닌 '각자에게 정확히' 다가가는 방향으로 전환하고 있다. 브랜드가 겨냥해야 할 대상은 집단이 아니라 점차 뚜렷해지는 개인 간의 편차로 이동 중이다.**

---

*   딩크DINK: 'Double Income, No Kids'의 약자로, 자녀를 두지 않는 맞벌이 부부를 의미한다.
** 용어 참조: Rose, T. (2016), *The End of Average: How We Succeed in a World That Values Sameness*, HarperOne.

2) 리퀴드 소비 Liquid consumption: 접속해서 즐긴다

오늘날의 문화 소비는 소유를 기반으로 이루어지지 않는다. 음악은 음반으로 소장하지 않고, 옷과 신발은 구독하며, 차는 렌트하고, 지식조차 검색과 요약을 통해 순간적으로 소비한다. 이처럼 콘텐츠·제품·서비스의 형태가 고체에서 액체로 변화하면서, '리퀴드 소비'라는 개념이 등장했다.* 이 변화의 핵심은 '무엇을 가지느냐'보다 원할 때 '얼마나 쉽게 접근할 수 있느냐'에 있다. 소유는 더 이상 필수가 아니며, 충성도는 약해지고, 소비자는 지금 당장 하고 싶은 것, 필요한 것에 즉각적으로 반응하기를 원한다.

소비자의 니즈와 반응이 빠르게 변화하는 환경에서는 사전에 잘 설계된 마케팅 전략이 발목을 잡을 수 있다. 기획 당시에는 적절해 보였던 마케팅 아이디어가 실행 시점에는 이미 시대에 뒤처질 수 있기 때문이다. 이러한 소비 속도는 기술 환경 변화와도 밀접하게 맞물려 있다. 대부분 콘텐츠가 스트리밍으로 소비되고, 소비자는 '지금 이 순간, 당신에게 맞는 것'을 제안하는 알고리즘에 반응한다. 리퀴드 소비에 익숙한 MZ세대가 고객으로 머무는 시간 자체가 점점 짧아지고 있다.

3) 일관성의 덫 The consistency trap: 변하지 않는 브랜드는 외면받는다

오랫동안 브랜드는 일관된 메시지와 이미지를 통해 신뢰를 쌓아왔다. 꾸준한 톤, 익숙한 디자인, 반복되는 키워드는 소비자에게 안정감을 주

---

* 용어 참조: Bardhi, F., & Eckhardt, G. M. (2017), Liquid consumption, *Journal of Consumer Research*, 44(3), 582-597.

고 브랜드 정체성을 각인시키는 데 효과적이었다. 그러나 AI 기반 플랫폼 환경에서는 이러한 '일관성'이 플러스 요인이 아닐 수 있다.* 같은 문장 구조, 같은 시각언어, 반복되는 메시지는 추천 알고리즘에 의해 비슷한 콘텐츠로 분류되어 노출 우선순위에서 밀리거나 소비자에게 '이미 본 것 같은' 피로감을 유발하게 된다.

디지털 환경에서 브랜드가 살아남기 위해 필요한 것은 고정된 정체성의 반복이 아니라 문맥에 맞는 유연한 변주다. 소비자는 브랜드가 언제나 같은 이야기를 반복하기보다 변화하는 상황과 트렌드에 얼마나 능동적으로 반응하느냐를 통해 브랜드의 생동감을 감지한다. 핵심은 '항상 같은 말을 하는 것'이 아닌 다르게, 새롭게 말하면서도 본질은 지키는 능력이다. 지나치게 일관되면 '고리타분'해지고, 너무 유동적이면 '정체성 부재'로 보일 수 있기에 브랜드는 '일관성과 유연성' 사이의 균형을 섬세하게 조율해야 한다.

---

*   Scott Kubie (2022.6.22), "The Consistency Trap for UX Writers (and How to Avoid It)", 기사 참조.

6장

AI 시대의 마케팅 전략 리셋: STP와 4P

"마케팅은 전투다. 그리고 그 전쟁터는 소비자의 마음이다."
– 알 리스와 잭 트라우트 Al Ries & Jack Trout,
Positioning: The Battle for Your Mind 저자

1. AI 시대 키워드는 '초-초초-초초초 개인화'
2. AI가 재편하는 시장권력
3. 전통적 STP 전략을 넘어
4. 달라진 마케팅 믹스: 4P → 4C → 4I

마케팅의 타깃은 '소비자'에게 그리고 다시 '소비자의 AI'에게로 이동하고 있으며, 기업은 이제 소비자를 대신해서 판단하는 '지능'을 설득해야 하는 환경에 직면하고 있다.

1   AI 시대 키워드는 '초-초초-초초초 개인화'

초초초개인화가 되기까지의 스토리를 풀어보자.

한때, 마케팅은 더 많은 사람에게 더 크게 '외치는 일'이었다.
"이 제품을 보세요! 모두가 원하는 제품입니다!"
20세기 초, 모두가 같은 것을 보고, 듣고, 원하던 대중Mass 마케팅의 시대였다.
코카콜라Coca-Cola는 '모두가 좋아하는 탄산음료'였고,
포드Ford는 '누구나 가질 수 있는 자동차'를 만들었다.
그러다가 마케터들은 고민하기 시작했다.
"모든 사람에게 딱 맞는 제품이란 게… 정말 있을까?"
그때부터 마케팅은 시장 세분화Macro-segment의 길로 들어선다.
연령, 성별, 지역, 직업 등으로 소비자를 나누고,
"20대 여성에게 어울리는 화장품", "중장년층을 위한 보험 상품"이 등장했다.
마케팅은 '모두'가 아닌 '나와 비슷한 사람들'에게 말하기 시작했다.

하지만 기술은 멈추지 않았고, 마케팅은 또 한 번 진화한다.
"같은 20대 여성이라도 너무 다르잖아?"

관심사, 검색 이력, 구매 패턴 등 디지털 흔적을 기반으로
더 세밀하게 나누는
마이크로 세분화Micro-segment가 가능해졌고,
곧이어 '그룹'이 아닌 '한 사람'에게 말하는 개인화Personalization
시대로 접어들었다.
넷플릭스는 우리가 좋아할법한 콘텐츠를 추천하고,
아마존은 우리가 구매할 것 같은 상품을 보여준다.
우리는 종종 놀란다.
"어떻게 알았지?"
그러나 이건 시작일 뿐이다.

이제 마케팅은 소비자의 '기분', '위치', '날씨', '검색'까지 고려해
메시지를 보낸다.
초개인화Hyper-personalization 마케팅이다.
그리고 마케팅은 이제 더 먼 곳을 바라본다.
'지금의 나'를 넘어 '곧 도달할 나'를 상상하는 초초개인화Ultra-personalization 마케팅이다.
내가 피로를 느끼는 퇴근 시간, 영양제를 건네는 브랜드
내가 슬퍼 보일 때, 위로의 음악을 제안하는 스트리밍 서비스
이 모든 것은 내가 말하기도 전에 나를 이해하려는 시도다.
그리고 앞으로 다가올 초초초개인화Nano-personalization 시대
마케팅은 나보다 나를 더 잘 아는 조용한 삶의 동반자가 되려 한다.
내 하루를 예측하고, 감지하며, 반영하는 똑똑한 파트너로서 말이다.

마케팅 전략은 시간의 흐름에 따라 대상 범위를 점차 세분화하고,
커뮤니케이션을 더 구체화하는 방향으로 발전한다. 초기의 불특정 다수
를 대상으로 동일한 메시지를 전달하던 마케터는 이후 소비자의 요구와

특성에 따라 집단을 구분하고, 집단별로 차별화된 메시지를 제공했다. 시간이 지나 기술이 더욱 고도화되면서, 마케터는 개별 소비자의 행동에 기반한 맞춤형 커뮤니케이션을 실현할 수 있게 되었다. 마케팅의 단위는 대중에서 집단(세그먼트), 다시 개인으로 좁혀졌다.

개인화가 현대 마케팅의 기반으로 자리 잡은 데는 몇 가지 뚜렷한 이유가 있다. 첫째, 콘텐츠와 광고가 넘쳐나는 환경에서 소비자는 자신과 관련 있는 정보에 반응하는 경향이 강해졌다. 둘째, 데이터 처리 기술과 자동화 도구가 발전하면서, 이제는 개인 수준까지 타깃을 좁힌 마케팅이 가능해졌다. 예전에는 기술과 데이터의 한계로 어려웠던 일이지만, 지금은 더 나은 성과를 기대할 수 있다. 셋째, 경쟁이 치열해진 시장에서는 고객과의 감정적 연결, 지속적인 관계 형성, 그리고 차별화된 경험이 브랜드 성공의 핵심이 되고 있다.

이러한 흐름 속에서 마케팅은 이제 한 명의 개인까지 쪼개고 쪼개고 쪼개서 대응하는 나노 마케팅Nano-personalization을 향해 달려가고 있다.

대중 마케팅에서 초초초개인화까지

	Mass Marketing	Macro-segment Marketing	Micro-segment Marketing	Personalized Marketing	Hyper-personalization Marketing	Ultra-personalization Marketing	Nano-personalization Marketing
시기	대중 마케팅	매크로 세분화 마케팅	마이크로 세분화 마케팅	개인화 마케팅	초개인화 마케팅	초초개인화 마케팅	초초초개인화 마케팅
	20세기 초·중반	20세기 중·후반	1990년대~현재	2010년대~현재	2015년~현재	2020년~현재	미래형 (2025년 이후)
주요 특징	모든 사람에게 동일 메시지 전달, 제품 중심, 규모의 경제 강조	인구통계학적 특성 (연령, 성별 등)에 따라 구분	관심사, 행동, 라이프스타일 기준으로 더 세밀한 타기팅	고객 개개인의 특성에 맞춘 콘텐츠 제공	실시간 행동 데이터와 문맥 기반 맞춤	고객의 감정, 무의식, 의도까지 예측	고객의 '행동을 예측해 먼저 제안'하는 선제적 마케팅
고객 세분화 수준	없음 (전체 시장)	대규모 세분화 (예: 20대 여성)	수천~수만 개의 세분화	개인 단위	개인의 현재 상황까지 고려	개인의 심리적 요인까지 고려	시공간 + 감정 + 예측 기반의 초정밀 타기팅
사용 기술 채널	TV, 라디오, 신문 등 전통 매체	전통 매체 + 초기 CRM	온라인 마케팅 + CRM	추천 시스템, 자동화 CRM, 쿠키 기반 타기팅	AI, 실시간 데이터 분석, 챗봇, 푸시 알림	AI, 감성 인식, 음성·표정 인식, IoT	AI, 디지털 트윈, 뇌파 기반 인터페이스 등

대중 마케팅에서 초초초개인화로의 흐름

2부. AI 시대의 마케팅 전략

124

2   AI가 재편하는 시장권력

1) 초초초개인화 시대 새로운 마케팅 대상의 등장

검색엔진이 마케팅 타깃이던 시절

한때 우리는 무엇이든 포털 창에 '검색'하던 시절에 살았다. 무엇을 사고 싶을 때도, 어디를 가고 싶을 때도, 궁금한 것이 생길 때마다 우리는 가장 먼저 검색창을 열었다. 그리고 그 검색 결과를 바탕으로 브랜드를 선택하고, 제품을 비교하고, 구매 결정을 내렸다.

이때 기업은 소비자만을 대상으로 마케팅을 하지 않았다. 검색엔진에도 마케팅을 해야 했다. 고객이 무엇을 검색하느냐보다 어떤 브랜드가 검색 결과에 먼저 노출되느냐가 중요했기 때문이다. 이로 인해 기업들은 검색엔진이 좋아할 만한 구조, 키워드, 링크 구조, 페이지 속도 등을 설계하며 SEO_{Search Engine Optimization}, 즉 검색엔진 최적화를 통해 검색 결과 상단을 차지하려고 애썼다. 검색 알고리즘이 바뀔 때마다 브랜드의 노출 순위도 요동쳤고, 이는 기업 실적에 영향을 주었다.

결국 검색엔진이 고객과 브랜드 사이에서 강력한 권력을 행사했다. 소비자는 자율적으로 브랜드를 고른다고 느꼈지만, 사실상 검색엔진이 제시한 결과 범위 안에서 선택하고 있었다.

새로운 마케팅 타깃, '소비자의 AI'를 위한 전략 설계하기

AI 기술이 발전할수록 소비자는 브랜드를 하나하나 검색하고 비교하는 수고를 들이지 않게 될 것이다. 사람들의 정보 검색 방식은 ChatGPT 같은 대화형 AI 도구의 부상으로 이미 빠르게 바뀌고 있다. 쇼핑도 곧 개인의 AI 비서가 수많은 제품과 브랜드 정보를 자동으로 수집·분석하고, 사용자의 취향과 상황에 맞는 최적의 선택지를 제안하는 방식으로 갈 것이다.

소비자의 AI는 신뢰할 수 있는 정제된 상품 정보, 구조화된 데이터, 실제 사용자 리뷰, 안정된 품질과 공정한 가격표를 기반으로 추천 및 구매 결정을 내리게 될 것이다. 따라서 기업은 콘텐츠와 데이터의 '보여짐' 뿐 아니라 AI가 '이해하고 해석할 수 있는 구조'까지 고려한 브랜드 정보의 태킹 전략을 설계해야 한다.

이러한 변화는 기업의 마케팅 대상이 소비자가 아닌 '소비자의 AI'가 될 것임을 시사한다. 과거 SEO가 검색엔진의 알고리즘을 공략하는 기술이었다면, 앞으로는 AI 에이전트가 브랜드를 올바르게 인식하고 추천하도록 설계하는 'AIO AI Optimization' 전략이 핵심이 된다. 마케팅의 타깃은 '소비자'에게 그리고 다시 '소비자의 AI'에게로 이동하고 있으며, 기업은 이제 소비자를 대신해서 판단하는 '지능'을 설득해야 하는 환경에 직면하고 있다.

2) AI 에이전트의 부상, 새로운 권력자가 되다

완전정보 시대, AI 에이전트가 곧 합리적 소비자

전통 경제학에서 말하는 '합리적 소비자'란 완전한 정보를 바탕으로 자신의 효용을 극대화하는 선택을 하는 존재였다. 하지만 현실에서는 소비자가 모든 정보를 충분히 확보하기 어렵고, 감정적·인지적 한계, 사회적 맥락 등 다양한 요인에 의해 의사결정이 왜곡된다. 이에 따라 행동경제학은 '제한된 합리성'이라는 개념을 제시하며, 인간은 언제나 이성적으로 판단하지 않는다는 사실을 이론화해왔다. 실제로 인간은 직관적이고 때로는 비논리적인 선택을 하곤 한다.

하지만 AI 기술의 발전으로 소비자는 제품 정보를 일일이 탐색하지 않아도 된다. 개인화된 AI 에이전트가 수천 개의 제품을 실시간으로 비교·분석하고, 각 개인의 선호, 맥락, 조건에 맞춰 가장 높은 효용을 제공할 선택지를 제안할 수 있기 때문이다. 오픈AI의 CEO 샘 올트먼Sam Altman과 여러 전문가는 이러한 'AI 에이전트' 기술이 차세대 핵심 플랫폼이 될 것으로 전망했다. 정보 접근성과 처리 능력에서 인간이 가진 한계를 AI로 극복하게 되면서, 소비자는 경제학 원론에서 제시한 '합리적 소비자'에 점점 더 가까워지고 있다.

루퍼스가 골라드릴게요: 아마존의 AI 쇼핑 어시스턴트[*]

아마존은 고객의 쇼핑 편의를 극대화하기 위해 자체 개발한 AI 기반 쇼핑 어시스턴트 '루퍼스Rufus'를 도입했다. 루퍼스는 제품 설명서, 고객 리뷰, 커뮤니티 Q&A, 웹상의 정보 등 방대한 데이터를 학습한 인공지능으로, 사용자가 자연어로 질문하면 실시간으로 수천 개의 상품을 분석하고, 개인의 조건과 선호에 가장 적합한 제품을 추천하는 역할을 한다.

작동 원리를 예시로 설명하면, "캡슐 커피머신 중 가성비 좋은 제품을 추천해줘"라는 사용자의 질문에 대해 루퍼스는 가격, 성능, 사용자 후기, 호환성 등 다양한 요소를 종합적으로 고려하여 가장 합리적인 선택지를 제안한다. 여기에 더해서, 사용자는 루퍼스와의 대화를 통해 추가 질문을 던지거나 세부 조건을 조정하면서 더욱 세부적인 상품 탐색을 할 수 있다.

[*] Matthew Gibbons (2024.9.30), "What Is Amazon Rufus AI, and How Can You Optimize Your Listings for It?", WebFX 기사 참조.

새로운 시장권력 AI 에이전트: '알아서 탐색, 협상, 결제까지'

AI의 도움은 있지만 그래도 쇼핑의 주체는 사람이라고 생각한다면 그런 쇼핑도 얼마 남지 않았다고 말하고 싶다. 쇼핑을 위한 AI 에이전트는 소비자를 위한 상품 추천뿐 아니라 직접 협상, 결제, 배송까지 수행하는 방향으로 길을 모색 중이다.

아마존 같은 일부 플랫폼에서는 이미 AI가 장바구니를 자동으로 채우고, 정기적으로 재구매를 설정하거나, 재고가 소진되면 자동으로 주문을 진행하는 기능이 구현되고 있다. 사용자는 매번 '무엇을 살까' 고민하지 않고, 자신의 필요를 예측해주는 AI 비서(에이전트)를 더욱 의존하게 될 것이다. 애플의 시리Siri도 애플 생태계 내의 앱들을 연결하여 서비스를 제공하는 AI 개인 에이전트로 거듭나고 있다. 만약 시리가 애플 외부의 앱까지 연동할 수 있게 된다면, "내가 늘 사던 향수를 구매해서 친구 생일에 보내고 네이버페이로 결제해"라는 소비자의 프롬프트 한 줄로 복잡한 쇼핑 과정이 완료된다.

더 나아가 월마트Walmart의 AI가 수많은 공급업체와 협상을 진행하는 것과 같이, 소비자 AI 에이전트가 기업들과 협상하는 것도 가능해질 것이다. 소비자의 쇼핑 에이전트가 기업들을 줄 세우고 가격을 협상하며 역경매를 주도하는 시대가 오고 있다.

월마트의 협상하는 챗봇 '팩텀 AI'*

월마트는 전 세계 수많은 공급업체와 협상을 진행해야 하는 유통 대기업으로, 이 과정을 더욱 효율적으로 운영하기 위해 AI 기술을 적극 도입했다. 특히 팩텀 AI$^{Pactum\ AI}$라는 소프트웨어를 활용하여 챗봇 기반의 자동화 협상 시스템을 운영하고 있다. 이 AI 시스템은 과거의 거래 데이터와 시장 동향을 바탕으로 최적의 협상 조건을 도출하는 방식으로 작동한다. 예를 들어, 공급업체가 가격 인상을 요구할 경우, 챗봇은 경쟁사의 가격이나 원자재 비용 등을 분석하여 월마트에 가장 유리한 조건을 제안한다. 이를 통해 기존의 수작업 중심 협상보다 더 신속하고 합리적인 결정이 가능해졌다.

월마트는 이 시스템을 도입한 이후, 약 10만 개의 공급업체와 협상을 자동화했으며, 협상 성사율은 64%에 이른다. 평균적으로 1.5%의 비용 절감 효과도 보고되었고, 공급업체의 75%는 AI와의 협상이 사람과의 협상보다 더 나은 경험이었다고 응답했다. 또한, AI 챗봇은 협상에 소요되는 시간을 획기적으로 단축했다. 과거에는 몇 주에서 몇 달이 걸리던 협상이 이제는 며칠 내에 마무리될 수 있게 되었고, 동시에 최대 2천 건의 협상을 병렬적으로 진행할 수 있는 역량도 확보하게 되었다.

* Adrian Gonzalez (2023), "Negotiating With A Chatbot: A Walmart Procurement Case Study", talkinglogistics 기사 참조.

인간처럼 상황과 감정을 읽는 AI 에이전트

사물인터넷 기술이 컴퓨터, 스마트폰을 넘어 가정과 사무실, 자동차, 가전제품, 웨어러블 기기 등 일상 곳곳에 탑재되며 우리의 라이프스타일 데이터를 면밀히 수집하고 있다. 여기에 감성 컴퓨팅 Affective computing 기술까지 더해지면서 사람의 감정 상태를 읽어내는 단계에까지 이르렀다. 애플의 비전 프로 Vision Pro 나 아우디 Audi 의 드라이버 모니터링 시스템은 눈동자의 움직임과 깜빡임, 표정 변화, 손의 위치와 동작 같은 섬세한 행동을 감지하며 사용자에게 적절한 반응을 하도록 설계되었다. AI 기반 콜센터에서는 상담자의 음성 억양 등을 분석하여 고객 감정에 맞게 대응한다.

우리의 구매 결정도 가격이나 기능만으로 이뤄지지 않으며, 구매 당시의 감정과 맥락적 요소가 영향을 준다. 이미 AI는 정형화된 정보뿐 아니라 텍스트 속 뉘앙스, 목소리, 억양, 생체 신호 등 비정형 데이터까지 인식하는 방향으로 발전하고 있다. 감정과 상황을 이해하는 능력을 갖춘 AI는 사용자와 소통하고 공감하며 일상의 파트너로 존재감을 키우고 있다. 그중에서도 AI 에이전트는 수시로 "지금 당신에게 가장 필요한 제품은 이것입니다"라고 제안하며, 소비자 곁을 지키는 전담 비서 자리를 노리고 있다.

AI와 AI가 거래하는 시대, 경쟁력은 투명성과 신뢰

AI 에이전트가 소비자의 구매를 대행하는 역할이 커질수록 '가격 변동 이력', '반품률', '불량률', '가격정책 기준' 등 기업에 객관적인 내부 정보까지 요구할 가능성이 커지고 있다. AI 기반 쇼핑 환경에서는 "왜 이 상품을 추천했는가?"에 대한 근거를 제시하는 것이 중요해지기 때문이다. AI가 신뢰할 수 있는 브랜드가 되기 위해 기업은 투명성을 바탕으로 스스로를 증명해야 한다. 소비자에게 브랜드를 어떻게 소개하느냐는 기업이 '얼마나 투명하게 데이터를 제공하느냐'에 달려 있다.

    소비자의 AI 에이전트가 쇼핑 플랫폼 AI와 협상하는 시대가 되면 플랫폼 AI 서비스의 신뢰도 또한 중요해진다. AI 알고리즘을 의도적으로 유리하게 조작하거나 불공정하게 설계한다는 인식이 생기면 이는 곧 플랫폼에 대한 신뢰 하락과 소비자 이탈로 이어질 수 있기 때문이다. 그러므로 플랫폼은 개인정보 보호, 알고리즘의 공정성, 데이터의 윤리적 활용, 그리고 시스템 전반의 투명성을 철저히 관리해야 한다. 소비자 AI가 플랫폼 AI에게 'AI 신뢰도 점수Trust score' 같은 객관적인 지표를 요구할 미래도 대비해야 한다.

3 전통적 STP 전략을 넘어

1) STP 마케팅의 배경

전통적인 STP 마케팅은 대중 시장이 아닌, 특정 소비자 집단을 겨냥해 차별화된 제품과 서비스를 제공하는 전략이다. 이는 시장을 세분화 Segmentation하고, 가장 적합한 타깃 시장을 선정한 후 Targeting, 해당 시장에 차별적으로 포지셔닝 Positioning하는 절차를 따른다.*

STP 마케팅이 자리 잡게 된 배경에는 소비자 욕구의 다양화와 경제 성장이 있다. 초기에는 소비자의 욕구가 비교적 단순해 표준화된 제품으로도 만족을 줄 수 있었다. 그러나 시장이 성숙하고 소비자의 취향이 점점 나뉘기 시작하면서, 모든 고객을 하나의 방식으로 만족시키려는 방식은 점차 효과를 잃었다. 이에 따라 기업들은 더 구체적으로 구분된

---

* STP 전략은 1956년 웬델 스미스 Wendell R. Smith 교수가 *Journal of Marketing*에서 시장 세분화 개념을 처음 제안한 데서 출발했다. 이후 1969년 잭 트라우트 Jack Trout가 *Industrial Marketing*에서 포지셔닝 개념을 소개했고, 1981년에는 알 리스 Al Ries와 함께 출간한 *Positioning: The Battle for Your Mind*를 통해 이를 대중화했다. 필립 코틀러 Philip Kotler 교수는 이러한 개념들을 통합해 현대 마케팅 전략으로서 STP 전략을 체계화했다.

세분시장에 집중하는 전략을 채택하게 되었다.

　소득 수준의 향상도 이러한 전략 변화의 중요한 배경이다. 특정 고객층만을 위한 맞춤형 제품이나 서비스는 더 많은 비용이 들지만, 소비자는 가격이 높더라도 자신의 니즈에 부합하는 제품이나 서비스를 구매할 수 있는 경제적 여유를 갖추게 되었다.

　또한 STP 전략은 기업이 흔히 빠지기 쉬운 '모든 고객을 만족시키려다가 누구에게도 선택받지 못하는' 마케팅의 함정을 피하도록 돕는다. '모든 사람에게 적당한 구두'를 만들겠다는 의욕으로 시작해서 아무에게도 잘 맞지 않는 구두를 만들게 되는 것과 같다. STP 전략은 특정한 사이즈와 발 특성을 지닌 고객 그룹을 찾아 각 그룹이 선호하는 스타일로 신발 라인을 기획하는 일에 가깝다.

2) STP 마케팅 전략의 실행

1단계: 세분화 – 시장을 쪼개야 보이는 것들

STP 마케팅 전략의 첫 번째 단계는 세분화Segmentation다. 이는 광범위한 시장을 공통된 특성을 가진 소비자 집단으로 나누는 작업으로, '누구를 위한 마케팅인가?'라는 질문에 대한 답을 찾는 과정이다. 기업은 먼저 전체 시장을 펼쳐놓고, 그 안에서 의미 있는 차이를 발견해야 한다. 마치 친구들 사이에서도 '넷플릭스 덕후', '갓생러', '감성러'가 있듯, 시장 안에도 저마다의 니즈Needs와 가치관이 존재한다.

　세분화는 일반적으로 지리적 요인(지역, 기후), 인구통계적 요인(성별, 연령, 소득, 직업), 심리적 요인(라이프스타일, 가치관), 행동적 요인(구매 패턴, 브랜드 충성도) 등 다양한 기준으로 이뤄진다. 중요한 것은 이 세분화된 집단이 실제로 서로 다른 소비 행동을 보이고, 전략적으로 대응할 가치가 있는지 판단하는 것이다.

문화예술 분야는 시장 특성상 경험과 감성 중심의 세분화를 많이 한다. '문화예술 경험이 있는가?', '어떤 장르를 선호하는가?', '왜 이 작품을 선택하는가?', '디지털에 익숙한가, 오프라인 공연을 선호하는가?' 등의 기준이 종종 사용된다. 예컨대 뮤지컬 팬 중에서 '배우 중시형 관객'과 '스토리 중시형 관객'은 다른 커뮤니케이션 방식을 필요로 한다. 같은 공연이라도 어떤 관객에게는 팬미팅이, 어떤 관객에게는 굿즈가 더 매력적인 유인책이 될 수 있다.

다르게 말하면 세분화는 '다르게 바라보는 렌즈'를 장착하는 일이다. 시장을 뭉뚱그려 보는 대신, 소비자의 차이를 더 가까이에서, 더 세밀하게 들여다볼 때 세분화 마케팅은 비로소 의미 있는 시작을 할 수 있다.

STP 전략의 시장 세분화 기준

기준	개요	예시	활용 분야 예시
지리적 요인	소비자가 거주하는 지역적 특성으로 구분	국가, 도시, 기후대, 인구 밀도 등	리테일, 지역 기반 서비스, 패션, 식품
인구 통계적 요인	연령, 성별, 소득 등 인구통계학적 자료로 구분	20대 여성, 고소득층 직장인, 중년 남성 등	금융, 보험, 교육, 소비재, 부동산
심리적 요인	소비자의 라이프스타일, 성격, 가치관 등으로 구분	친환경 가치 중시 소비자, 자기계발 중심형, 트렌드 민감형	뷰티, 패션, 자동차, 문화예술, 콘텐츠
행동적 요인	실제 소비 행동에 따른 구분(구매 빈도, 브랜드 충성도 등)	자주 구매하는 고객, 할인 시 구매하는 고객, 신규 고객, 브랜드 애호가	이커머스, 리테일, 멤버십 프로그램, 디지털 마케팅
기술/ 디지털 요인	디지털 친숙도, 사용 기기, 기기 사용 패턴 등 기술 사용 행동으로 구분	모바일 중심 사용자, 오프라인 선호층, SNS 기반 쇼핑 이용자	IT, 플랫폼 서비스, 미디어, 엔터테인먼트

2단계: 타기팅 – 공략할 시장을 고르는 일

세분화를 통해 다양한 소비자 그룹으로 시장을 나누었다면, 이제는 그중 어떤 그룹에 집중할지를 결정해야 한다. 모든 기업은 자원이 한정적이기에 전략적 선택과 집중을 하려는 것인데, 이 과정을 '타기팅Targeting', 즉 표적시장 선정이라 한다. 타기팅은 세분화된 시장 중에서 기업이 실제로 공략할 목표시장을 선정하는 단계다.

그러나 겉보기에는 매력적인 시장일지라도 기업의 브랜드 방향성과 부합하지 않거나 실행 가능성이 작다면 오히려 리스크로 작용할 수 있다. 따라서 목표시장 선정 시에는 다음의 3가지 기준을 신중하게 검토해야 한다. 첫째, 시장 매력도를 평가해야 한다. 시장 자체의 잠재력이 높아야 기업이 장기적으로 투자할 가치가 있다. 둘째, 전략 실행 가능성 및 접근성이다. 아무리 매력적인 시장이라 하더라도 기업이 효과적으로 접근할 수 없는 시장이라면 현실적인 타깃이 되기 어렵다. 셋째, 기업의 전략 방향성과 자원의 적합성 역시 중요하다. 타깃 시장이 기업의 정체성과 괴리가 크거나 자원적으로 부담이 큰 경우, 실행력과 지속가능성 측면에서 문제가 발생할 수 있다.

표적시장 선정 기준

기준	주요 고려 요소
목표시장 매력도 Attractiveness	- 시장 규모: 해당 세분시장의 현재 및 잠재적 크기, 매출 규모가 충분히 큰지를 평가함 - 시장 성장성: 시장이 앞으로 성장할 가능성이 큰지, 성장률이 얼마나 되는지를 분석함 - 수익성: 진입 시 기대할 수 있는 이익률, 마진율 등 수익성이 높은지를 분석함 - 경쟁 강도: 해당 시장에서 경쟁 기업의 수와 경쟁의 치열함을 평가함
전략 실행 가능성 및 접근성 Accessibility	- 측정 가능성: 시장의 규모, 특성, 구매력 등이 구체적으로 측정 가능한지 확인함 - 시장 접근성: 유통 및 마케팅 채널을 확보할 수 있는지를 확인함 - 소통 용이성: 해당 시장의 소비자와 커뮤니케이션을 원활하게 할 수 있는지를 평가함
기업의 역량과 자원의 적합성 Fit	- 브랜드와의 일치: 브랜드의 정체성과 잘 맞는 시장인지 분석함 - 자원의 적합성: 기업이 보유한 자금, 인력, 기술, 마케팅 역량 등이 목표시장 공략에 충분한지를 검토함 - 기업 목표와의 일치성: 기업의 비전, 미션, 장기 전략과 목표시장이 부합하는지를 확인함

연령대별 타기팅으로 마케팅 전략과 데이터 자산을 동시에 확보한 스트리밍 플랫폼

넷플릭스와 디즈니+는 가족 단위 계정에서 구성원별 연령대에 따른 개별 프로필을 생성하도록 하고 있다. 이를 통해 사용자 맞춤형 콘텐츠 제공뿐 아니라 연령별 사용 패턴, 선호 콘텐츠, 시청 시간대 등의 데이터를 축적 중이다. 음악 스트리밍 서비스인 스포티파이도 패밀리 플랜을 통해 구성원 개인의 연령·취향 기반 사용자 데이터를 확보한다. 특히 10~20대 청취자와 30~40대 청취자 간의 장르 선호나 청취 시간대 차이 등은 세그먼트별 마케팅 계획에 유용하다.

또한 디즈니+는 '키즈 모드'를 통해 어린이 전용 콘텐츠와 UI 환경을 제공하며, 자연스럽게 어린이 이용자의 시청 행태와 부모의 통제 방침 등의 데이터를 수집하고 있다. 유튜브 키즈YouTube Kids 역시 연령대에 따라 시청 가능한 콘텐츠 범주와 기능이 달라지며, 연령별 이용 행태에 최적화된 광고 전략과 콘텐츠 기획에 이 데이터를 활용하고 있다.

3단계: 포지셔닝 – 선택한 시장에서 자리 잡는 법

포지셔닝Positioning은 STP 전략의 마지막 단계로, 선택한 목표시장 안에서 자사 브랜드의 위치를 정립하는 과정이다. 즉, 소비자의 마음속에 우리 브랜드가 어떤 이미지로 각인되길 원하는지를 설계하는 것이다. 타기팅 단계에서 '누구를 위한 마케팅인가?'에 대한 선택이 이루어진다면, 포지셔닝 단계에서는 '누구에게 어떻게 보일 것인가?'에 대한 구체적인 설계가 이루어진다고 볼 수 있다.

포지셔닝은 기업의 마케팅 방향, 브랜드 정체성, 경쟁자 포지션 등을 종합적으로 고려해 다양한 방식으로 설계할 수 있다. 일반적인 산업에서 많이 활용되는 전략은 제품 속성 및 편익 기반 포지셔닝, 사용자 기반 포지셔닝, 사용 상황 기반 포지셔닝, 경쟁사 및 카테고리 기반 포지셔닝 등이 있다. 이러한 포지셔닝 전략들은 각각 다른 기준에서 브랜드의 차별화된 가치를 강조하며, 효과적인 시장 내 위치 선정을 가능하게 해준다.

대표적인 포지셔닝 유형

포지셔닝 유형	중심 요소	포지셔닝 방식	일반 산업 예시
제품 속성 및 편익 기반	기능, 성능, 품질, 효능, 가격 등 제품의 핵심 특징	제품이 제공하는 객관적 장점이나 기능적 효익 강조	- IT: "1회 충전으로 48시간 지속되는 무선 이어폰" - 소비재: "저자극, 무향료 유아용 로션"
사용자 기반	대상 고객의 정체성, 연령, 직업, 라이프스타일 등	제품이 누구를 위한 것인지를 명확히 하여 소비자의 정체성과 연결	- 금융: "MZ세대를 위한 주식 초보자 전용 투자앱" - 보험: "실버 전용 보험상품"
사용 상황 기반	사용 시점, 장소, 목적 등 맥락적 요소	제품이나 서비스가 사용되는 특정 상황이나 환경을 중심으로 포지셔닝	- 호텔: "비즈니스 출장을 위한 최적의 선택" - 음료: "피곤할 때 날개를 달아주는 에너지 드링크"
경쟁사·카테고리 기반	경쟁 제품과의 비교 또는 카테고리 대비 포지션 강조	기존 브랜드나 시장 내 다른 제품과의 비교 우위 또는 기존 카테고리와 다른 독립적 위치 강조	- 가전: 애플 Mac의 "PC가 할 수 없는 일" 캠페인 - 패션: "스와치는 시계가 아닙니다. 패션 액세서리입니다"

시대에 따라 달라진 영화관의 포지셔닝 전략*

영화관은 변화하는 관객의 기대와 문화적 환경에 따라 시대별로 다른 포지셔닝을 구축해왔다. 20세기 초, 니켈로디온Nikelodeon 극장은 도시의 노동계층을 주요 타깃으로 삼아 저렴하고 간편한 대중 오락 공간으로 시작되었다. 소규모 시설과 낮은 가격, 빠른 회전율을 통해 당시 산업화된 도시 대중의 일상 속 오락 수요를 충족시키는 데 집중했다.

할리우드 황금기에 들어서면서 영화관은 중산층과 상류층을 타깃으로 고급스럽고 문화적인 사교 공간으로 재정립되었다. 웅장한 건축, 화려한 인테리어, 도시 중심부의 입지 등을 통해 영화 관람을 품격 있는 문화 경험으로 끌어올리는 데 집중했으며, 영화관은 단순한 소비 공간을 넘어 사회적 교류의 장으로 기능했다.

이후 멀티플렉스 시대가 도래하면서, 영화관은 다양한 관객층 — 청소년, 가족, 여성 등 — 을 대상으로 선택 가능한 콘텐츠와 효율적 운영을 제공하고, 쇼핑몰, 식당과 함께 위치하는 복합 문화공간으로 포지셔닝되었다. 여러 개의 상영관을 통해 장르별·연령별·취향별 콘텐츠를 동시에 제공하여 관람 선택지를 넓히고, 가족을 타깃으로 한 일상적이고 친근한 여가 공간으로 자리 잡게 되었다.

2000년대 이후의 메가플렉스는 기술과 서비스를 결합해 몰입형 경험을 제공하는 프리미엄 문화 플랫폼이 되었다. IMAX, 4DX, 돌비 시네마 등 첨단 상영 기술을 통해 관람 경험의 질을 높이고, 프리미엄 좌석, 외식·쇼핑·게임 시설 등과 결합해 단일 기능 공간이 아닌 복합 엔터테인먼트 허브로 포지셔닝했다. 나아가 스포츠 상영, 공연과 이벤트 상영, 팬미팅 등 확장된 경험 공간으로 변화 중이다.

---

* Silver, J., & McDonnell J. (2007), Are Movie Theaters Doomed? Do Exhibitors see the Big Picture as Theaters lose their Competitive Edge? *Harvard Business Review*.

문화예술 분야에서의 포지셔닝

문화예술 분야에서도 다양한 포지셔닝 전략이 존재한다. 가장 일반적인 방법은 콘텐츠 내용이나 요소를 강조한 포지셔닝으로 출연배우, 감독, 기술, 원작, 서비스적 요소 등을 강조하는 '콘텐츠 특성 기반 포지셔닝'이다. 또한 특정 관객층이나 관람자 특성을 반영한 '관객 기반 포지셔닝', 관람 상황이나 시간대, 연휴나 방학 등의 시기에 맞춘 '관람 상황 기반 포지셔닝', 기존 전시·공연과의 차별성을 부각하는 '경쟁 콘텐츠 기반 포지셔닝'이 활용된다. 문화예술의 포지셔닝 전략은 관객과의 연결 지점을 명확히 하고, 콘텐츠만의 브랜드 이미지를 형성하는 데 기여한다.

문화예술 분야의 포지셔닝

포지셔닝 유형	포지셔닝 방식	문화예술 예시
콘텐츠 특성과 요소 기반	작품이나 프로그램이 가진 고유한 특성이나 관람 시 누리는 혜택 강조	- "세계 3대 미술관 소장품 단독 전시" - "실시간 AI 해설 도슨트 제공" - "가장 큰 스크린과 음향으로 몰입감을 제공하는 IMAX"
관람객, 사용자 기반	누구를 위한 예술인지 명확히 하여 관객의 자아와 연결	- "예술 전공생을 위한 창작 워크숍" - "관광객을 위한 브로드웨이 쇼"
관람 상황 기반	어떤 순간에 어울리는 예술 경험인지 제안	- "퇴근길 7시 힐링 문화 콘서트" - "크리스마스에 온 가족이 함께 즐기는 호두까기 인형 공연"
경쟁 콘텐츠 기반	기존 콘텐츠와의 비교를 통해 새롭거나 뛰어난 가치 강조	- "기존 전시와는 다른 몰입형 인터랙티브 아트" - "상업성과 결을 달리한 독립예술 시리즈"

중동의 시선으로 설계한 미술관, 루브르 아부다비*

루브르 아부다비Louvre Abu Dhabi는 동서양 문명 간의 연결과 공존을 강조하는 방식으로, 중동 문명의 정체성을 재정의한 새로운 개념의 미술관이다. 기존 서구 박물관들이 시대별·지역별로 유물을 분류하고 전시해온 것과 달리, 루브르 아부다비는 동서양의 유물을 한 공간에 병렬적으로 배치함으로써 아랍이 세계 문명의 교차로이자 문화적 중개자였음을 시각적으로 설계했다.

예컨대 '문명과 제국' 전시관에서는 부처와 소크라테스의 조각상이 나란히 전시되어 있어, 서로 다른 문명의 사상과 미학이 한자리에 공존하는 장면을 연출한다. 이는 아랍 지역이 동서 문명 교류의 중심에 있었음을 드러내며, 관람자에게 새로운 해석과 역사적 상상력을 불러일으킨다. 건축적 구성 역시 이러한 철학을 뒷받침한다. 미술관의 공간은 전통 이슬람 건축 양식에서 영감을 받아 설계되었으며, 천장의 쏟아지는 빛과 그림자는 아랍 문화 특유의 상징성과 감각을 강조한다.

루브르 아부다비는 이러한 차별화된 큐레이션과 공간 전략을 통해 '중동의 시선으로 문명을 재구성한 미술관'이라는 고유한 브랜드 포지션을 구축했다. 이는 기존 박물관의 전시 문법과 구별되며, 문화적 정체성과 글로벌 가치를 동시에 전달하는 성공적인 포지셔닝 사례로 평가된다.

* https://www.louvreabudhabi.ae/ar/

3) STP는 여전히 유효한가?

STP는 오랫동안 시장을 이해하고 고객에게 효과적으로 접근하기 위한 가장 기본적이면서도 강력한 마케팅 프레임워크로 자리 잡아왔다. 지금도 스타트업부터 글로벌 대기업에 이르기까지 다양한 규모의 조직에서 체계적인 시장 진입과 효율적 자원 활용을 위한 핵심 전략으로 활용하고 있다.

하지만 경쟁이 치열해지고 소비자의 기대가 정교해지는 동시에 정보 과잉과 기술혁신이 가속화되는 환경에서 전통적 STP만으로는 한계가 드러나고 있다. 시장은 더 이상 예측 가능한 패턴을 따르지 않으며, 고객의 니즈는 시시각각 변화하고 있다. 이러한 변화에 따라 STP 전략을 재해석하거나 확장·보완하려는 논의와 연구가 다양하게 진행 중이다.

다음에 소개할 P-T-S는 이러한 한계를 극복하기 위해 전통적 STP 접근법을 새로운 방식으로 재구성한 프레임워크이다.

4) 가치 중심 브랜드가 선택한 P-T-S 전략

가치 중심 브랜드의 부상

오늘날 소비자에게 선택받는 브랜드의 공통점 중 하나는 자신만의 뚜렷한 가치를 정의하고 이를 일관되게 실천한다는 점이다. 이들 브랜드는 고유의 철학과 신념, 그리고 추구하는 가치를 명확히 설정한 뒤 이를 지속적으로 소비자에게 전달함으로써 브랜드의 정체성과 신뢰를 구축해 왔다.*

---

* 김해경 (2024), 『가치라는 것, 브랜딩에 앞서는 본질에 관하여』, 현암사.

'좋은 삶'을 위한 소비	'나'를 중심에 둔 소비	'크라우드 컬처' 기반 소비
브랜드는 사회적 발언을 해야 한다.	브랜드는 기능이 아니라 정체성을 제안해야 한다.	브랜드는 진정성을 끊임없이 증명해야 한다.

가치 중심 브랜드
브랜드의 본질을 담은 메시지에서 출발하고, 그 메시지를 통해 고객과 관계를 맺는다.

브랜드 포지셔닝
브랜드가 누구이며, 어떤 가치를 주고 싶은지를 명확히 정의하는 것(=브랜드 포지셔닝)이 선행되어야 한다.

가치에서 시작하는 브랜드

현대 소비자가 이러한 가치 지향적 브랜드를 선호하는 이유는 분명하다. 무엇보다 사회적 불안이 커지는 환경에서 소비자가 제품의 품질보다 브랜드의 가치관과 사회적 책임을 중요시하는 인식 변화가 있었기 때문이다. 파타고니아Patagonia가 대표적 사례다. 이 브랜드는 아웃도어 의류와 장비로 유명하지만, 팬덤을 만들어낸 것은 제품이 아닌 환경보호를 위한 진정성 있는 행동이었다. 매출의 일부를 환경단체에 기부하거나, "이 재킷을 사지 마세요Don't buy this jacket"라는 광고 캠페인을 통해 과소비를 경고하는 등 수익보다 가치 실현을 우선하는 행보가 사람들의 마음을 움직였다.

가치 중심 브랜드가 주목을 받는 또 다른 이유는 소비자의 선택이 자기표현의 언어로 기능하기 때문이다. 많은 소비자가 자신의 정체성과 일치하는 브랜드를 선택함으로써 자아를 드러내려고 한다. 슈프림Supreme이 좋은 사례이다. 뉴욕 스케이트보드 문화에서 출발해 반항적 태도와 희소성, 자유로운 감성을 브랜드 정체성으로 키워왔다. 한정 수량 전략, 파격적인 협업, 매장 앞 줄서기 문화 등이 결합하면서 슈프림은 의류 브랜드라기보다 하나의 문화적 상징으로 자리 잡았다.

더 나아가 SNS 시대에 브랜드의 가치와 진정성이 더욱 중요해졌다. SNS가 만드는 '크라우드 컬처'가 브랜드의 운명을 좌우하기 때문이다. 소비자는 SNS를 통해 브랜드의 진정성을 평가하고 이를 실시간으로 확산시킨다. 던킨도너츠는 부적절한 소셜미디어 활동으로 불매운동을 겪었고, 반대로 언어 학습 서비스 듀오링고Duolingo는 틱톡에서 MZ세대의 유머 코드를 활용해 강력한 팬덤을 구축했다. 이처럼 소비자는 구매자이면서 브랜드 문화를 함께 만들어가는 적극적 참여자로 진화하고 있다.

오늘날 소비자, 특히 MZ 소비자는 브랜드가 누구인지, 왜 존재하는지를 묻고, 이러한 소비자에게 반응하려는 브랜드들은 자기들만의 가치와 의미, 상징을 추구한다. 브랜드가 무엇을 위해 존재하는지, 어떤 가치를 전달하고 싶은지에 대한 브랜드 철학과 세계관을 통해 소비자와 연결되고 관계를 심화시킨다.

가치 중심 브랜드의 시장 개척 방법: STP가 아니라 PTS

가치 중심 브랜드가 선택한 방식은 PTS 전략이다. 브랜드의 본질적 가치와 철학을 먼저 정립Positioning하고, 그 철학에 공감할 수 있는 사람들을 찾아 정서적 연결을 만들고자 한다Targeting. 그리고 마지막으로, 그들과의 접점을 세밀하게 나누는 세분화Segmentation 전략으로 이어간다.

1단계 P(포지셔닝): 전달하고 싶은 메시지를 정하는 일

PTS 전략의 첫 단계인 포지셔닝Positioning은 브랜드가 시장에 전달하고

자 하는 고유한 가치와 정체성을 먼저 정의하는 과정이다. 이는 기존의 STP 전략처럼 '누구에게 팔 것인가'부터 고민하는 것이 아니라 '무엇을 어떻게 말할 것인가'에 먼저 초점을 맞춘다.

아이폰이 처음 등장했을 때, 기존에 '스마트폰 시장'이라고 부를 만한 뚜렷한 세분화된 시장은 존재하지 않았다. 그럼에도 애플은 '사용자 중심의 직관적인 모바일 경험', '혁신과 감성의 결합', '디자인이 곧 기능이다'라는 브랜드 메시지를 공고하게 정립했다. 누구에게 팔지를 정하기 전에 세상에 내보낼 메시지를 먼저 정의한 것이다.* 이러한 포지셔닝은 새로운 시장을 창출했고, 이 시장에서 브랜드 메시지에 공감하는 고객층이 형성되면서 타기팅과 세분화가 가능해졌다. 결과적으로 애플은 '세그먼트를 찾아간' 것이 아니라, '브랜드 포지셔닝'을 통해 새로운 시장을 발견했다.

2단계　T(타기팅): 브랜드 메시지에 공감하는 고객을 찾아내는 일

PTS 전략의 두 번째 단계인 타기팅Targeting은 첫 단계에서 정의한 브랜드의 메시지에 공감할 수 있는 이상적인 고객을 구체적으로 찾아내는 과정이다. 이 단계에서는 단순한 인구통계적 특성이 아닌, 브랜드가 전달하고자 하는 정체성과 철학에 진정으로 반응할 수 있는 고객의 가치관, 라이프스타일, 행동 동기 등을 파악하는 것이 중요하다.

기능성 스포츠웨어를 판매하는 룰루레몬lululemon은 이 전략을 효과적으로 구현했다. 이 브랜드는 운동을 통해 자기 자신을 단련하고 삶의 질을 높이고자 하며, 더 나아가 커뮤니티와의 연결을 중시하는 사람들을 핵심 타깃으로 설정했다. 이러한 방향성을 구체화하기 위해 룰루레몬은

---

*　엠포스 (2022.10.18), "스티브 잡스의 마케팅 전략: 성공할 수밖에 없었던 애플", 오픈애즈 기사 참조.

S 세분화	T 타기팅	P 포지셔닝
시장에서 공통된 특성을 가진 그룹으로 세분화	그중 어떤 그룹을 타깃으로 삼을지 결정	그 타깃 고객에게 인식시키고 싶은 메시지를 정함
"어떻게 그룹을 나눌까?" - 나이/성별/직업 세분화 - 심리, 행동 기반 등 세분화	"어떤 그룹을 공략할까?" - 다가갈 고객군(타깃 고객) 선정 - 그 고객군이 매력적이어야 하고, 시장성도 있어야 함	"그 그룹에게 나의 브랜드를 어떻게 설명할까?" - 그 타깃이 좋아할 메시지로 소통 - 그 타깃에게 어필할 수 있는 방향으로 포지셔닝

P 포지셔닝	T 타기팅	S 세분화
브랜드가 무엇을 지향하고, 사회에 어떤 의미를 전하고 싶은지, 그 가치를 명확히 드러냄	이 브랜드의 철학이나 메시지에 자발적으로 공감하거나 호기심을 보이는 고객에게 초점을 맞춤	이 고객들이 모여 있는 그룹을 중심으로 세분화
"나의 브랜드를 어떻게 설명할까?" - 브랜드의 존재 이유 - 진정성 있고 명료한 메시지 - 브랜드가 전하고자 하는 메시지를 중심으로 포지셔닝	"이러한 설명을 잘 이해해줄 고객은 누구일까?" - 강제 노출이 아닌 '끌림 기반' 마케팅 - 브랜드의 가치에 감동하고 마음이 움직인 고객에게 접근	"그 고객에게 어떻게 다가갈까? 어떤 방식으로 세분화해서 소통할 것인가?" - 공감/참여/스토리 반응 기반 세분화 - 개인, 초개인, 초초개인, 초초초개인

STP와 PTS 프레임워크

페르소나 분석을 도입했고, 브랜드가 추구하는 삶의 철학과 정서적 메시지에 공감할 수 있는 인물 '오션Ocean'*을 만들어냈다. 오션은 32세의 도시 거주 여성으로, 그래픽디자이너로 일하며 요가와 러닝을 즐기고, 건강한 식습관과 자기계발에 관심이 많다. 그녀는 옷을 입는 것을 넘어 자신이 추구하는 삶의 방식과 일치하는 브랜드를 선택하는 사람이다. 룰루레몬은 이처럼 오션 같은 페르소나에 부합하는 고객에게 집중적으

* Alice M. Tybout (2017.6.13), "Lululemon Athletica", Emerald Insight 기사 참조.

로 메시지를 전달했고, 그 결과 고객은 단순한 소비자가 아니라 브랜드 문화를 함께 만들어가는 구성원이 되었다. 이처럼 PTS의 타기팅은 브랜드 철학과 정체성을 현실화할 수 있는 고객과의 연결을 발견하는 단계이다.

페르소나Persona 분석은 제품이나 서비스의 이상적인 고객을 가상의 인물로 구체화하여 그들의 욕구, 행동 패턴, 동기, 가치관 등을 이해하는 과정이다. 이는 타기팅 과정에서 고객을 마치 실존 인물처럼 생생하게 그려냄으로써 마케팅, 브랜딩, 제품 개발 등 다양한 전략 수립의 기준점으로 활용하려는 것이다.

페르소나는 인구통계 정보와 더불어 타깃 고객의 생각, 삶, 욕구, 심리까지 고려한 입체적인 인물상을 설계한다. 이를 통해 브랜드는 감정적 공감을 이끌어낼 수 있는 이상적인 고객상을 정의하고, 더욱 정교한 타기팅이 가능해진다.

이러한 방식은 특히 PTS 전략에서 효과적으로 활용될 수 있다. PTS가 브랜드 메시지를 중심으로 전략을 설계하는 접근인 만큼 페르소나는 그 메시지를 누구에게, 어떤 맥락에서 전달할지에 대한 방향을 구체화하는 데 중요한 역할을 한다. 요약하면 페르소나는 데이터 기반 전략과 감성 브랜딩을 연결하는 다리 같은 역할이라 할 수 있다.

3단계 S(세분화): 맞춤형 경험을 설계하는 방식

PTS 전략의 세 번째 단계인 세분화Segmentation는 타기팅한 고객을 더욱 세부적으로 나누고, 이들의 특성에 따라 맞춤형 경험을 설계하는 과정이다. 이 단계에서는 데이터를 기반으로 한 수많은 마이크로 세그먼트 또는 개인화 단위(앞으로는 초초초개인화)까지 고려할 수 있다. 즉, 한 명의 고객이라도 하나의 세그먼트가 될 수 있다는 관점에서 고객 경험을 설계하게 된다.

넷플릭스는 이러한 세분화 전략을 정교하게 구현한 사례 중 하나다. 이들은 1천 개 이상의 태그와 조합을 활용해 약 7만 6,987개의 마이크로 장르*를 만들어 콘텐츠를 분류하고, 2천 개 이상의 취향 기반 그룹**을 운영해 사용자에게 맞춤형 콘텐츠를 추천하고 있다. 더욱이 같은 콘텐츠라도 사용자의 시청 이력과 관심사에 따라 서로 다른 썸네일을 노출*** 함으로써 콘텐츠에 대한 클릭률을 높이는 전략을 펼친다. 이처럼 세분화는 고객을 나누는 데 그치지 않고, 타깃 고객의 니즈와 감정 흐름에 맞춰 경험을 조정함으로써 전략의 실제 효과를 이끌어낸다.

---

*   Alexis C. Madrigal (2014.1.2), "How Netflix Reverse Engineered Hollywood", The Atlantic 기사 참조.
**   조영수 (2020.10.8), "넷플릭스의 영화 추천 알고리즘", 브런치스토리 기사 참조.
*** 재민 (2024.3.13), "넷플릭스 콘텐츠 뒤에 숨겨진 데터 분석 전략", WPL 기사 참조.

페르소나 생성을 지원하는 플랫폼

페르소나 생성 플랫폼을 활용하면 브랜드의 이상적인 고객에 대한 공통된 이해를 빠르고 효과적으로 형성할 수 있다. 이러한 도구들은 직관적인 인터페이스와 템플릿을 제공해 페르소나를 시각화하고, 팀원 간 협업을 용이하게 하며, 마케팅 메시지나 제품을 고객 중심으로 설계하는 데 도움을 준다.

- ChatGPT Custom GPTs: 오픈AI의 ChatGPT에서 제공하는 Custom GPT 기능을 활용하면, 사용자가 직접 데이터와 지침을 입력해 특정 목적의 페르소나 챗봇을 만들 수 있다.

- Amazon Persona Builder: 아마존 광고 플랫폼에서 제공하는 페르소나 빌더로, 브랜드 맞춤형 페르소나를 생성하고, 아마존 인사이트를 통해 잠재고객의 행동·관심사 데이터를 분석할 수 있다.

- HubSpot Make My Persona: HubSpot에서 제공하는 페르소나 생성기이며, 직업, 목표, 도전 과제, 커뮤니케이션 선호도 등을 기반으로 손쉽게 마케팅용 페르소나를 만들 수 있다.

- 페르소나AI PersonaAI: 한국 AI 기업으로, 자체 개발한 sLLM(소형화된 대형 언어모델)과 생성형 AI 기술을 활용해 초개인화된 맞춤형 페르소나 생성 및 실시간 커뮤니케이션 서비스를 제공한다.

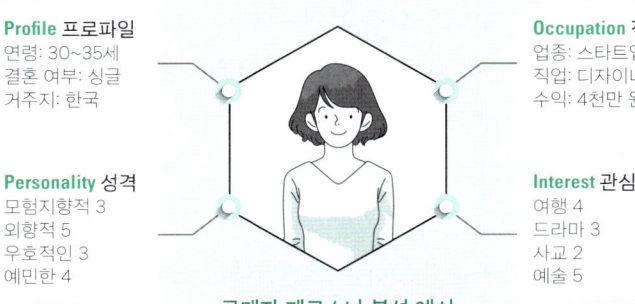

Profile 프로파일
연령: 30~35세
결혼 여부: 싱글
거주지: 한국

Occupation 직업
업종: 스타트업
직업: 디자이너
수익: 4천만 원

Personality 성격
모험지향적 3
외향적 5
우호적인 3
예민한 4

Interest 관심사
여행 4
드라마 3
사교 2
예술 5

구매자 페르소나 분석 예시

가치 중심 마케팅의 원형, 문화예술 마케팅

문화예술 마케팅은 가치 중심 '포지셔닝'의 개념을 본질적으로 실천해 온 영역이다.

마케팅 전략이라는 단어조차 생소하던 시절, 예술가들은 자신의 이상적 가치와 철학을 작품에 담아내고 그 가치에 공감해줄 관객과 후원자를 찾아 나섰다. 예술작품의 의미는 기능이나 가격이 아닌, 예술가 개인의 이상과 철학, 그리고 독창적인 시각에서 비롯된다. 예술가들에게 '마케팅'은 누군가를 위한 작품 제작이 아니라 작품의 가치를 알아보는 사람을 찾는 과정이었다. 이처럼 근대 이후 예술은 '가치 중심'으로 존재해왔고, 그것이 곧 관객과의 연결점이자 정체성의 근거가 되었다.

예술경영이 하나의 전문 영역으로 분화되기 시작한 시점은 1970년대였다. 예술가들이 전통적인 후원자 의존에서 벗어나면서, 그들의 예술을 이해하고 지지할 관객을 '발견'하는 일이 예술경영자의 과제가 되었고, 이들은 예술가의 내면을 세상과 연결하는 다리 역할을 수행했다. 1980년대 들어 문화예술 기관 간 경쟁이 심화되고, 1990년대 관객층 확대를 위해 다양한 전략이 시도되었을 때도(저소득층 대상 입장권 할인, 예술 감상 교육, 공연 외 체험 프로그램 개발 등) 예술을 더 넓은 사회와 소통시키기 위한 노력은 계속되었다.

문화예술 기관은 '수익을 위한 콘텐츠 생산'보다 "우리의 미션은 무엇인가?", "우리는 어떤 예술적 정체성과 철학을 지향하는가?"라는 질문에서 출발한다. 그래서 일반 기업들이 '무엇을 만들까'를 고민할 때, 예술기관 마케팅은 예술가가 제작한 작품의 가치를 어떻게 전달하고 의미를 입힐지를 고민한다.

오늘날 의미와 가치를 추구하는 브랜드들이 이와 같은 방향으로 나아가고 있다. 브랜드는 점차 예술가처럼 자신만의 세계관과 가치를 설정하고, 그 위에 고객과의 관계와 경험을 쌓는 방식으로 진화하고 있다.

'단기간에 팔리는 브랜드'가 아니라, '장기적으로 의미 있는 브랜드'가 되기 위한 여정. 그것이 바로 지금 많은 기업이 문화예술 전략을 닮아가고 있는 이유이다.

가치 중심 포지셔닝을 선택한 BTS

방탄소년단BTS의 글로벌 마케팅은 STP 전략보다 PTS 전략에 가까운 모델로 볼 수 있다. BTS는 자신들의 철학과 메시지를 중심으로 한 명확한 포지셔닝을 먼저 구축했다. 'LOVE MYSELF', 'Speak Yourself' 같은 캠페인을 통해 자신들의 존재 이유와 신념을 드러냈고, 이러한 가치에 공감한 글로벌 음악 소비자들이 자연스럽게 BTS의 팬으로 모여들었다.

이후 BTS는 이 타깃을 중심으로 언어·문화·사회적 이슈에 맞춘 콘텐츠와 메시지로 소통했다. 사회적 메시지를 나라 및 지역 이슈에 맞춰 전달하거나 BTS FESTA, 글로벌 팬미팅, 위버스Weverse 등 다양한 플랫폼의 특성에 맞춰 팬들과 맞춤형 소통을 이어갔다. 세분화된 각 시장의 팬들이 가진 특성, 감수성, 기대에 따라 소통 방식도 조율하며 관계를 확장해나갔다.

방탄소년단BTS은 어떻게 PTS 전략을 썼는가? (STP와의 비교)

	STP 접근		PTS 접근
S	- 10~20대 글로벌 Z세대 - K-pop 소비자 - SNS 활동이 활발한 여성 팬층	P	"우리는 음악과 퍼포먼스를 통해 스스로를 사랑하고, 세상과 연결될 수 있다는 믿음을 전합니다" – 'Love Yourself' 시리즈 등으로 정체성을 표현
T	영어권·비영어권 국가별 주요 팬덤 중심 전략	T	이 철학에 공감한 글로벌 팬들(아미Army)이 스스로 반응
P	K-pop을 대표하는 세계적인 보이밴드, 팬과 소통하는 아티스트	S	공감형 팬(BTS 노래로 위로받는 팬), 참여형 팬(커버댄스, 팬 영상, 앨범 해석 등 제작에 적극 참여하는 팬), 연대형 팬(UN 연설 지지, 기부 등 사회적 실천으로 연결하는 팬), 문화소비형 팬(한국문화로 관심을 넓히는 글로벌 팬), 개인화된 팬(특정 시점·상황·콘텐츠에 따라 달리 반응하는 개인 단위의 팬)

5) AI로 고도화된 STP와 PTS

AI가 불러온 STP 전략의 다이내믹스

이전에는 시장을 세분화하고 데이터를 수집하는 데 많은 시간과 리소스가 필요했지만, 지금은 AI가 고객의 행동, 관심사, 가치, 선호 데이터를 실시간으로 감지하고 분석하여 STP의 정확도를 크게 높여준다.

구체적으로 세분화 단계에서는 전통적인 인구통계학적 특성과 더불어 감정 상태, 관심사, 행동 패턴 등 실시간 데이터를 활용한 동적 세분화Dynamic segmentation가 가능해졌다. 이는 고객을 정적인 그룹이 아닌, 시시각각 변하는 개인으로 이해하고 대응할 수 있게 해준다. 마케터는 이러한 세분화를 통해 더 정교하고, 더 개인화된 메시지를 전달할 수 있다.

포지셔닝 측면에서는 AI가 수집한 방대한 데이터와 예측 분석 기술을 통해 브랜드가 고객에게 어떤 이미지와 가치로 다가가야 할지 더욱 명확하게 설정할 수 있다. 과거에는 리서치나 감에 의존했다면, 이제는 실제 행동 데이터를 기반으로 고객의 인식과 반응을 정밀하게 예측할 수 있는 시대가 된 것이다.

타이밍Timing 전략에서도 AI는 탁월한 역할을 한다. 고객의 현재 상황, 기분, 맥락을 실시간으로 분석하여 '지금 이 순간' 가장 효과적인 메시지와 접점을 찾아낸다. 사용자가 피곤한 저녁 시간에 콘텐츠를 소비하고 있다면, 이를 인지한 AI는 휴식이나 힐링에 어울리는 제품을 추천할 수 있다. 이렇게 AI는 '언제 말 걸어야 할지'를 아는 똑똑한 마케터가 되어간다.

무엇보다 AI 기반 마케팅의 강점은 실시간 적용과 반복 최적화에 있다. 캠페인 실행 이후에도 AI는 끊임없이 데이터를 학습하고 전략을 개선함으로써 마케팅의 효과를 지속적으로 향상시킨다. 이제 마케팅은 한 번 설계하는 전략이 아니라, 살아 움직이며 진화하는 전략이 되었다.

SEGMENT

Static segment
정적 세그먼트

연령, 성별 등 고정된 기준으로 나뉜 세그먼트

정적 세그먼트의 예
"30대 여성, 수도권 거주, 맞벌이"
"서울 소재 대학생 남성"
"백화점 VIP 고객"

Dynamic segment
동적 세그먼트

실시간 데이터와 행동 기반 신호를 바탕으로 고객이 자동으로 생성되거나 재구성되는 세그먼트

동적 세그먼트의 예
"SNS에서 ○○○이라는 특정 키워드에 반응한 고객"
"카카오톡 ○○○ 상품 공동구매 오픈 후 5분 이내에 링크 클릭한 고객"
"미세먼지 수치 높은 날 ○○○병원을 검색한 고객"

정적 세그먼트와 동적 세그먼트 비교

AI가 만든 콘텐츠 지도, 넷플릭스의 세분화 전략

넷플릭스는 각 나라나 지역에서 어떤 콘텐츠가 인기를 끌지 예측하기 위해 인공지능 기술을 활용한 독특한 방식의 시장 분석을 진행하고 있다. 넷플릭스의 AI는 영화나 드라마의 메타데이터(설명 정보), 키워드, 줄거리 요약 등을 분석해 '유사성 지도 Similarity map'라는 것을 만든다. 이 지도는 서로 비슷한 주제나 분위기를 가진 작품들이 어떻게 연결되어 있는지를 시각적으로 보여주는 일종의 콘텐츠 관계도이다.

이 유사성 지도를 활용하면, 예를 들어 브라질에서 블랙코미디 장르의 영화가 얼마나 인기를 끌 수 있을지 예측할 수 있다. 과거에 브라질에서 비슷한 작품들이 어느 정도 시청됐는지를 바탕으로, 비슷한 성향을 가진 새로운 작품의 흥행 가능성을 판단하는 것이다. 이를 통해 넷플릭스는 콘텐츠를 어떤 시장에 먼저 소개할지, 어떤 언어로 더빙이나 자막을 제공할지, 어떤 타깃층에 마케팅 메시지를 전달할지 등을 전략적으로 결정할 수 있다.*

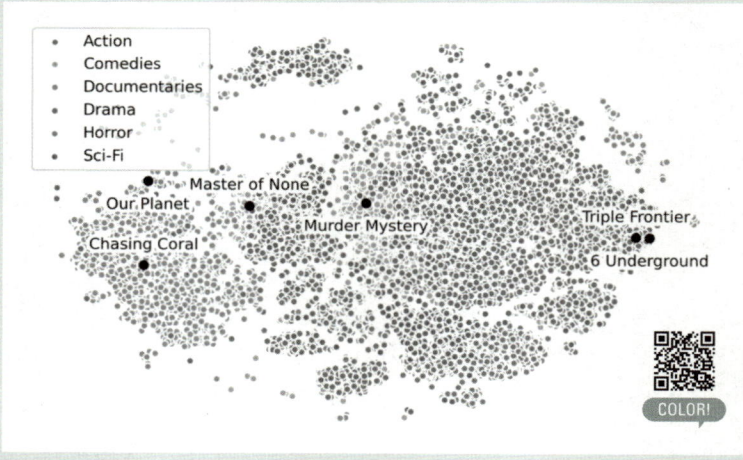

AI가 그린 넷플릭스 콘텐츠 지형도 (t-분포 확률 임베딩)

* 문재호 (2020.12.15), "넷플릭스, AI 시스템으로 얼마만큼 흥행할지 예상한다", AI 타임즈 기사 참조 및 그림 발췌.

PTS 전략의 실행력을 끌어올리는 AI

AI와 기술의 발전은 특히 PTS 전략 실천이 용이한 환경을 조성하는 데 기여했다. STP는 명확한 세그먼트 설정과 그에 기반한 브랜드 전략을 통해 더욱 전략적이고 정제된 방식으로 접근하는 프레임워크인 반면, PTS는 브랜드가 먼저 고유한 정체성과 철학을 선언하고, 이에 공감하고 끌리는 고객층이 자연스럽게 형성되는 과정을 따른다. 이때 브랜드 가치에 반응하는 소비자를 찾는 일이 예전에는 막막한 일이었지만, 지금은 기술로 인해 가시적으로 드러내는 데이터 또는 가시적으로 드러내지 못하는 소비자의 가치도 비정형 데이터로 잡아내고 고객을 발견하는 것이 가능해졌다. 미리 정해놓은 세그먼트 없이도 포지셔닝이 먼저 작동할 수 있는 환경이 만들어진 것이다. 브랜드가 먼저 "우리는 이런 존재입니다"라고 선언하고, 이에 공감할 수 있는 소비자를 찾아 나설 수 있게 되면서 PTS 전략이 탄력을 받게 되었다.

STP에서 PTS로의 전환을 가능하게 한 기술 환경

구분	PTS 전략
포지셔닝으로 출발(P)	AI와 예측 기술을 통해 브랜드가 고객에게 어떤 포지션으로 접근해야 할지를 우선적으로 분석함
타기팅 방식(T)	어떤 타깃에 접근할지 분석이 가능함
세분화 방식(S)	행동 데이터, 관심사, 맥락 등 실시간 데이터에 기반해서 동적 세그먼트를 만들 수 있음
PTS 적용 시점	실시간 적용 및 반복적으로 수정해서 최적화된 마케팅을 실행함

예술 감상의 개인화를 이끄는 기술, 아트 게놈 프로젝트*

아트시Artsy는 인공지능 기반의 취향 맞춤형 미술작품 추천 서비스를 제공하는 글로벌 온라인 아트 플랫폼이다. 이 플랫폼의 핵심은 '아트 게놈 프로젝트 Art Genome Project'라는 독자적인 분류 시스템에 있다. 이는 인간의 유전자 지도처럼 예술작품과 작가를 1천 개 이상의 속성으로 분석하고 정량화하여 다양한 사용자의 취향에 적절히 대응할 수 있도록 설계된 시스템이다.

아트 게놈 프로젝트는 작품의 매체, 색상, 스타일, 주제, 미학적 요소 등 다양한 속성을 '유전자Genome' 단위로 정의하고, 각 작품에 이러한 속성이 얼마나 반영되어 있는지를 수치화한다. 예를 들면, 하나의 회화 작품은 '선명한 색채', '추상적 구도', '도시 풍경', '여성 작가' 등의 유전자를 복합적으로 가질 수 있다. 이러한 유전자 매핑Mapping 방식은 각 작품이 어떤 사용자에게 적합할지를 예측하고, 맞춤형으로 추천하는 데 활용된다.

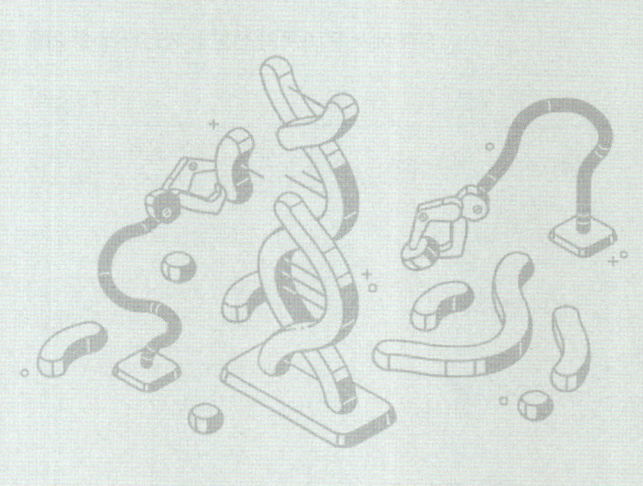

* Godart, F. 외 (2017), Artsy: The Rise of Online Art Commerce, *Harvard Business Review*.

4

달라진 마케팅 믹스: 4P → 4C → 4I

1) 마케팅 믹스 개념 및 4P 모델

마케팅 믹스Marketing mix란 기업이 목표시장에서 제품이나 서비스를 효과적으로 제공하고, 고객과의 관계를 형성하기 위해 조합하여 사용하는 다양한 마케팅 요소의 집합이다. 이 개념은 마치 요리사가 다양한 재료를 조합해 요리를 만들듯, 마케터가 여러 마케팅 도구를 적절히 배합mix해 최적의 마케팅 전략을 구성한다는 점에서 '믹스'라는 표현이 사용되었다.

    마케팅 믹스라는 용어는 1948년 미국의 마케팅학자인 제임스 컬리턴James Culliton이 처음으로 사용했다. 그는 마케터를 "믹서 오브 인그리디언츠Mixer of ingredients"라고 표현하며, 마케팅 활동을 다양한 요소를 섞는 과정으로 설명했다. 이후 1960년 제롬 매카시E. Jerome McCarthy가 마케팅 믹스 개념을 더욱 체계화하여 제품Product, 가격Price, 유통Place, 촉진Promotion의 4가지 요소로 구성된 4P 모델을 제시하면서, 현대 마케팅 이론의 핵심 개념으로 자리 잡게 되었다.

- **Product**(제품): 기업이 고객의 니즈를 충족시키기 위해 제공하는 재화 또는 서비스이다. 제품에는 물리적 속성뿐 아니라 브랜드, 디자인, 품질, 기능, 포장, 보증, 서비스 등의 부가적 요소가 포함된다. 효과적인 제품 전략은 타깃시장의 요구를 반영하고, 경쟁 제품과의 차별화를 고려하여 수립되어야 한다.
- **Price**(가격): 소비자가 제품을 구매하기 위해 지불하는 금액이다. 가격은 기업의 수익성과 직결되는 요소로 시장 수요, 생산비, 경쟁사 가격, 유통 경로, 브랜드 가치 등을 종합적으로 고려하여 결정되어야 한다. 가격 전략에는 할인, 심리적 가격 설정, 가격 차별화 등이 포함될 수 있다.
- **Place**(유통): 제품이 생산자로부터 최종 소비자에게 전달되는 경로와 방식을 의미한다. 물리적 유통망, 온라인 플랫폼, 창고 및 재고 관리, 물류 효율성 등은 유통 전략의 핵심 구성요소이다. 제품이 소비자에게 원활하고 효율적으로 도달할 수 있도록 적절한 유통 채널을 선정하고 관리하는 것이 중요하다.
- **Promotion**(촉진): 제품이나 브랜드를 소비자에게 알리고 구매를 유도하기 위한 모든 커뮤니케이션 활동을 의미한다. 광고, 판매촉진, 퍼블리시티, PR, 인적판매 등 다양한 수단을 통해 고객의 인식과 태도에 영향을 미치고, 궁극적으로 구매 행동을 이끌어내는 것이 목적이다.

2) 고객 중심 마케팅 시대의 4C 모델

전통적으로 마케팅은 기업의 관점에서 제품 중심으로 접근해왔으며, 이를 대표하는 개념이 바로 4P 모델이다. 그러나 시장 환경이 변화하고 소비자의 힘이 강화되면서, 마케팅의 초점은 점차 제품에서 고객으로 이동하게 되었다. 이러한 패러다임 전환을 반영하여 로버트 로터번 Robert F.

Lauterborn은 1990년 *Advertising Age*에 기존 4P 모델을 소비자 관점에서 재구성한 4C 모델을 제안했다.

4C 모델은 각각의 4P 요소를 다음과 같은 방식으로 바꾸었다. '제품Product'은 소비자가 실제로 원하는 가치를 반영한 '고객 가치Customer value'로, '가격Price'은 단순한 금액이 아닌 소비자가 감내해야 할 '총비용Cost'으로 확장된다. '유통Place'은 소비자의 구매 접근성을 강조한 '편의성Convenience'으로, '촉진Promotion'은 일방적 전달이 아닌 쌍방향 소통인 '커뮤니케이션Communication'으로 전환되었다.

이러한 4C 모델은 용어의 변화가 아니라, 기업이 소비자의 입장에서 마케팅 활동을 재정립해야 함을 의미한다. 제품이 아닌 고객을 중심에 두고, 구매 전후의 경험, 접근성, 소통 방식을 중요하게 다루는 4C는 고객 중심 마케팅의 실천적 토대를 제공했다.

3) 기술 기반 마케팅 시대의 4I 모델

마케팅 믹스 4P가 4C로 전환된 이후, 기술의 발전은 우리를 또 다른 마케팅 패러다임으로 이끌었다. 이제는 고객 중심이라는 개념조차 충분하지 않은 초-초초-초초초개인화의 시대로 접어들었기 때문이다. 오늘날의 고객은 '나만을 위한 제품', '나의 상황에 꼭 맞는 메시지', '내가 선호하는 플랫폼에서의 즉각적인 응답'을 기대한다. 이렇게 극도로 세분화된 마케팅은 더 이상 인간의 직관이나 전통적인 도구만으로는 구현할 수 없으며, AI, 데이터 분석, 자동화 기술 등 첨단 기술의 적극적인 활용이 필수이다.

이러한 시대적 흐름 속에서 제안되는 것이 바로 기술 기반 마케팅 시대의 새로운 프레임워크인 4I이다. 이는 마케팅 도구의 지능화

Intelligent를 반영한 개념으로 다음과 같이 구성된다.

- Ingenious product(영리한 상품): 고객 데이터와 AI 분석을 바탕으로, 고객의 미래 니즈도 예측하고 선제적으로 제안하는 상품 전략
- Incisive pricing(정밀한 가격): 실시간 경쟁 분석과 수요 예측을 기반으로, 고객별·상황별 최적의 가격을 제시하는 전략
- Inter-platform(플랫폼 연계): 고객의 여정이 단일 채널이 아닌 다양한 플랫폼을 넘나드는 만큼 이를 끊김 없이 연결하고 통합하는 전략
- Immersive promotion(이머시브 촉진): 몰입형 콘텐츠, 인터랙티브 메시지, 실시간 피드백을 통해 고객 경험을 극대화하는 전략

4I는 초개인화된 고객의 기대를 충족시키기 위한 지능형 마케팅 도구의 집합이며, 기술의 힘으로 가능해진 새로운 마케팅 패러다임이다. 고객 중심 마케팅이 '고객의 시선에서 생각하는 것'이었다면, 기술 기반 마케팅은 '고객보다 더 빠르게, 더 정확하게 행동하는 것'이다. 따라서 4P에서 4C를 거쳐 4I로의 전환은 단절이 아닌 진화이며, 이러한 진화를 가능하게 하는 동력은 다름 아닌 기술Technology이다. 4I 전략의 구체적인 내용은 3부에서 다루고자 한다.

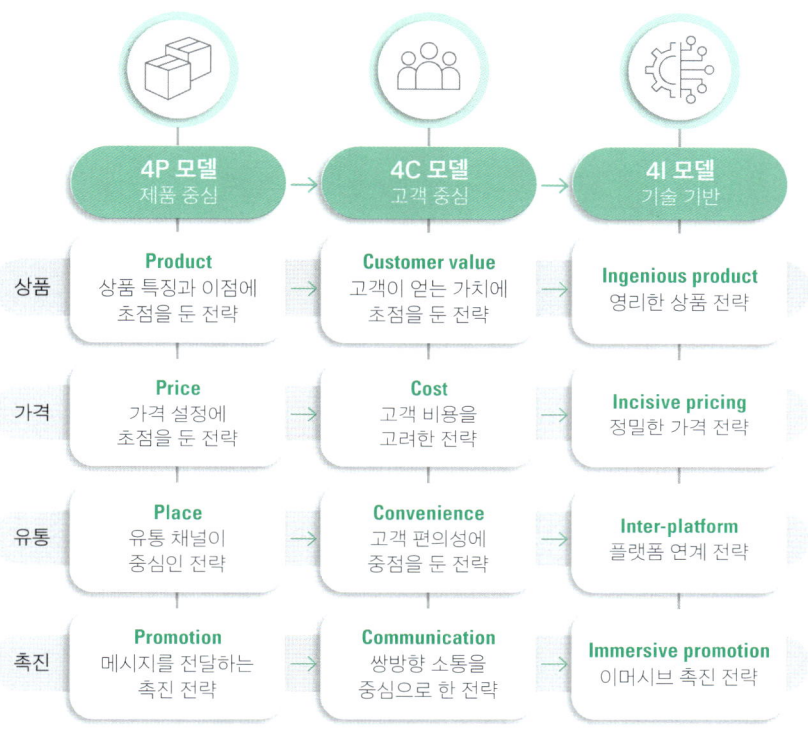

마케팅 믹스의 진화

2부. AI 시대의 마케팅 전략

3부

새로운 마케팅 믹스 프레임워크: Next 4I

3부. 새로운 마케팅믹스 프레임워크: Next 4I

7장 영리한 상품 전략: Ingenious Product

"제품을 사줄 고객을 찾지 말고 고객을 위한 제품을 만들어라."
— 세스 고딘Seth Godin, 마케팅 전략가

1. 상품의 정의와 문화예술 상품의 특징
2. 상품은 어떻게 구성되어 있는가?
3. 상품 전략의 변화: 더 영리해지다
4. 브랜드가 살아남는 법
5. 유연한 제품 수명주기

AI 기반 서비스들은 이미 일상 깊숙이 스며들어 우리의 사고방식과 삶의 방식을 바꾸고 있다. 이 변화는 상품 전략이 과거보다 훨씬 더 **인지니어스**Ingenious하게, 즉, 영리하게 추진될 수 있도록 한다. 전통적인 상품 전략이 대중의 흐름을 따랐다면, 이제는 개인의 취향과 성향, 나아가 감정 상태까지 반영할 수 있는 시대가 열린 것이다.

1   상품의 정의와
    문화예술 상품의 특징

1) 상품 전략에서 상품이란?

제품과 상품의 개념 구분하기

제품은 생산자가 만든 물리적인 형태의 물건이나 서비스 자체를 의미한다. 이는 공장에서 제작되어 판매되기 전의 상태로 디자인, 기능, 성능 등과 같은 객관적인 특성에 중점을 둔 개념이다. 반면, 상품은 이러한 제품이 고객의 욕구를 충족시키기 위한 가치와 의미를 담아 시장에서 판매될 준비가 된 형태를 말한다. 이는 브랜드, 포장, 서비스, 이미지 등의 요소가 결합되어 소비자에게 전달되는 종합적인 가치로 구성된다.

두 용어 모두 영어로는 일반적으로 Product로 표현되지만, 제품은 생산자의 관점에서 만들어진 물리적 결과물이고, 상품은 소비자의 입장에서 만족과 가치를 제공받는 형태라는 점에서 차이가 있다. 다시 말해, 모든 상품은 제품에 기반하지만, 모든 제품이 반드시 상품이 되는 것은 아니다.

이러한 맥락에서 상품 전략에서의 '상품'은 단순한 물건에 그치지 않고, 유형적인 제품과 무형적인 서비스가 결합되어 소비자에게 하나의 완전한 경험과 만족을 제공하는 통합된 가치 창작물이라 할 수 있다.

문화예술 상품과 콘텐츠의 관계

문화예술 상품은 문화적 또는 예술적 가치를 담아 창작된 결과물로, 소비자에게 심미적 만족과 정서적 경험을 제공하는 제품이나 서비스이다. 이는 예술성과 창의성을 중심으로 만들어지며, 상업적 유통을 통해 경제적 가치를 창출하면서도 문화적 의미와 사회적 메시지를 함께 전달한다.

이러한 문화예술 상품에서 콘텐츠는 매우 중요한 역할을 한다. 콘텐츠는 정보를 담는 것뿐 아니라 상품에 스토리, 메시지, 정체성, 상징성을 부여하는 핵심 요소로 작용한다. 콘텐츠가 충실할수록 소비자는 물건을 소유하고, 그 안에 담긴 의미와 경험을 소비하게 된다.

콘텐츠 자체는 상품이 될 수도 있고, 그렇지 않을 수도 있다. 콘텐츠가 시장에 유통되어 경제적 가치를 창출하고 소비자에게 교환 대상으로 제공될 때, 그것은 하나의 상품이라고 볼 수 있다. 영화, 웹툰, 음악, 전시회, 공연 등의 콘텐츠는 소비자가 대가를 지불하고 경험하거나 소유함으로써 문화예술 상품이 된다. 반면에 콘텐츠가 어떤 상품의 스토리텔링이거나 의미를 부여하는 구성요소로 작용할 경우, 그 자체로 독립적인 상품이라기보다는 상품의 가치를 높여주는 내재적 자산으로 볼 수 있다. 이 경우 콘텐츠는 소비자가 직접 구매하거나 소유하는 대상이 아니라 제품이나 서비스에 부가된 상징적·문화적 의미를 전달함으로써 상품의 경쟁력과 매력을 강화하는 역할을 한다.

2) 문화예술 상품의 특징

유형 상품과 무형 상품

유형 상품은 실체가 있는 물리적인 형태의 제품으로 예술작품, 공예품, 디자인 소품, 아트북, 기념품 등이 이에 해당한다. 소비자는 이러한 유형 상품을 직접 소유하고 감상함으로써 문화적 가치를 경험하게 된다. 무형 상품은 눈에 보이지 않지만 경험을 통해 소비되는 예술적 서비스나 활동을 의미한다. 대표적으로 공연, 전시, 연극, 예술교육 프로그램, 문화 체험 활동 등이 있으며, 이는 주로 시간과 공간을 통해 전달되며, 소비자의 참여나 감상을 통해 그 가치가 실현된다. 한편, 실물과 경험이 함께 구성되어 하나의 통합된 예술 상품으로 판매되는 유형성과 무형성이 결합된 상품도 있다.

창작성과 독창성

문화예술 상품이 가진 또 다른 중요한 특성은 창작성과 독창성을 토대로 한다는 것이다. 창작자의 개성과 예술적 표현력이 그대로 반영되어 있기 때문에 같은 장르라 하더라도 작가나 예술가마다 완전히 다른 결과물이 탄생한다. 이러한 예술적 다양성은 소비자에게 차별화된 가치를 전해주며, 이로 인해 문화예술 상품은 개인적인 취향이나 문화적 배경에 따라 다채로운 방식으로 받아들여진다. 이러한 특성은 문화예술 상품이 대량 생산되는 일반 소비재와 구별되는 중요한 기준이 되며, 한정성이나 스토리의 고유성과 결합되어 더욱 높은 상징적 가치를 형성한다.

경제성과 시장성

문화예술 상품은 경제적 가치도 지니고 있다. 예술가와 기획사는 작품을 제작하고 홍보·유통하는 일련의 과정을 통해 수익을 창출하며, 이를 바탕으로 문화산업 전체가 성장한다. 예를 들어 하나의 뮤지컬 공연이 인기를 얻으면 티켓 판매뿐 아니라 OST 음반, 캐릭터 상품, 2차 판권 등과 같은 다양한 부가가치가 창출되고, 이는 다시 새로운 예술 창작을 위한 투자 재원이 된다. 이처럼 문화예술 상품은 창작자를 비롯해 문화기획자, 유통업자, 관람객 등 수많은 이해관계자에게 경제적 이익을 제공하고 지속가능한 문화시장 확대에 기여한다.

문화 정체성

문화예술 상품은 특정 사회나 집단의 고유한 정체성과 시대적 맥락을 반영하며, 역사적 사건이나 정치적 갈등, 사회적 문제를 표현하는 창조적 수단이 된다. 창작자들은 자신이 속한 사회 현실이나 개인적인 경험을 토대로 콘텐츠를 만들어내는데, 이를 통해 해당 사회의 가치관이나 숨겨진 문제들을 표출하고 공론화할 수 있다. 또한, 문화예술 상품은 미적 가치에 대한 평가와 더불어, 작품 속에 담긴 메시지를 대중이 인지하고 이에 대해 공감하거나 비판함으로써 사회적 논의를 촉진하는 계기가 된다. 이 과정에서 작품은 예술적 감상의 대상에 머무르지 않고, 사회적 이슈에 대한 관심과 참여를 유도하는 효과적인 소통 매체로 기능한다.

2 상품은 어떻게 구성되어 있는가?

1) 문화예술 상품의 3요소

문화예술 상품의 요소는 핵심상품Core product, 기대상품Expected product, 확장상품Augmented product으로 구분할 수 있다.* 이는 소비자에게 제공되는 가치를 다양한 측면에서 설명하며 소비자 관점을 반영한 모델이다. 여러 겹의 구조를 가진다는 점에서 '양파 모델Onion model'이라고도 불린다. 각 상품 요소의 특성은 다음과 같다.

핵심상품: 예술 소비의 본질
핵심상품은 상품이 전달하는 본질적 혜택을 의미한다. 공연이나 전시의 경우 소비자가 경험하는 예술적 감동과 정서적 만족, 심미적 경험이 핵심적인 혜택이라고 할 수 있다. 핵심상품은 다시 기능적 가치, 상징적 가

---

*   용호성 역 (2007), 『전석매진』, 김영사. 원서명: *Standing Room Only: Strategies for Marketing the Performing Arts* (Philip Kotler, Joanne Scheff Bernstein, 1997, Harvard Business Press).

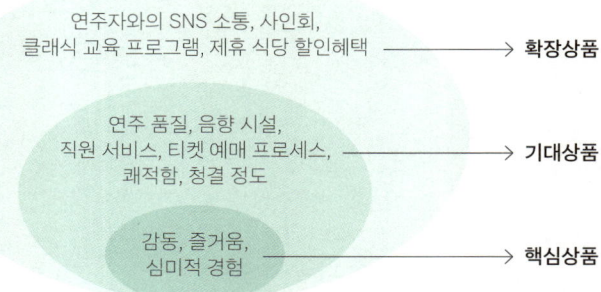

문화예술 상품의 3요소

치, 경험적 가치라는 세 유형으로 구분된다.*

기능적 가치Functional value는 상품이 제공하는 실용적인 효용을 말한다. 오케스트라에 참여하며 협업 역량을 기르고, 음악을 통해 정서 표현 능력을 배우는 활동은 교육적 가치를 중심에 둔 문화예술 향유의 한 형태이다. 또한, 정서적 안정이나 심리적 치유를 위해 명상 프로그램에 참여하거나, 사회적 소외계층을 돕기 위한 후원 예술 활동에 참여하는 것 역시 기능적 가치를 충족하는 사례에 해당한다.

상징적 가치Symbolic value는 상품이 소비자의 정체성이나 사회적 지위를 표현하는 데 기여하는 가치이다. 세계적으로 유명한 오페라 공연을 관람하거나 현대미술 거장의 전시회를 찾는 행위는 예술 감상을 넘어 소비자의 사회적 지위와 세련된 취향을 드러내는 수단이 될 수 있다. 이러한 예술 경험은 소비자에게 자부심을 주며, 자신이 속한 사회적 그룹 내에서 특별한 의미를 부여하는 역할을 한다.

경험적 가치Experiential value는 상품을 소비하는 과정에서 얻는 지극

* Park, C. W., Jaworski, B. J., & MacInnis, D. J. (1986), Strategic brand concept-image management, *Journal of Marketing*, 50(4), 135-145.

히 개인적인 감정적·감각적·심미적 경험을 의미한다. 콘서트나 전시회에서 느끼는 감동과 즐거움이 바로 이러한 경험적 가치에 해당한다.

일반적으로 기능성이 중요한 상품은 기능적 가치를, 즐거움과 재미를 추구하는 상품은 경험적 가치를 소비자에게 제공한다고 생각하지만, 같은 상품이라도 소비자에 따라 다른 가치를 추구할 수 있다. 전시 관람객 중에는 미술사적 지식을 얻고자 하는 기능적 가치를 추구하는 이도 있고, 자신의 문화적 교양을 타인에게 드러내고자 하는 상징적 가치를 중시하는 이도 있으며, 지인과 함께 즐거운 시간을 보내기 위해 경험적 가치를 중요하게 여기는 이도 있다.

기대상품: 예술 소비자의 기대

기대상품은 소비자가 예술 상품을 구매하고 소비하는 과정에서 자연스럽게 기대하는 요소를 의미한다. 이는 예술작품의 질적 수준과 전반적인 환경(쾌적한 공연장, 편안한 좌석 등)과 서비스(원활한 티켓 예매 서비스, 친절한 안내원 등)까지 모두 포함된다. 물론 관객마다 기대하는 수준은 다를 수 있지만, 특정한 기본 요건이 충족되지 않을 경우 전반적인 만족도가 낮아질 수 있다. 아무리 뛰어난 예술작품이라도 공연장의 좌석이 불편하거나, 전시에 대한 설명이 부족할 경우 관객은 예상치 못한 불편함을 느끼게 된다. 이러한 요소들은 작품의 본질적인 가치인 핵심상품과 직접적으로 관련되지는 않지만, 관객의 전반적인 경험을 결정짓는 중요한 조건이 된다.

확장상품: 차별화된 예술 경험 혜택

확장상품은 핵심상품과 기대상품에 더해 추가로 제공되는 모든 부가적 혜택을 의미한다. 여기에는 VIP 좌석 배정이나 예술가와의 직접 교류 기회, 사인회나 특별 전시 등 독특하고 특별한 경험이 포함된다. 이러한 확장상품은 예술 상품에 차별화된 가치를 부여하고, 소비자 만족도를 한층 높이는 데 중요한 역할을 한다. 예술 소비자는 공연이나 전시에 참여하는 것 이상의 풍부하고 잊지 못할 체험을 원하기 때문에 확장상품의 마련 여부가 예술 상품의 시장 경쟁력을 결정짓는 중요한 요인이 되기도 한다.

2) 문화예술 상품 3요소의 기술 활용

상품의 3단계 요소에 다양한 기술이 접목되면 문화예술 경험을 풍부하고 만들고 고객 만족을 한 단계 더 높일 수 있다. 핵심상품, 기대상품, 확장상품의 단계별 기술 활용 사례와 가능성은 다음과 같다.

핵심상품 단계: 예술 경험을 풍부하게 하는 기술 활용

문화예술 소비자는 감동을 받거나, 새로운 영감을 얻거나, 즐거운 시간을 보내고 싶어서 콘텐츠를 찾는다. 이때 디지털 기술을 활용한 인터랙티브 전시, 360° 공연장을 체험하며 원하는 악기에 몰입할 수 있는 VR 콘서트 등은 관객의 감동과 정서적 만족에 영향을 미친다. 세상을 떠난 아티스트의 홀로그램 공연은 관객의 노스탤지어 감성을 충족시키고, 함께 결론을 만들어가는 VR 영화 실험은 흥미진진한 관람 경험을 만들어 준다.

기대상품 단계: 관람 프로세스를 원활하게 하는 기술 활용

기대상품은 핵심 혜택을 제공하기 위한 물리적 제품(티켓 등)과 관람 이전부터 이후까지 매끄럽고 풍부한 경험을 포함한다. 최근에는 기대상품 안에 AI 기술이 들어가기 시작했는데, 공연장에서의 자동 자막 생성과

문화예술 상품 요소별 기술 활용

음향 조절, 스트리밍 서비스의 실시간 번역 기능 등이 그것이다. 미술관에서 로봇은 관람객이 보고 싶은 작품 앞으로 길을 안내해주고, IoT 센서 기술은 관람객의 위치나 움직임에 따라 작품의 시대적 배경에 대한 해설을 제공해 기대 수준을 만족시킨다.

확장상품 단계: 고객 만족을 한 단계 끌어올리는 기술 활용
확장상품에는 고객의 기대를 넘어서는 특별한 경험이 포함된다. 3D 프린터를 활용해 개인 맞춤형 굿즈를 제작하거나 작품의 시그니처 아이템을 음료 위에 프린트하는 서비스가 등장했다. 미술관 로비에서는 VR 기술을 통해 20세기 작가의 아틀리에를 체험할 수 있고, 공연 인터미션 시간에는 AR 기술로 작품 속 인물들과 사진을 찍을 기회도 제공할 수 있다. 이러한 경험들은 작품에 대한 관객의 이해를 깊게 하고 체험의 폭을

확장한다. 더 나아가 관객이 선호할만한 콘텐츠를 추천하거나 관람 일정에 맞춰 리마인드 문자를 보내주는 AI 서비스는 바쁜 일상을 사는 고객을 안도시키는 세심한 배려가 된다.

3

상품 전략의 변화: 더 영리해지다

1) 산업화가 이끈 전략의 전환: '상품'에서 '고객 가치'로

문화예술 시장에서의 상품 전략은 일반적인 산업과 달리 예술가 중심으로 형성된다. 여기서 '상품'은 소비를 위한 물건이라기보다 예술가의 창작 의도와 표현이 담긴 결과물이다. 따라서 이 시장에서는 작품 자체의 예술성과 창작자의 고유한 시선, 철학, 감정이 가장 중요한 가치로 평가된다.

하지만 문화예술이 산업화의 흐름 속에 편입되면서, 특히 대중문화 시장에서는 상품 전략의 중심이 예술가에서 소비자로 옮겨지게 되었다. 대중문화는 대규모 소비자를 대상으로 하며, 예술적 표현보다는 접근성, 흥미성, 시장 반응을 우선한다. 이로 인해 콘텐츠 기획과 유통 전반에서 소비자의 취향과 기대에 얼마나 부합하느냐가 상품의 성공을 좌우하는 핵심 기준이 되었다. 이러한 변화는 곧 고객 중심 가치 전략으로 구체화되었다. 대중문화 상품은 예술가의 창의성 못지않게 소비자 데이터 분석, 트렌드 반영, 피드백 수집 등을 통해 기획되며, 작품이 소비자에게 얼마나 쉽게 전달되고, 얼마나 많은 공감을 이끌어낼 수 있는지가 중요한 전략 요소로 작용한다.

결국 예술가 중심의 고유성과 예술성을 핵심으로 삼는 전통적인 문화예술 시장과 소비자 중심의 감각과 시장성을 중시하는 대중문화 시장은 각기 다른 전략적 방향성을 가진다. 그러나 이 둘은 오늘날 서로 영향을 주고받고 있으며, 예술성과 대중성을 어떻게 조화시킬 것인가가 현대 문화콘텐츠 산업의 중요한 과제가 되기도 한다.

2) 개인의 요구와 맥락까지 반영한 상품 전략

태어나면서부터 디지털 기술과 인터넷을 자연스럽게 접해온 디지털 네이티브 세대는 기술을 '도구'라기보다는 그 자체를 공기처럼 자연스러운 환경으로 인식하며 살아간다. AI 기반의 다양한 서비스들도 이미 일상 속에 깊숙이 스며들어 사고체계와 삶의 방식을 바꾸고 있다.

이러한 변화는 상품 전략이 과거보다 훨씬 더 영리하게Ingenious, 똑똑하게 기획되고 설계되며 실행될 수 있게 한다. 전통적인 상품 전략이 대중의 흐름을 따른다면, 이제는 개인의 취향과 성향, 감정 상태까지 반영할 수 있는 시대가 왔다.

나이키Nike는 'Nike By You' 프로그램을 통해 고객이 신발의 색상, 소재, 로고 위치 등을 자유롭게 커스터마이징할 수 있도록 했다. 최근에는 AI를 활용해 고객의 구매 이력과 선호도를 분석하여 개인 맞춤형 디자인을 제안하는 시스템까지 도입했다. 또한, 'Nike Maker Experience'에서는 AI, 객체 추적, 프로젝션 시스템 등을 활용해 고객이 직접 디자인한 신발을 2시간 이내에 제작해주는 서비스를 선보였다. 아디다스Adidas 역시 'Speedfactory'라는 스마트 공장을 통해 소비자의 발 모양, 운동 데이터 등을 분석하여 빠르게 맞춤형 신발을 생산하는 체계를 구축했다.

소비자가 직접 디자인한 신발 데이터를 머신러닝으로 분석해 향후 트렌드 예측에도 활용하고 있다. 소비자는 자신이 원하는 방식으로 제품을 요청하거나 제작할 수 있는 능동적 주체가 되어가고 있다.

한 걸음 더 나아가 문화예술 산업에서는 실시간 상황과 감정까지 반영한 콘텐츠가 나오고 있다. 집중이 필요한 순간에 AI에게 조용하면서 리듬감 있는 음악을 만들어달라고 요청할 수 있으며, 현재의 감정에 어울리는 영상 콘텐츠나 이미지, 음악 등을 즉석에서 제공받아 감상하는 서비스도 가능하다. AI 시대의 상품 전략은 '무엇을 팔 것인가'를 중심에 두지 않으며, '누구에게, 언제, 어떤 감정으로, 어떤 방식으로 닿을 것인가'를 설계하는 총체적인 전략으로 확장되고 있다.

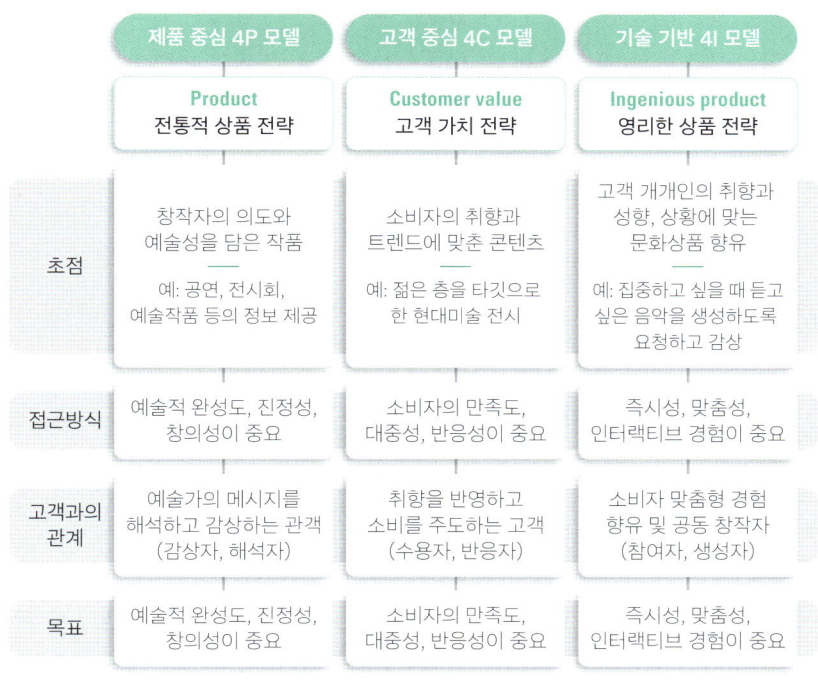

문화예술 상품 전략의 변화

3) AI가 바꾼 예술 창작 방식

창작자가 된 AI: 새로운 스타일의 예술작품

한때 예술은 오로지 인간의 상상력과 감성에 기반해 창조되던 영역이었다. 화가는 손의 움직임으로 시각적 세계를 그려내고, 작곡가는 감정의 흐름을 음악으로 표현했으며, 작가는 언어를 통해 이야기를 구성했다. 기술은 이 과정을 보조하는 도구에 불과했으며, 예술의 본질은 인간 고유의 창조성과 깊이 연결되어 있었다. 그러나 오늘날 우리는 완전히 다른 창작 환경 속에 있으며, AI가 창작의 주체로 부상하고 있다.

AI는 수많은 예술작품 데이터를 학습하고 이를 바탕으로 스스로 새로운 이미지를 생성하거나 음악을 작곡하고, 이야기를 써 내려간다. 과거에는 인간만이 만들어낼 수 있다고 여겨졌던 창의적인 결과물이 이제는 알고리즘을 통해 구현되고 있다. AI는 특정 화풍을 조합하거나 장르를 융합해 새로운 스타일을 만들어내거나, 인간 예술가가 떠올리지 못했던 방식으로 예술을 재구성한다.

기획자가 된 AI: 선제적으로 니즈 제안

AI는 소비자의 취향과 행동 패턴을 실시간으로 분석하여 그들이 인식하기도 전에 선제적으로 필요를 예측하고 상품이나 서비스를 제안할 수 있다. 이는 고객이 기대하지 않았던 새로운 가치를 창출함과 동시에, 더욱 개인화된 문화예술 경험을 누릴 수 있게 한다.

음악 플랫폼 엔델Endel은 사용자 환경에 따라 실시간으로 새로운 사운드를 생성하고 매번 새로운 청취 경험을 제공한다. 넷플릭스Netflix는 시청 이력과 선호 데이터를 분석해 이용자가 보고 싶어 할 콘텐츠를 예측하고, 인기 있을 만한 이야기 구조나 배우 조합까지 분석해 오리지널 콘텐츠 기획에 반영한다.

AI 생성 작품 〈스페이스 오페라 극장Théâtre D'opéra Spatial〉*

게임 기획자인 제이슨 M. 앨런(39)의 출품작으로, 구체적인 설명문을 입력하면 그에 따른 상세 이미지로 변환시켜주는 '미드저니Midjourney'라는 AI 프로그램으로 제작되었다. 2022년 8월 미국 콜로라도 주립 박람회 미술대회의 디지털 아트 부문에서 1등을 수상했으며, 이 작품이 AI로 만들어졌다는 사실로 인해 예술계에 논란이 되었다.

---

* Kevin Roose (2022.9.2), "AI-Generated Art Won a Prize. Artists Aren't Happy", The New York Times 기사 참조.

AI 기반의 개인화된 사운드스케이프*를 생성하는 앱 '엔델'

엔델Endel은 AI 기반의 개인화된 사운드스케이프를 생성하는 앱으로, 머신러닝과 신경망 기술을 활용하여 사용자의 현재 상태와 환경에 맞춰 최적화된 음악과 소리를 서비스한다. 집중, 수면, 휴식 등 다양한 목적에 맞는 음향을 실시간으로 조합하여 생성하며, 시간대, 날씨, 심박수, 활동 패턴 등을 분석해 맞춤형 오디오 경험을 제공한다.

과학적으로 설계된 알고리즘을 기반으로 한 엔델의 사운드는 신경과학과 심리학 연구를 반영하여 스트레스 완화와 생산성 향상에 도움을 준다. 특히, 엔델이 생성하는 음악은 미리 녹음된 트랙이 아니라 AI에 의해 실시간으로 만들어진다. 따라서 같은 모드를 사용하더라도 매번 새로운 사운드스케이프를 경험할 수 있다. iOS, Android, macOS 등 다양한 플랫폼에서 사용할 수 있으며, Apple Watch 및 Alexa와도 연동이 가능해 일상생활 속에서 자연스럽게 몰입형 사운드 경험을 즐길 수 있다. AI 기술이 발전함에 따라 엔델 같은 맞춤형 사운드스케이프 솔루션은 점점 더 정교해지고, 사용자의 일상에 긍정적인 영향을 미칠 것으로 예상된다.

* 사운드스케이프Soundscape는 소리Sound와 풍경Landscape의 합성어로, 특정 공간에서 경험되는 모든 소리의 조합을 의미하는 개념이다. 이는 자연, 도시, 건축 환경, 음악, 인간 활동 등의 다양한 요소에서 발생하는 소리들이 어우러져 형성된다.

어시스턴트가 된 AI: 제작 시간 단축과 비용 절감

예술가들은 더 이상 아이디어 구상부터 완성까지의 전 과정을 혼자 감당하지 않아도 된다. AI는 창작 초기 단계에서 자료 수집과 분석, 스타일 추천, 형식 구성 제안 등에서 예술가의 의사결정을 지원한다. 또한, 반복적인 편집 작업이나 테크니컬한 프로세스를 단축하여 창작자가 더 많은 시간을 본질적인 예술 표현에 집중할 수 있도록 돕는다. 예를 들어 영상 작업에서는 AI가 장면을 자동으로 분류하거나 필요한 클립만 추출해주는 기능을 통해 편집 시간을 단축할 수 있다. 디자인 분야에서는 이미지에서 배경을 제거하거나 색상 조정을 자동으로 처리해주고, 음악 제작에서는 리듬이나 코드 진행을 자동으로 보정해주면서 반복적인 수작업을 줄여준다.

협업 파트너가 된 AI: 감상자를 공동 창작자로 전환

이전보다 관객이 수동적인 감상자에서 능동적인 공동 창작자로 전환되기 쉬워졌다. 적응형 스토리텔링Adaptive storytelling 같은 기술은 사용자(관객, 독자, 플레이어)의 선택이나 감정 변화에 따라 이야기의 흐름이나 결말이 달라지도록 설계되어 누구나 자신만의 이야기를 만들어갈 수 있게 한다. 또한, 협업형 창작 도구의 발전으로 일반 감상자도 예술가처럼 그림을 그리고, 음악을 작곡하며, 이야기를 구성하는 등 창작 활동에 직접 참여하기 쉬워졌다.

스태프가 된 AI: 품질 관리, 재고 관리, 운영 조율 시스템

AI는 상품의 질을 높이고, 자원을 효율적으로 활용하며, 작업 과정을 원활하게 조율하는 데도 도움을 준다. 전통 악기 제작에서는 나무의 수분 함량, 밀도, 결 구조 등을 분석해 소리에 가장 적합한 재료를 선별하고, 무대 설치 과정에서는 구조적 안정성과 공간 활용도를 계산해 안전하고 효율적인 설계를 지원한다. 재고 관리 측면에서는 소품, 의상, 장비 등의 사용 이력을 자동으로 추적·분석해 필요한 자재를 미리 확보하거나 불필요한 재고를 줄이는 데 기여한다. 운영 조율에서는 제작 일정, 인력 배치, 장비 운용, 리허설 등을 통합적으로 관리해 공정 간 충돌을 최소화하고 작업 흐름을 최적화한다.

콘텐츠 제작과정에 사용하는 다양한 AI 도구*

콘텐츠 제작과정에서 특징별로 특화된 다양한 AI 도구가 계속 등장하고 있으며, 이를 적절히 활용하면 작업 효율성을 높이고 반복적이고 시간 소모적인 작업을 자동화할 수 있다.

텍스트 기반 콘텐츠 제작
주로 글쓰기, 콘텐츠 아이디어 생성, 문법 교정, 스타일 수정 등을 돕는다. GPT 계열 모델은 사용자가 주어진 주제에 대한 글을 작성하거나 이메일, 블로그 포스트, 마케팅 카피 등을 생성하는 데 사용된다. 또한, Grammarly나 ProWritingAid 같은 도구는 문법 검사 및 스타일 개선을 지원한다.

동영상 기반 콘텐츠 제작
영상 편집, 클립 생성, 콘텐츠 분석, 자동화된 비디오 생성 등을 지원한다. RunwayML은 창작자에게 쉽게 AI를 활용해 동영상을 편집하고 합성할 수 있도록 도와주는 도구이다. Pictory나 Lumen5는 텍스트를 기반으로 자동으로 동영상을 생성할 수 있는 AI 툴로, 글을 영상 콘텐츠로 바꾸는 데 유용하다.

음성 및 음악 콘텐츠 제작
음성 합성, 음악 작곡, 음향 편집 등을 지원한다. Descript는 텍스트로 음성을 생성하거나 편집할 수 있는 툴로, 팟캐스트나 오디오 콘텐츠 제작에 유용하다. AIVA는 AI 작곡 소프트웨어로, 사용자가 원하는 스타일의 음악을 자동으로 작곡할 수 있다. Amper Music도 비슷한 역할을 하며, 자동으로 배경 음악을 생성할 수 있다.

---

* 여기에 나오는 AI 도구들의 이름 하나하나에 너무 신경 쓸 필요는 없다. 이런 도구들은 시대의 흐름을 따라 계속 새로 나타나기도 하고 또 금세 사라지기도 한다. 중요한 건 특정한 도구가 아니라, 새로운 AI 도구들이 끊임없이 쏟아져 나온다는 사실이다. 이런 변화의 흐름이 바로 지금 우리가 함께 느끼고 있는 기술 진화의 모습이다.

이미지 및 그래픽 콘텐츠 생성

주로 창의적인 비주얼을 생성하거나 기존 이미지를 수정하는 데 사용된다. DALL·E는 텍스트 설명을 바탕으로 고유한 이미지를 생성하는 AI 모델이다. Midjourney도 비슷한 기능을 제공하며, 사용자가 원하는 스타일의 이미지를 만들 수 있다. Canva의 AI 툴은 사용자가 쉽게 디자인 작업을 할 수 있도록 돕는다.

편집 및 합성 과정

비디오, 이미지, 오디오를 결합하고 수정하는 작업을 돕는다. Adobe Premiere Pro와 Final Cut Pro 같은 전문 영상 편집 소프트웨어는 AI 기능을 내장하여 자동 편집, 장면 분석, 색상 보정, 오디오 조정 등을 지원한다. DeepArt는 AI를 사용해 이미지를 특정 예술 스타일로 변환하는 데 활용될 수 있다.

자막이나 다국어 지원

음성 인식, 번역, 자막 자동 생성 기능을 제공한다. Rev와 Otter.ai는 음성 인식 기술을 통해 자동으로 자막을 생성하거나 텍스트 변환을 지원한다. Google Translate와 DeepL은 텍스트나 음성을 다양한 언어로 번역하는 데 유용한 도구이다.

4 　　　　　　　　　브랜드가 살아남는 법

상품 전략에서 브랜드Brand는 소비자의 마음속에 상품을 각인시키는 강력한 무기다. 브랜드는 단순히 제품이나 회사 이름, 로고, 심벌을 의미하는 것이 아니라 소비자가 특정 제품이나 서비스를 떠올릴 때 느끼는 이미지, 신뢰, 감정, 경험의 총합을 말한다. 브랜드는 제품을 경쟁 제품과 구별하는 식별 수단이자, 소비자와 기업 사이의 관계를 형성하는 연결고리 역할을 한다. 기업이 이러한 브랜드를 통해 소비자와 진정성 있게 소통하고, 지속적인 관계를 이어가는 과정을 '브랜딩Branding'이라 한다.*

1) 대표적인 브랜드 이론

브랜드 자산 이론

브랜드 자산Brand equity은 소비자, 시장, 기업에 의해 평가되는 브랜드의 총체적인 가치를 의미하며, 브랜드의 시장 경쟁력을 결정하는 핵심 요

---

* 노희영 (2020), 『노희영의 브랜딩 법칙, 대한민국 1등 브랜드는 어떻게 탄생하는가』, 21세기북스.

소로 작용한다. 브랜드 자산 이론은 브랜드 인지도, 충성도, 연상, 지각된 품질 등의 요소들이 유기적으로 결합하여 브랜드의 강점을 형성한다고 설명한다. 브랜드 자산이 높을수록 소비자는 해당 브랜드를 신뢰하고 지속적으로 선택하며, 이는 기업이 시장에서 더욱 탄탄한 입지를 다지는 데 중요한 역할을 한다.

디즈니Disney는 전 세계적으로 높은 브랜드 자산을 보유한 대표적인 기업이다. 브랜드 인지도 측면에서 디즈니는 미키마우스, 겨울왕국, 마블, 스타워즈 등 다양한 IP Intellectual property (지적재산)를 통해 강하게 인식되며, 로고만 보아도 브랜드가 즉시 연상될 정도로 높은 인지도를 자랑한다. 브랜드 충성도 또한 뛰어나 세대를 아우르는 팬층이 형성되어 있으며, 이는 디즈니가 새로운 콘텐츠를 선보일 때마다 안정적인 수요를 뒷받침한다. 브랜드 연상은 '꿈과 희망', '행복한 결말', '가족과 사랑' 같은 긍정적인 이미지와 연결되어 소비자에게 따뜻한 감정을 불러일으킨다. 콘텐츠의 품질 역시 높은 수준을 유지하고 있어 디즈니에 대한 소비자의 신뢰는 매우 견고하다.

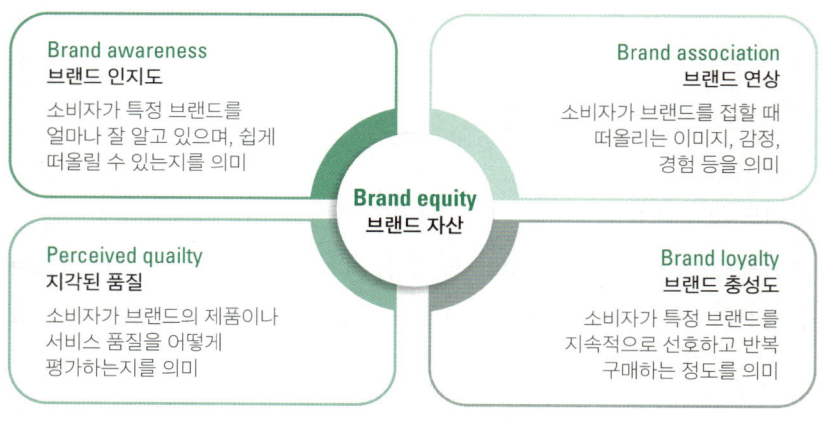

브랜드 자산 구성요소

브랜드 아이덴티티 이론

문화예술 기관은 고유의 정체성을 지키는 동시에 시대의 흐름에 맞춘 변화와 혁신을 추구해야 한다. 이러한 두 가지 과제를 동시에 수행하기 위해 필요한 전략적 접근 중 하나가 바로 브랜드 아이덴티티Brand identity 이론이다. 여기서 브랜드 아이덴티티는 변하지 않는 핵심 가치를 정의하는 핵심 정체성Core identity과 브랜드의 차별성을 강화하고 확장하는 확장 정체성Extended identity으로 구성된다. 이 이론은 문화예술 기관의 본질적인 가치를 유지하면서도 새로운 예술적 시도와 기술적 혁신을 통해 브랜드 정체성을 확장할 수 있게 한다.

브랜드 자산의 예시로 다룬 디즈니를 보면, 설립 초기부터 '가족을 위한 꿈과 희망, 감동을 전하는 이야기'라는 핵심 정체성을 유지하면서 클래식 애니메이션 IP가 여전히 중심에 있다. 동시에 디즈니는 확장 정체성을 통해 브랜드를 폭넓게 확장해왔다. 마블Marvel, 픽사Pixar, 루카스필름Lucas Film*, 20세기폭스20th Century Studios 등 다양한 IP를 인수하고 이를 자사 브랜드 세계관 안에 통합함으로써 어린이뿐만 아니라 청소년, 성인까지 아우르는 콘텐츠를 제공하고 있다. 디즈니+라는 OTT 스트리밍 플랫폼은 기존의 테마파크나 극장 중심 경험에서 벗어나, 디지털 환경 속에서도 디즈니만의 브랜드 경험을 제공하는 방식으로 브랜드 아이덴티티를 강화했다.

---

*   스타워즈 시리즈와 인디아나 존스 시리즈 등을 제작한 회사.

2) 문화산업에서의 브랜드 전략

마케팅에서 브랜드 전략은 시장에서 기업이 차별화된 이미지를 형성하고, 해당 이미지를 지속적으로 유지·관리하기 위한 구체적 실행 계획을 수립하는 과정이다. 브랜드의 성공 척도 중 하나는 '수명'이다. 그런 관점에서 자사 브랜드에 대해 철저히 진단하고, 단발적 홍보 활동이 아닌 장기적인 관점에서 기업의 가치와 이미지를 체계적으로 쌓아가는 전략적 투자가 필요하다.

문화산업에서는 콘텐츠 자체가 브랜드가 되기도 하고, 아티스트, 배우, 감독, 예술단체나 기획사, 영화나 공연 IP 등도 모두 브랜드가 될 수 있다. 예를 들어, 특정 배우가 출연했다는 이유만으로 영화에 대한 기대감이 높아지거나(스타 브랜드 전략*), 이전 공연의 성공 경험이 새로운 공연의 관객 유치에 긍정적인 영향을 미치는 현상(프랜차이즈 전략**)은 모두 브랜드의 힘에서 비롯된다. 영화 타이틀이 브랜드가 되면 속편이 신작보다 더 큰 인기를 끄는 경우도 나타난다. 이는 관객이나 소비자가 해당 브랜드에 이미 긍정적인 기대를 품게 되기 때문이다. 음악 산업에서는 대형 기획사의 브랜드 가치가 신인 아이돌의 성공 가능성을 높이는 결정적 요인이 되기도 한다. 하이브, 에스엠, JYP 등과 같은 대형 기획사 소속이라는 사실만으로도 신인 아티스트는 시장과 대중의 주목을 받을 수 있다. 이러한 현상은 기획사라는 조직 자체가 브랜드로 기능하고 있음을 보여준다.

---

* 영화나 뮤지컬 같은 공연예술 분야에서 유명 배우나 연출가, 작곡가 등을 전면에 내세워 작품의 인지도와 흥행 가능성을 높이는 마케팅 기법.
** 하나의 IP(지적재산)를 기반으로 속편·시리즈·스핀오프를 계속 확장해나가는 전략.

스타 브랜드, 신뢰와 감정의 시그널*

스타는 단순히 잘 알려진 인물이 아니다. 그들은 관객에게 감정적 연결과 상징적 의미를 동시에 전달하는 브랜드 자산이다. 관객은 스타를 통해 감정을 이입하고, 말투나 옷차림, 가치관까지 모방하며 일종의 자기동일시를 경험한다.

문화산업은 이러한 정서적 연결을 스타시스템이라는 전략적 구조 속에서 적극적으로 활용한다. 콘텐츠보다 먼저 주목받는 스타는 그 존재만으로도 관객에게 '이 콘텐츠는 신뢰할 만하다'는 강력한 시그널Signal을 보내는 신호자 역할을 수행한다. 관객은 콘텐츠의 품질을 미리 알 수 없는 상황에서 스타라는 신호를 통해 영화에 대한 기대와 신뢰를 형성하고, 궁극적으로 구매 결정을 내리게 된다.

스타는 제작 현장에서도 강력한 시그널을 작동시킨다. 유명 배우나 감독이 참여한 프로젝트는 투자자, 배급사, 극장 등 산업 전반의 관계자들에게 흥행 가능성에 대한 긍정적 신호를 보낸다. 그 결과, 더 나은 인력과 자본이 유입되며 콘텐츠의 경쟁력도 자연스럽게 높아진다. 다시 말해, 스타는 콘텐츠의 기획에서 소비까지 전 단계에 걸쳐 작동하는 품질의 시그널이자, 문화상품 전략의 핵심 자산이라 할 수 있다.

* 안성아 (2007), 「한국영화에서 스타의 신호 역할과 재무적 가치」, 『영화연구』 34, 69-92.

3) 브랜드 확장과 프랜차이즈 전략

브랜드 확장Brand extension이란 기존의 브랜드가 가지고 있는 인지도와 신뢰도를 바탕으로 새로운 제품이나 서비스 영역으로 사업을 확대하는 마케팅 전략이다. 이 전략은 이미 형성된 브랜드 가치를 이용해 소비자의 관심과 구매를 유도할 수 있으며, 신제품의 시장 진입장벽을 낮추고 마케팅 비용을 절감할 수 있다. 반면, 기존 브랜드 이미지와 어울리지 않는 제품 확장이 이루어질 경우, 소비자의 혼란을 유발하거나 브랜드 전체의 신뢰도를 훼손할 수 있다.

문화산업에서 브랜드 확장의 대표적인 사례는 OSMUOne Source Multi Use를 활용한 프랜차이즈 전략이다. OSMU는 하나의 원천 콘텐츠, 즉 지적재산Intellectual Property, IP을 기반으로 다양한 매체와 형식으로 재생산하는 방식을 말하며, 문화 콘텐츠의 가치를 극대화할 수 있다. 이 전략은 특정 콘텐츠가 성공을 거둔 이후 이를 영화, 드라마, 게임, 웹툰, 캐릭터 상품 등으로 확장하여 다양한 소비자층을 대상으로 반복적인 수익을 창

OSMU 브랜드 확장

출하는 방식이다.

    이러한 전략은 실제 문화산업에서 활발히 활용되고 있다. 예를 들어, 영화나 애니메이션이 흥행에 성공하면 해당 IP를 장난감, 피규어, 의류, 화장품, 문구류 등 다양한 굿즈로 확장하여 팬층을 형성하고, 지속적인 수익을 창출한다. 또한 원작의 인기를 기반으로 스핀오프 영화, 드라마 시리즈, 애니메이션, 테마파크 등으로 영역을 넓혀가며 브랜드의 영향력을 강화한다.

포켓몬과 포켓몬 GO Pokémon GO

포켓몬은 1996년 닌텐도가 출시한 게임보이 Game Boy용 휴대용 게임에서 시작된 콘텐츠이다. 게임에서 플레이어가 다양한 몬스터를 잡고 육성하며 서로 경쟁하는 방식은 대중의 흥미를 끌었고, 곧 큰 인기를 얻었다. 이후 포켓몬은 게임의 성공을 기반으로 애니메이션, 극장판 영화, 만화책, 장난감, 의류 등 다양한 분야로 빠르게 확장하며 글로벌 브랜드가 되었다.

포켓몬 브랜드는 2016년 출시된 포켓몬 GO를 통해 또 한 번 성공적인 브랜드 확장을 이루었다. 포켓몬 GO는 증강현실 AR 기술과 스마트폰의 GPS를 결합하여 현실세계에서 포켓몬을 찾고 포획하는 혁신적인 게임 방식이다. 이 게임은 출시 직후 전 세계적인 인기를 끌며 사회적 현상으로 자리 잡았으며, 기존 팬들과 신규 세대까지 포켓몬 브랜드의 영향력 아래로 유입시켰다. 또한 기존 포켓몬 카드의 유행과 수집 열풍이 다시 촉발되면서 카드 시장은 다시 급성장하게 되었다.

포켓몬은 하나의 원천 콘텐츠인 게임을 바탕으로 다양한 매체로 전략적인 확장을 이룬 브랜드 확장 전략의 대표적 사례이다. 포켓몬 브랜드는 지속적인 제품 확장으로 신규 세대를 유입시키고 기존 팬층을 유지하면서 브랜드 성장을 이어가고 있다.

5 유연한 제품 수명주기

1) 전형적인 제품 수명주기

제품이 시장에 처음 등장하면 점진적으로 인지도를 쌓아가며 성장하고, 성숙기에 접어들면서 매출이 최고조에 도달한 후 서서히 감소하는 경향을 보인다. 이렇듯 제품이 시장에서 거치는 일련의 단계를 설명하는 이론을 '제품 수명주기 Product Life Cycle, PLC 이론'이라고 한다. 이 개념은 독일 경제학자 테오도르 레빗 Theodore Levitt이 1965년 *Harvard Business Review*에 발표한 제품 수명주기 모델에서 유래했으며, 일반적으로 도입기, 성장기, 성숙기, 쇠퇴기의 과정을 따른다.

 도입기에는 소비자에게 제품을 알리기 위한 마케팅을 하게 되고, 성장기에는 경쟁이 본격화되면서 제품 차별화 전략을 수행한다. 성숙기에 이르면 시장이 포화 상태에 가까워지고, 기업은 시장점유율을 유지하기 위해 고민한다. 쇠퇴기에 접어들면 제품에 대한 수요가 점차 줄어들고, 기업은 해당 제품의 생산을 중단하거나 새로운 방향으로 리브랜딩하는 방안을 고려한다. 이러한 제품 수명주기 이론은 기업이 제품의 각 단계에서 적절한 전략을 수립하고, 변화하는 시장 환경에 효과적으로 대응할 수 있도록 돕는 중요한 프레임워크로 활용된다.

전형적인 제품 수명주기 곡선

2) 다양한 형태의 제품 수명주기

제품 수명주기는 모든 제품이 동일한 경로를 따르는 것이 아니라 산업 환경과 소비자 행동, 시장 변화에 따라 다양한 형태로 나타난다. 문화예술 상품의 수명주기 역시 기존의 정형화된 패턴에서 벗어나고 있다. 특히, AI 기술과 결합하면서 문화예술 상품은 일정 기간 소비된 후 소멸하는 것이 아니라, 지속적으로 진화하고 재해석되며 새로운 가치와 형태로 수명주기를 이어가게 되었다.

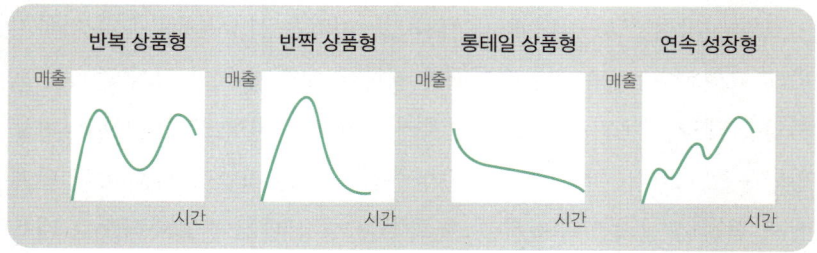

다양한 제품 수명주기 곡선

반복 상품 수명주기 Cyclic PLC

일정한 주기로 인기가 오르내리는 제품 수명주기 패턴은 패션, 음악 산업에서 흔히 나타난다. 패션에서는 과거 스타일이 현대적으로 재해석되어 다시 유행하기도 하고, 음악에서도 과거 인기 장르가 새로운 아티스트들에 의해 새롭게 부활하기도 한다.

　기업들은 복고풍 마케팅이나 브랜드 리뉴얼을 통해 새로운 시장을 개척한다. AI 기반의 데이터 분석 기술은 이러한 트렌드의 재등장 시기를 정교하게 예측할 수 있다. 소셜미디어와 온라인 플랫폼에서 소비자의 반응을 실시간으로 분석하여 트렌드가 다시 주목받는 시점을 파악하고, 소비자 취향의 변화를 빠르게 포착한다.

반짝 상품 수명주기 Fad PLC

반짝 상품의 수명주기는 짧은 기간 동안 급격히 성장하는 만큼 소비자의 관심이 빠르게 감소하는 특징을 가진다. 주로 유행에 민감한 상품으로, 초기에 높은 판매량을 기록하지만 시장에서 빠르게 사라지는 경향이 있다. 특정 시즌에 인기를 끄는 장난감이나 단기간 유행하는 영화, 대중음악, 모바일 게임이 대표적인 사례이다. 이런 제품들은 시장 출시 시점에 대대적인 홍보와 광고 캠페인이 집중되는데, 바이럴 마케팅과 소셜미디어의 영향으로 유행 주기는 더 짧아지고 있다.

롱테일 상품 수명주기 Long tail PLC

롱테일 상품들은 초기에는 큰 성장세를 보이지 않지만, 일정한 수요가 장기적으로 유지되는 특징을 가진다. 주로 디지털 콘텐츠나 온라인 기반 상품에서 나타나며, 일부 소비층을 대상으로 장기적이고 안정적인 판매가 이루어진다. 전자책, 스트리밍 플랫폼의 특정 장르 콘텐츠, 특수 용도의 소프트웨어가 대표적이며, 소규모 소비자층의 지속적 구매를 유도하는 전략을 쓴다. AI 기반 추천 시스템은 이러한 롱테일 상품의 수명과 가치를 더욱 높일 수 있다. 스트리밍 플랫폼이나 전자상거래 사이트에서 AI를 활용하면 소비자의 개별 취향과 관심사를 실시간으로 분석해 롱테일 콘텐츠를 제공하고 지속적으로 판매를 유도한다.

연속성장형 수명주기 Extended PLC

제품이 시간이 지남에 따라 새로운 기능이나 활용법이 발견되면서 꾸준히 성장하는 경우가 있다. 주로 기술 업그레이드나 새로운 소비층의 확보와 결합해 제품의 시장 수명을 연장하며 경쟁력을 유지한다. 스마트폰 같은 IT 기기는 지속적인 성능 개선과 디자인 변화를 통해 성장세를 이어가고 있으며, 스포츠 브랜드는 신소재 개발이나 친환경적 요소를 적용하여 제품 가치를 높이고 있다. AI 기술의 발전은 이러한 연속성장형 제품의 수명을 더 연장하는 역할을 한다. AI는 상품의 성능과 소비자 피드백을 분석해 제품 개선 방향을 빠르게 제시하고, 제품의 생애주기가 성장세를 이어가게 돕는다.

넷플릭스 시대, 영화의 수명주기가 달라지고 있다

일반적인 영화의 수명주기는 극장 개봉작에서 잘 드러난다. 대부분 영화는 개봉 후 4~6주 이내에 흥행 성패가 갈리며, 초기 성과가 전체 수익을 좌우한다. 그래서 개봉 초반에 집중적인 마케팅과 배급 전략이 중요하고, 관객의 초기 반응이 이후 관객 유입과 장기 흥행에 큰 영향을 미친다. 이 시기 제작사와 배급사는 가능한 한 많은 스크린을 확보하고, 스타 배우, 인기 원작, 속편 마케팅 등을 활용해 기대감을 극대화한다. 이후 영화의 성패는 관객 리뷰나 평론가 비평 등 입소문에 의해 좌우되며, 이는 부가판권 시장(온라인, IPTV, OTT 등)에서도 흥행 가능성을 결정짓는다.

그런데 최근에는 디지털 플랫폼의 영향력이 점점 커지면서 영화의 수명주기가 다양해지고 있다. 극장에서 개봉하는 전통적인 방식뿐 아니라, 넷플릭스 같은 글로벌 OTT, 혹은 특정 온라인 플랫폼에서의 독점 공개 등 유통 채널이 달라짐에 따라 영화의 소비 속도와 지속 기간이 달라지는 것이다. 즉, 더 이상 하나의 고정된 패턴이 아니라, 개봉 채널과 플랫폼 전략에 따라 영화의 수명주기가 다르게 전개되는 시대가 된 것이다.

3부. 새로운 마케팅믹스 프레임워크: Next 4I

8장 정밀한 가격 전략: Incisive Pricing

"가격은 당신이 지불하는 것이고, 가치는 당신이 얻는 것이다."
– 워런 버핏 Warren Buffett, 기업인

1. 가격과 가격 전략
2. 가격은 어떻게 결정되는가?
3. 전통적인 가격 차별화 전략
4. 가격 전략의 변화: 정밀함이 경쟁력이 되다
5. 기술 기반으로 부상한 가격 결정 요인

오늘날의 가격 전략은 '하나의 가격'이 아니라 '하나하나의 고객'을 위한 가격이다. 빅데이터를 활용하면 고객의 구매 이력, 이용 시간대, 접속 기기, 심리 상태까지 실시간으로 분석할 수 있다. 이렇게 얻은 분석을 바탕으로 가격 전략을 **인사이시브** incisive하게, 즉 고객마다 더욱 세밀하고 정교하게 맞춤 설정할 수 있게 된다.

1   가격과 가격 전략

1) Price와 Pricing의 차이: 숫자 vs. 전략

마케팅에서 Price와 Pricing은 모두 가격을 다루는 개념이지만, 그 의미와 역할은 분명히 다르다. Price는 상품이나 서비스에 매겨진 금전적 가치, 즉 소비자가 실제로 지불해야 하는 금액을 의미한다. 예를 들어, 어떤 제품의 가격이 5만 원이라면, 이 숫자 자체가 Price다. 고정된 수치로서, 구매 시점에 명확하게 제시되는 최종 금액이라는 점에 초점이 있다.

반면, Pricing은 가격을 설정하고 조정하는 전략적 과정을 의미한다. 얼마로 정할지 결정하기 위해 시장 상황, 경쟁사 가격, 소비자의 가치 인식, 생산 비용 등 다양한 요소를 고려해 최적의 가격을 찾아가는 과정이다. 할인 정책, 가격 조정, 심리적 가격 설정 등도 모두 Pricing에 포함된다. 즉, Pricing은 수익성과 시장 경쟁력을 확보하기 위한 동적인 전략 활동이다.

결론적으로, Price는 결과물, Pricing은 그 결과를 만들어내는 과정이며, 전략의 관점에서 접근할 때는 가격 자체보다 Pricing의 사고방식이 더욱 중요하다. 다만 마케팅 믹스에서 '가격' 전략이라는 용어가 전통적으로 사용되어온 만큼 Price를 Pricing을 포괄하는 넓은 의미로 이해해도 무방하다.

2) 고전적 가격과 최신 가격 전략

가격 전략은 기업의 수익성과 경쟁력 확보를 위해 시대적·기술적 변화에 따라 그 형태와 책정 방식이 달라졌다.

가장 기본적인 형태는 단일 가격 전략 Uniform pricing 이다. 이는 동일한 제품이나 서비스를 모든 소비자에게 동일한 가격으로 책정하는 방식으로, 가격 책정이 단순하고 관리가 용이하다는 장점이 있다. 대량생산과 대량소비를 특징으로 하는 산업사회 초기에 주로 사용되었다.

이후 시장이 다변화되면서, 소비자 집단이나 시장 조건에 따라 서로 다른 가격을 적용하는 가격 차별화 Price discrimination 방식이 등장했다. 같은 제품이나 서비스를 제공하더라도 소비자의 구매력, 지역, 시간, 구매량 등 다양한 요소를 고려해 가격을 세분화하는 방식이다. 이를 통해 고객의 가격 민감도를 반영하여 수익을 극대화하고, 다양한 시장 세그먼트를 공략하는 데 효과를 거둘 수 있었다.

고전적 가격 차별화 방식은 VIP 고객 할인, 지역별 차등 가격, 요일별 차이 등 사전에 고정적으로 설정된 기준에 따라 비교적 정형화된 방식으로 운영되었다. 그러나 오늘날에는 빅데이터와 AI 기술이 접목되면서 데이터를 기반으로 실시간 관찰하고 반응하는 '유동적' 가격 차별화 방식으로 변화하고 있다. 이를 '다이내믹 프라이싱 Dynamic pricing'이라 하며, 많은 기업이 이를 도입하고 있다. 이커머스, 항공권, 호텔, 렌터카 등 다양한 업계에서는 소비자 개인의 구매 패턴, 실시간 수요 변동, 경쟁사 가격, 재고 상황 등을 즉각 분석하여 가격을 제시하고 있으며, AI 기반 가격 최적화 기술과 개인 맞춤형 가격 제안이 활발히 이루어지고 있다.

2 가격은 어떻게 결정되는가?

가격 결정에 영향을 미치는 주요 요인은 내부 요인, 외부 요인, 소비자 반응이다. 내부 요인은 기업의 목표와 원가, 외부 요인은 시장 경쟁과 경제적 환경, 소비자 반응은 지각된 가치와 가격 민감도 등을 포함한다. 이러한 프레임워크는 다양한 산업에서 가격 책정 전략을 수립하는 데 널리 활용되고 있다.

    정밀한 가격 전략에서는 기술적 요인과 윤리적 요인도 추가로 고려해야 한다. AI 기반 데이터 분석 기술의 발전으로 맞춤형 가격 전략을 더욱 정밀하게 설계할 수 있다는 점에서 기술적 요인은 중요하다. 아울러, 맞춤형 가격 전략을 도입할 때 윤리적 기준을 적용함으로써 경제적으로 어려운 소비자나 특정 취약계층을 포용하고, 가격 정책의 공정성을 유지할 수 있다.

가격 결정 시 고려 요인

내부 요인	수익성, 상품 제작 원가, 아티스트 출연료, 인건비, 임대료, 운영 비용 등
외부 요인	시장 환경, 경쟁 상품 가격 수준, 경제 상황, 물가 상승률, 환율, 정부의 예술 지원 정책, 법적 제한 등
소비자 반응	소비자의 지각된 가치, 가격 민감도 등
기술적 요인	AI 활용 정도, 데이터의 양, 데이터 분석 능력 등
윤리적 요인	공정성과 투명성, 사회적 책임 등

내부 요인: 원가와 기업의 목표

기업은 전통적으로 손익분기점과 수익을 달성하는 것을 주요 목표로 삼아 가격을 책정한다. 문화예술 기관 역시 공연이나 전시의 제작 비용, 아티스트 출연료, 임대료, 인건비 등 운영비를 고려하여 티켓 가격을 결정한다. 일반적으로 운영비와 예술가의 출연료 같은 비용 요소를 반영하며, 목표 관객 수를 기반으로 가격 전략을 수립한다.

이때 목표 관객 수는 전체 좌석 수, 예상 수요, 유사 행사와의 비교 분석 등을 토대로 설정되며, 이를 기준으로 티켓 가격을 조정해 수익성과 접근성 간의 균형을 도모한다. 블록버스터나 가족영화 같은 대중 영화는 넓은 관객층을 기반으로 가격을 낮추지 않아도 충분한 수익을 거둘 수 있는 기회가 있다. 반면 관객 규모가 제한적인 콘텐츠는 프리미엄 상영, 특별 이벤트, 부가판권 시장을 통해 단가를 높여 수익을 보완한다.

외부 요인: 시장 경쟁과 환경 변화

외부 요인은 같은 장르나 비슷한 콘셉트의 공연 및 전시와의 경쟁 상황을 포함한다. 만약, 한 도시에서 두 개의 대형 뮤지컬이 동시에 공연된다면 경쟁이 심화되며, 이에 따라 가격 할인이나 패키지 상품이 등장할 가능성이 크다. 전체적인 경제 상황과 소비자의 문화예술 소비 여력도 가격 결정에 영향을 미친다. 경기 침체기에는 공연 예산이 줄어들고 티켓 판매도 저조해질 가능성이 커 가격이 조정될 수 있다. 또한, 정부의 정책과 지원 여부도 중요한 요인으로 작용하며, 예술지원금이나 세금 혜택, 공공기관과의 협력 등이 가격 책정에 반영될 수 있다.

유럽 일부 국가에서는 정부가 오페라나 발레 공연의 비용을 보조하여 티켓 가격을 낮추는 정책을 시행하고 있다. 지역적 특성도 영향을 주는데, 뉴욕 브로드웨이에서 상연되는 연극은 자연스럽게 높은 티켓 가격을 형성하지만, 지방 소도시의 공연은 상대적으로 저렴한 가격으로 제공되는 것이 일반적이다.

소비자 반응: 지각된 가치와 가격 민감도

소비자 반응 측면에서 문화예술 분야의 가격 결정은 주로 소비자가 작품에 대해 인지하는 가치와 실제 관람 과정에서 드러나는 가격 민감성의 영향을 받는다. 관객은 예술작품의 질적 수준과 예술가의 명성, 해당 공연이나 전시가 가진 사회적 평판, 온라인 후기나 지인의 추천 같은 다양한 정보를 활용하여 작품의 가치를 주관적으로 판단한다. 이러한 가치 판단과 소비자의 개인적 취향이 결합하여 최종적으로 제시된 가격에 대한 지불 의사를 결정하게 된다.

티켓 가격에 대한 민감도 또한 중요하다. 일부 소비자는 가격이 높아도 가치가 있다고 생각하면 구매하는 반면, 할인 여부에 크게 영향을 받는 소비자도 있다. 특히 학생, 청년, 시니어 등 가격에 민감한 계층은 할인 혜택이 있을 때 관람 결정을 내리는 경향이 강하다. 그리고 가격 외에도 구매 과정의 편의성, 결제 수단, 좌석 위치 같은 부가 요소까지 고려하여 종합적인 판단을 내리기 때문에 가격 결정 시 이러한 요소들과의 조화도 중요하게 작용한다.

기술적 요인: 기술의 역할과 영향력

기술적 요인은 가격 결정에 중요한 영향을 미치는 요소가 되었다. AI 분석 기술 활용 정도가 높을수록 소비자 행동 예측이나 수요 예측을 다각도로 분석할 수 있고, 이는 시장에서 더욱 합리적이고 신속한 가격 결정을 가능하게 하는 요인이 된다. 또한, 데이터가 방대할수록 단순한 보유 자체보다 이를 효과적으로 분석해 의미 있는 인사이트를 이끌어내는 능력이 가격 결정의 질과 신뢰도를 좌우한다.

윤리적 요인: 기술 활용 속 공정한 가격 형성

문화예술 분야는 경제적 이익을 추구하면서도 사회적 가치와 공익적 의미를 추구하는 분야이다. 따라서 문화예술의 가격 결정 과정에서는 경제적 합리성뿐 아니라 사회적 책임과 윤리적 가치를 함께 고려해야 한다. 기술적 요인에서도 언급한 바와 같이, 소비자의 개별 특성과 상황을 실시간으로 분석하여 개인, 시간, 상황 등에 따라 서로 다른 최적화된 가격을 제시하는 방식은 점점 더 확대될 수밖에 없다. 이는 효율적이고 정교한 가격 책정을 가능하게 하지만, 자칫 소비자에게는 공정성에 대한 의문이나 불신을 불러일으킬 수 있는 위험 또한 존재한다. 그러므로 더욱 철저한 투명성과 윤리적 관리 체계를 구축해야 한다. 가격 책정 기준과 프로세스를 소비자에게 공개하고, 알고리즘이 어떠한 기준으로 가격을 결정하는지 이해할 수 있도록 하는 것이 중요하다. 이는 소비자가 가격 형성 과정에서 불공정한 차별을 받는다고 느끼지 않도록 신뢰를 쌓아가는 출발점이 된다.

3
전통적인 가격 차별화 전략

문화예술 상품은 수요 탄력성이 크고, 소비자마다 느끼는 가치가 상이하기 때문에 획일적인 가격보다 차별화된 가격 전략이 더 많이 사용된다. 공연, 전시, 영화, 음악, 박물관 입장료 등은 다양한 가격대를 설정함으로써 더 많은 관객을 유치하고, 수익성을 확보하는 동시에 문화의 공공성과 접근성을 높이는 데도 기여할 수 있다.

가격 차별화Price discrimination는 고객 특성, 구매 시점, 채널, 지역 특성, 제품의 부가가치 등 다양한 기준으로 구현된다. 기업은 이를 통해 목표 소비층의 특성에 맞는 가격을 설계할 수 있다.

좌석 등급별 가격 차별화

오페라, 뮤지컬, 연극, 콘서트 등에서는 객석 위치에 따라 티켓 가격을 차등적으로 책정한다. 무대와 가까운 좌석은 높은 가격을, 시야가 제한되는 좌석은 상대적으로 저렴한 가격을 적용하는 방식이다. 이는 소비자가 원하는 경험 수준에 따라 좌석을 선택할 수 있도록 하여 시장의 다양한 수요를 효과적으로 충족시킨다.

심리적 가격 책정Psychological pricing 전략도 활용되는데, 이는 소비자의 심리적 반응을 고려하여 가격을 설정하는 방식이다. 예를 들어, VIP석에 높은 가격을 매기고 일반석을 상대적으로 저렴하게 설정하면, 일반석의 가성비를 강조하는 동시에 VIP석의 프리미엄 이미지를 강화하는 효과를 얻을 수 있다.

시간대 및 시기별 가격 차별화

시간에 따른 가격 차별화는 특정 요일이나 방문객이 적은 시간대에 할인된 가격을 제공하여 방문객을 유도하거나 혼잡을 줄이기 위한 목적이 있다. 영화관은 조조 할인과 심야 할인을 통해 관객 수요를 분산시키고 있다. 공연예술 분야에서도 평일과 주말, 프리뷰 공연과 정식 공연 사이에 가격 차이를 두는 사례가 많다.

스키밍 가격 전략Skimming pricing이 적용되기도 하는데, 초기에는 높은 가격으로 상품이나 서비스를 제공하고 시간이 흐르면서 점차 가격을 낮추는 방식으로 주로 고급문화 상품이나 독점적 콘텐츠에 활용된다. 이는 초기 수익을 극대화하고 콘텐츠의 프리미엄 이미지를 구축하는 데 효과적이다. 반대로, 침투 가격 전략Penetration pricing은 초기 가격을 낮게 설정하여 초기에 많은 관객층이나 소비자를 확보하는 방식이다. 주로 신진 작가의 작품이나 새롭게 소개되는 창작물에 활용될 수 있으며, 이를 통해 시장 도입 초기 소비자 접근성을 높이는 것을 목표로 한다.

유통 채널에 따른 가격 차별화

유통 채널에 따른 가격 차별화 전략은 동일한 문화예술 상품이라 하더라도 소비자가 이용하는 구매 경로에 따라 가격을 다르게 설정하는 방식이다. 공연, 전시 등에서는 온라인 사전 예매와 현장 당일 구매의 가격 차이를 두는 경우가 많다. 문화예술 상품의 특성상 공급량이 제한되어 있기 때문에 채널에 따른 가격 차이를 통해 효율적인 좌석 관리와 마케팅 효과를 동시에 거둘 수 있다. 이러한 차별화는 유통 채널별로 고객의 구매 행동과 수요 탄력성을 고려하여 수익성을 극대화하는 데 그 목적이 있다.

고객 유형에 따른 가격 차별화

학생, 노인, 장애인 등 특정 계층을 대상으로 한 할인 정책이나 기업 또는 기관을 대상으로 한 단체 할인도 여기에 해당한다. 공연장, 미술관, 박물관 등에서는 단체 관람을 유도하기 위해 기업과 협력 프로그램을 운영하거나 학교 및 공공기관을 대상으로 특별 할인을 제공하는 경우가 많다.

　　회원권 제도와 구독형 서비스도 고객 유형에 따른 차별화이다. 연간 회원권을 도입하면 충성 고객을 확보할 수 있으며, 정기적으로 문화 콘텐츠를 소비하도록 유도하는 효과를 기대할 수 있다. 일부 극장과 예술 기관에서는 정기 구독 모델을 운영하여 일정 금액을 지불하면 정해진 횟수만큼 공연을 관람하거나 특정 전시에 무료로 입장할 수 있는 혜택을 제공하기도 한다.

패키지 상품을 통한 가격 차별화

번들링 가격Bundling pricing은 여러 공연이나 작품 또는 부가 서비스를 묶어 제공하는 방식으로, 고객당 매출을 증가시키고 다양한 관객층을 유도할 수 있다. 공연장의 시즌티켓Season ticket이 대표적인 사례다. 여러 공연을 하나의 패키지로 묶어 할인된 가격에 판매하여 관객은 저렴한 가격으로 다양한 작품을 감상할 수 있고, 공연장은 예매율 예측과 충성 고객 확보라는 이점을 얻는다. 음악 페스티벌에서도 며칠간 진행되는 공연의 전체 티켓을 하나의 패키지로 판매하거나 공연과 캠핑, 음식 쿠폰을 포함한 번들 티켓을 제공한다.

자율 가격제 Pay-What-You-Want: PWYW

관객이 자발적으로 가격을 지불하는 자율 가격제 방식에서는 고객의 의사에 따라 가격이 자연스럽게 차별화된다. 예를 들어, 독립영화 상영회에서는 관람료를 고정적으로 책정하지 않고, 관객이 영화 관람 후 작품에 대한 만족도와 감상을 바탕으로 자율적으로 지불 금액을 결정하게 할 수 있다. 이는 영화 제작자에게 상업적 압박을 줄이면서 자신의 작품을 자유롭게 공유할 기회를 제공하고, 관객에게는 작품의 예술적 가치를 직접 평가하고 이에 공헌할 수 있는 권한을 부여한다. 뉴욕의 구겐하임 미술관Guggenheim Museum은 상대적으로 방문객이 적은 특정 요일과 시간대에 PWYW 정책을 운영하여 관람객이 최소 1달러에서 최대 10달러 사이의 금액을 자율적으로 내고 입장할 수 있도록 하고 있다.

왜 영화라는 콘텐츠 자체는 여전히 균일 가격인가?*

영화관은 시간대별·상영관별·좌석위치별 가격을 다르게 하는 가격 차별화를 하고 있지만, 정작 영화 콘텐츠 자체에 대해서는 가격 차별화를 적용하지 않는다. 블록버스터이든 독립영화이든, 대작이든 저예산 영화이든 제작비나 스타 출연 여부에 관계없이 모두 동일한 균일 가격Uniform pricing이 적용된다. 영화는 왜 균일한 가격 전략을 유지하는 것일까?

균일 가격제가 유지되는 이유 중 하나는 배급사와 극장 간의 수익 분배 구조 때문이다. 극장은 입장료 중 일정 비율을 배급사에 지급해야 하므로 티켓 가격 상승으로 수요를 줄이기보다 많은 관객이 영화관에 와서 팝콘, 음료를 사 먹는 것이 더 높은 이윤을 남길 수 있다고 판단한 것이다. 관리 측면에서도 가격 차별화는 복잡성과 비용을 수반한다. 낮은 가격의 영화 티켓을 구매한 후 고가의 영화 상영관에 입장하려는 관객이 생길 수 있고, 이를 차단하기 위해 추가적인 감시와 통제 비용이 발생한다. 또 다른 이유는 소비자의 인식 때문이다. 소비자는 영화 콘텐츠(영화 제목)에 따라 가격이 달라지는 것을 쉽게 받아들이지 않는다. 같은 상영관·시간대라면 동일한 가격을 기대하며, "영화는 모두 똑같은 티켓으로 본다"는 평등한 가격 구조에 익숙하다. 즉, 영화는 균일 가격 구조에 대한 소비자 기대가 강하기 때문에 콘텐츠별 가격 차등은 불공정하게 인식되는 경향이 있다. (그러나 관람 환경이나 서비스 수준에 따른 가격 차이는 수용된다.) 또한 저가로 판매하는 영화가 품질이 낮을 거라고 오해받거나, 고가의 영화가 재미없을 경우 관객 불만이 더 커질 위험도 존재한다.

그러나 조금만 더 생각해보면 공연이나 전시 관객은 콘텐츠별로 다른 가격을 받는 것을 당연히 받아들인다. 스포츠 관람객도 경기(콘텐츠)에 따라 가격이 달라지는 것을 이상하게 여기지 않는다. 결론적으로 영화 콘텐츠에 대해 가격 차별화를 하지 못하는 가장 중요한 이유 중 하나는 소비자의 심리적 저항 때문이라고 할 수 있다.

---

* Orbach, B., & Einav, L. (2007), Uniform prices for differentiated goods: The case of the movie-theater industry, *International Review of Law and Economics*, 27(2), 129-153.

4 가격 전략의 변화: 정밀함이 경쟁력이 되다

1) 고객 중심 가격 전략의 전환: '가격'에서 '비용'으로

한때 가격은 상품의 '값', 즉 교환 가치로만 여겨졌다. 원가, 경쟁 가격, 수요 수준 등을 바탕으로 비교적 고정된 방식으로 운영되었고, 고객이 실제로 느끼는 '부담'은 계산에 포함되지 않았다. 그러나 소비자가 중심이 되는 시대가 도래하면서, 가격은 '고객 비용'의 일부로 재해석되었다. 여기에는 단순한 금전 지출뿐 아니라 티켓 구매를 위한 시간, 복잡한 절차에서 오는 스트레스, 접근성 부족 등 심리적·물리적 부담까지 포함된다. 예를 들어 공연 티켓이 저렴하더라도 예매 과정이 번거롭고 입장이 불편하다면, 고객이 느끼는 '총체적 비용'은 오히려 높아진다. 반대로 가격이 다소 높더라도 클릭 몇 번으로 예매가 가능하고 빠르고 쾌적하게 입장할 수 있다면, 고객은 훨씬 더 긍정적인 경험을 하게 된다.

이러한 인식 변화는 문화예술 현장에도 깊이 반영되고 있다. 문화예술 기관들은 단순히 가격을 낮추기보다 디지털 티켓 시스템, 간편한 예매 플랫폼, 사전 좌석 선택 서비스 등 고객이 체감하는 부담을 줄이는 방향을 고민하고 있다. 이는 구매 만족도를 높이는 동시에 예술 소비의 진입장벽을 낮추는 중요한 방법이 된다.

2) 기술 기반 가격 전략의 변화: '정밀'해지다

오늘날의 가격 전략은 '하나의 가격'이 아닌 '하나하나의 고객'을 위한 가격이다. 빅데이터를 활용하면 고객의 구매 이력, 이용 시간대, 접속 기기, 심리 상태까지 실시간으로 분석해 정밀하게 Incisive 맞춤 가격을 설정할 수 있다. 과거처럼 연령대나 회원 등급에 따라 할인하는 방식뿐 아니라 고객 개인의 특성과 상황에 최적화된 유연한 가격 책정이 가능해졌다. 같은 공연이라도 평일 오후에 예매하는 고객, 특정 장르 공연에 자주 참여하는 고객, 공연장 가까운 거리에 있는 고객에 대해 각각 다른 가격이 적용될 수 있다.

    가격은 거래 수단이면서 고객 경험을 구성하는 하나의 서비스 요소가 되어가고 있다. 이런 전략이 제대로 작동하려면, 기업은 고객 데이터를 실시간으로 분석하고, 고객의 가격 민감도와 구매 심리를 정확히 읽어야 한다. 이를 통해 수요와 공급을 빠르게 조정하고, 자동화된 가격 시스템을 구축할 수 있다.

    만약 고객 데이터를 충분히 활용해 각 고객에게 최적의 가격을 적용할 수 있다면, 경제학에서 말하는 '수요와 공급 곡선' 전체를 아우르며 수익을 극대화하는 이상적인 상태에 도달할 수 있다. 물론 이는 현실적이진 않지만, 정밀 가격 전략의 최종 방향이라고 볼 수 있다.

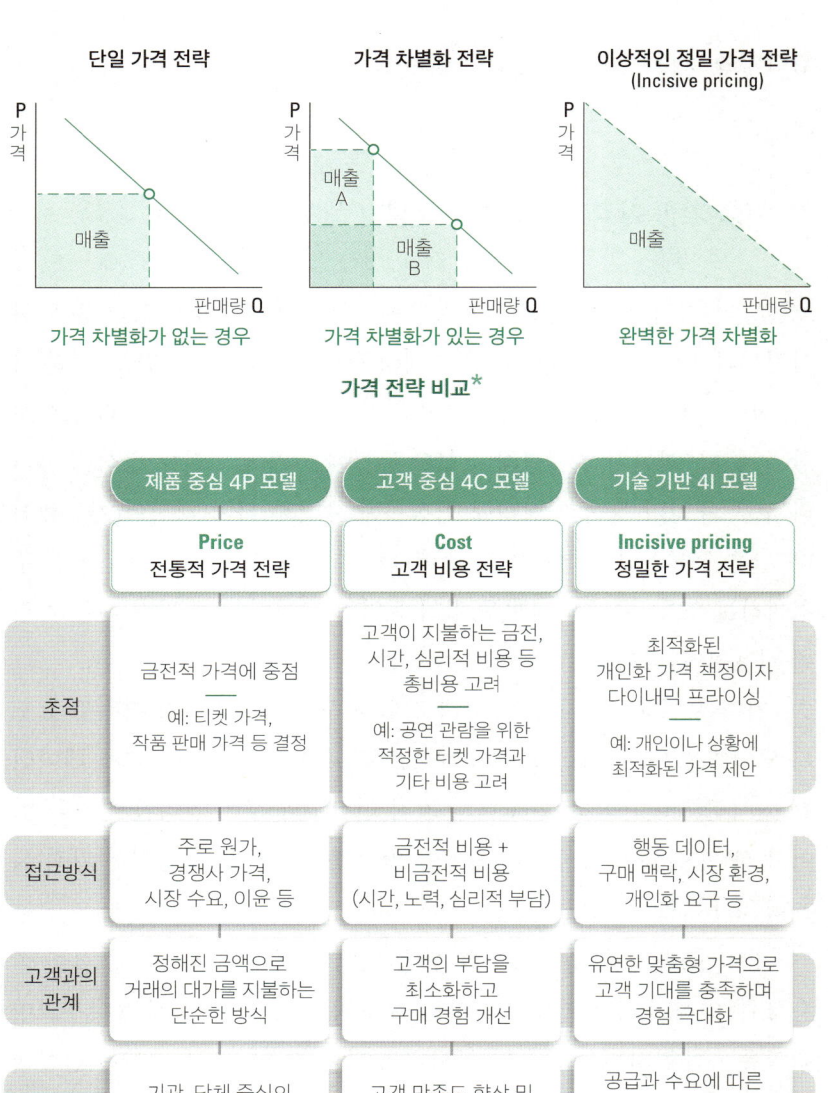

가격 전략 비교*

문화예술 가격 전략의 변화

* 안상영 (2024.4.18), "(가격전략) 어떻게 가격을 정하고 시장에 어떻게 경쟁할까", 브런치스토리 기사의 그림 발췌.

3) 정밀 가격 전략 특징

다이내믹 프라이싱: 실시간으로 변하는 가격 전략

다이내믹 프라이싱Dynamic pricing은 시장의 수요와 공급, 경쟁 환경, 소비자 행동 패턴을 실시간으로 분석하여 가격을 유연하게 조정하는 전략이다. 고정 가격이 아닌 상황에 따라 탄력적으로 변화하는 이 방식은 전자상거래, 교통, 호텔 산업에서 널리 활용되고 있으며, AI 기술의 발전으로 더욱 정교해지고 있다.

아마존은 AI 기반 다이내믹 프라이싱으로 하루 평균 250만 건 이상의 가격 변동을 실행한다. 고객 행동 데이터, 경쟁사 가격, 재고 수준을 실시간으로 분석해 최적의 가격을 설정하는 방식이다. 우버는 '서지 프라이싱Surge pricing' 알고리즘을 통해 수요가 급증할 때 가격을 자동으로 인상한다. 교통 상황, 날씨, 지역 이벤트 등을 고려하여 실시간으로 요금을 조정함으로써 수요와 공급을 효과적으로 관리하는 것이다.

디지털 광고 업계의 90% 이상이 프로그래매틱 다이내믹 프라이싱Programmatic dynamic pricing*으로 운영되고 있다. 사용자의 온라인 행동과 광고 인벤토리 특성을 실시간 분석하여 입찰가를 즉각 결정하는 방식으로, 유튜브나 페이스북에서 개인 맞춤형 광고가 표시되는 것도 이 기술의 활용 사례이다. 광고주는 AI 알고리즘으로 사용자의 구매 가능성을 분석하여 높은 구매 확률이면 높은 가격으로, 낮은 구매 확률이면 낮은 가격으로 입찰하여 광고 효율성을 최적화한다.

---

* 프로그래매틱 다이내믹 프라이싱은 AI·알고리즘이 시장 데이터와 소비자 행동 데이터를 실시간으로 분석해 가격을 자동으로 조정하는 시스템.

다이내믹 프라이싱 진화

구분	초기 다이내믹 프라이싱	AI 기반 다이내믹 프라이싱
의사결정 기반	수요와 공급 기반	AI, 머신러닝, 빅데이터 기반
사용 데이터	주로 공급자의 데이터 (예: 예술 기관 멤버십 정보 등)	- 실시간 빅데이터 - 다양한 개인 데이터
가격 조정 속도	특정 시간대마다 조정	실시간 조정 가능
가격 제시	고객을 세분화하여 가격 차별화	개별 고객 특성 및 상황에 따라 실시간으로 맞춤형 가격 제시

AI 기반 다이내믹 프라이싱의 원리: 구글 애드 익스체인지 사례

구글 애드 익스체인지Google Ad Exchange는 광고주와 광고 공간을 연결해주는 플랫폼으로, AI 기반 다이내믹 프라이싱 시스템을 통해 광고 가격을 실시간으로 자동 조정한다. 이 시스템의 핵심은 사용자 한 명이 웹페이지에 접속할 때마다 그 페이지의 광고 공간(예: 배너, 팝업, 프리롤 광고 등)을 차지하기 위해 광고주들이 즉시 입찰에 참여한다는 점이다. 이 과정을 'RTBReal-Time Bidding'라고 한다.

예를 들어 광고주 A는 공연 기획사, 광고주 B는 여행사라고 하자. 사용자가 지역 축제와 관련된 블로그 글을 검색해 읽고 있다면, A와 B는 이 사용자에게 광고를 보여주기 위해 입찰을 시작한다. 이때 A는 2달러, B는 2.5달러를 제시할 수 있다.

이때, 구글은 입찰가가 높은 광고라고 해서 항상 선택하지는 않는다. AI 기술로 '품질 점수Quality Score'를 함께 계산해 최종 광고를 결정한다. 이 점수는 크게 3가지 기준에 따라 매겨진다. 첫째, 광고가 사용자의 관심사와 얼마나 관련이 있는지, 둘째, 실제 클릭 가능성이 얼마나 큰지, 셋째, 광고 클릭 후 이동한 웹페이지(랜딩 페이지)가 신뢰할 수 있는지 여부다. 만약 A의 광고는 품질 점수가 6점, B는 4점이라면 다음과 같은 계산이 나온다.

광고주 A: 2달러 × 6점 = 총점 12점
광고주 B: 2.5달러 × 4점 = 총점 10점

결과적으로, 입찰가는 낮지만 품질 점수가 더 높은 A의 광고가 최종적으로 노출된다. 이는 A의 광고가 사용자의 관심사와 더 잘 맞고, 실제 반응할 가능성이 크다고 판단되었기 때문이다. 즉, A의 광고가 B의 광고보다 더 효과적이고 효율적인 것으로 평가된 것이다.

예측 프라이싱: 미래를 선점하는 가격 전략

예측 프라이싱Predictive Pricing은 AI와 빅데이터를 활용해 미래의 수요 변화를 예측하고 최적의 가격을 미리 설정하는 전략이다. 실시간 가격 조정보다 한 단계 발전한 방식으로, 과거 데이터와 외부 요인을 분석하여 미래 가격을 선제적으로 결정한다.

온라인 쇼핑몰은 고객의 검색 및 구매 기록을 분석하여 상품 가격을 조정한다. 항공사 및 호텔은 성수기·비수기 데이터를 분석해 최적의 요금을 미리 책정하며, 대형 소매업체는 과거 판매 데이터를 활용해 시즌별 인기 제품 가격을 조정하고 할인 시점을 결정한다.

문화예술 산업에서도 예측 프라이싱이 활용된다. 공연, 콘서트, 스포츠 경기의 티켓 판매에서 관객의 관심도를 분석하여 인기 공연이나 좌석에 따라 가격을 미리 책정한다. 브로드웨이 티켓*이나 유명 아티스트 콘서트**는 사전 판매 데이터와 소셜미디어 반응을 기반으로 초기 가격을 설정하며, 영화관은 사전 예매율과 관객 반응을 분석하여 흥행 예측에 따라 티켓 가격을 차별화함으로써 수익을 극대화한다.

---

* www.dynamopricing.com/blog/introducing-dynamic-pricing-broadway-ticket-office-takes-ticketing-to-the-next-level

** 티켓마스터Ticketmaster는 테일러 스위프트Taylor Swift 투어에 공급-수요를 반영한 다이내믹 가격 시스템인 '플래티넘 티켓 모델Platinum ticket model'을 적용했다. 당시 가수의 인기가 최고조에 이르러 수요가 폭증하면서 일부 프리미엄 좌석 가격이 자동으로 5천 달러까지 치솟았다. 이에 대한 팬들의 비판이 거세지자, 이후 티켓마스터는 좌석 가격 상한선을 설정하도록 제도를 수정했다. (위키피디아: Taylor Swift-Ticketmaster controversy)

엔터테인먼트 콘텐츠의 가치 예측 플랫폼: 신스테이션*

신스테이션SynStation은 2025년 CES에서 와스더Wasd3r가 공개한 플랫폼**으로, 인공지능과 블록체인 기술을 활용해 엔터테인먼트 콘텐츠의 가치를 예측한다. 이 플랫폼은 기존의 주관적이고 불투명한 평가 방식에서 벗어나 AI와 블록체인 기반의 정량적 분석을 통해 더욱 신뢰도 높은 가치를 산출하는 것을 목표로 한다.

신스테이션은 먼저 팬 커뮤니티의 감정 흐름을 살펴보고, 이를 바탕으로 콘텐츠의 초기 가치를 추정한다. AI 기술을 활용해 팬들의 반응과 관심, 감정 변화를 세밀하게 분석한다. 이렇게 얻은 결과는 단순히 조회 수나 평점에 의존하는 기존 방식보다 실제 소비자의 마음을 더 잘 반영해 현실적인 가치 평가를 가능하게 한다.

이후 실시간 시장 데이터는 블록체인에 기록되어 조작이나 왜곡 없이 투명하게 관리된다. 또한, 데이터 제공자에게는 암호화폐 형태의 보상이 주어져 사용자 참여를 유도한다. 이렇게 축적된 데이터는 AI 모델에 입력되어 과거 유사 콘텐츠 사례, IP 생태계의 변화, 시장 흐름 등과 결합된다. 이를 통해 특정 IP의 기준 가격을 산출하고, 예상 수익률을 도출하여 관련 의사결정에 실질적인 도움을 제공한다.

---

* synstation.org
** 2025년 CES에서 베타 테스트 버전 발표.

개인화 프라이싱: 맞춤형 가격의 시대

개인화 프라이싱Personalized pricing은 다이내믹 프라이싱과 예측 프라이싱의 확장된 개념으로, 개별 고객에게 최적화된 가격을 제시하는 전략이다. 특히 문화예술 분야에서 효과적으로 활용될 수 있다.

개인화 프라이싱은 과거 티켓 구매 이력, 온라인 검색 기록, 관심 예술 분야, 거주 지역, 장바구니 내 티켓 종류와 수량 등의 데이터를 활용한다. 문화예술 소비자는 취향과 관심사가 뚜렷하게 구분되는 경향이 있어 AI 알고리즘은 이러한 데이터를 기반으로 각 고객이 특정 공연이나 작품에 지불할 용의가 있는 최대 가격(예약 가격Reservation price)을 예측할 수 있다. 문화예술 기관들은 이 예측값을 활용해 맞춤형 가격을 제안함으로써 소비자의 구매를 촉진하고 수익을 극대화할 수 있다.

5   기술 기반으로 부상한 가격 결정 요인

가격도 품질을 본다

AI는 이제 작품의 예술적 완성도를 숫자로 설명할 수 있게 한다. 작품의 색채, 구도, 작가의 명성, 전시 이력 등과 같은 정성적 요소를 데이터화하여 가격과의 상관관계를 분석하는 것이 가능해졌다.

*Harvard Data Science Review*의 연구[*]에 따르면, 110만 점 이상의 회화 경매 데이터를 학습한 AI는 미술품의 시각적 특성을 반영해 놀라운 정확도로 경매 결과를 예측했다. 특히 흰색, 회색, 검정 계열 색채의 사용, 형태의 단순성 등이 고가 낙찰과 유의미한 연관이 있는 것으로 나타났다. 이런 분석은 문화예술작품의 적정 가격 설정이나 투자 가치 판단에 새로운 기준이 될 수 있다.

미시와 거시, 시장 환경을 읽는다

AI는 시장의 다양한 데이터를 감지하여 가격 책정에 반영한다. 경쟁 전

---

[*] Bailey, J. (2020), Can machine learning predict the price of art at auction? *Harvard Data Science Review*, 2(2), 1-13.

시의 가격 변동, 현장 관객의 반응, 환율과 인플레이션 같은 경제 지표도 복합적으로 분석한다. 경기 침체가 예상되어 소비 위축이 우려될 경우, AI는 사전 시뮬레이션을 통해 가격 인하 또는 할인 프로모션을 제안하거나, 반대로 운영비가 급등하거나 환율 변동이 심한 경우에는 티켓 가격 조정을 통해 수익성을 방어하는 전략을 제시한다. 해외 관객 비중이 높은 전시의 경우, AI는 외국인의 국내 방문 트렌드를 반영해 외국인 대상 가격을 차별화하는 방안도 제안할 수 있다.

티켓마스터Ticketmaster는 이미 미국과 유럽 시장에서 플래티넘 티켓 제도를 운영하고 있다. 이 시스템은 AI 알고리즘을 기반으로 공연장 좌석별 수요 패턴과 외부 경제 지표를 결합해 가격을 실시간으로 조정하는 방식이다. 좌석별 수요 패턴, 예를 들어 스포츠 이벤트에서는 홈팀의 성적 또는 공연의 경우 아티스트의 SNS 화제도 등도 반영한다. 또한 인플레이션율이나 지역별 소비자 물가지수 같은 외부 경제 지표까지 고려해 티켓 가격을 초 단위로 변동시키며 최적의 가격을 설정하고 있다.*

감정 데이터도 가격이 된다

요즘 소비자는 공연이나 전시에 대한 감상을 트위터, 인스타그램 등에 즉시 공유한다. 이러한 소셜미디어 여론은 작품에 대한 관심도와 기대치를 반영하며 수요 예측의 중요한 요소가 된다. AI는 감성 분석Sentiment analysis을 통해 긍정 또는 부정 여론을 실시간으로 분석하고, 가격 전략에 반영한다. 기대감이 높은 신작 공연의 경우 티켓 가격을 소폭 인상하거나 프리미엄 좌석을 확대하는 결정을, 반대로 혹평이 많은 경우 할인 프로모션이나 혜택 제공으로 반응을 전환하는 조치를 제안한다.

* Genevieve Spurway (2024.3.8), "The role of Artificial Intelligence (AI) in pricing", The Ticketing Business News 기사 참조.

블록체인이 설계한 마이크로페이먼트 시스템

블록체인은 가격 결정의 투명성을 높이고, 예술작품의 소유 구조를 새롭게 만든다. NFT 기반 디지털 소유권은 작품을 분할 소유할 수 있게 하여 예술품 투자 접근성을 넓힌다. 예를 들어, 앤디 워홀의 작품이 NFT로 분할되어 100명의 투자자에게 소유권이 배분된 사례는 전통 미술 시장에 신선한 충격을 주었다.

또한, 암호화폐 결제를 통해 새로운 고객층의 유입을 유도하고, 마이크로페이먼트 시스템은 소비자가 콘텐츠를 소비한 만큼 지불할 수 있게 해준다. 이는 기존의 구독제나 광고 기반 모델과 차별화되는 새로운 수익모델로 주목받고 있다. 단, 암호화폐의 변동성과 국가별 규제 차이는 해결 과제로 남아 있으며, 안정적 도입을 위한 법제도 정비가 필요하다.

대표적인 블록체인 기반 마이크로페이먼트 시스템: 코일

코일Coil은 블록체인 기술을 활용한 마이크로페이먼트(소액 결제) 시스템을 제공하는 콘텐츠 플랫폼이다. 이 시스템은 콘텐츠 소비자가 웹에서 콘텐츠를 소비할 때 소액 결제를 통해 제작자에게 직접 보상할 수 있도록 설계되어 있다. 코일은 웹 모네타이제이션Web Monetization이라는 표준을 기반으로 운영된다. 이 표준은 콘텐츠 제작자들이 자신의 웹사이트나 블로그에 간단한 코드를 삽입하여 코일의 결제 시스템을 통합할 수 있게 한다. 이 과정은 매우 간단하며, 기술적인 지식이 없는 제작자도 쉽게 적용할 수 있다.

코일의 핵심 기능 중 하나는 소비자가 콘텐츠를 소비할 때 자동으로 소액 결제가 이루어진다는 점이다. 소비자가 코일의 브라우저 확장 프로그램을 설치하면, 웹사이트에서 콘텐츠를 읽거나 시청하는 동안 실시간으로 소액의 암호화폐가 제작자에게 지급된다. 예를 들어, 블로거가 코일을 사용하면 독자들이 자신의 글을 읽는 동안 소액의 암호화폐를 받을 수 있다.

이 시스템은 기존의 광고 기반 수익모델과는 다른 새로운 수익 창출 방법을 제공한다. 전통적인 광고 모델에서는 제작자가 광고 수익에 의존해야 하며, 이는 종종 콘텐츠의 질에 영향을 미칠 수 있다. 반면, 코일을 통하면 제작자는 독자들이 콘텐츠를 소비하는 만큼 직접적인 보상을 받을 수 있어 더 많은 수익 기회를 창출할 수 있다. 소비자에게는 광고 없이도 양질의 콘텐츠를 즐길 수 있는 환경이 조성된다. 이 시스템은 사용자가 콘텐츠를 소비할 때마다 소액 결제가 이루어지므로 소비자는 광고에 방해받지 않고 원하는 콘텐츠를 자유롭게 이용할 수 있다. 이는 사용자 경험을 개선하고, 콘텐츠 제작자에게는 더 많은 지원을 제공하는 결과를 가져온다.

9장

플랫폼 연계 전략: Inter-Platform

"적절한 장소는 소비자가 이미 있는 곳이다."
— 제롬 매카시Jerome McCarthy, 마케팅 학자

1. 유통 전략의 변화: 판매보다 연결
2. 예술 플랫폼을 설계하는 방식
3. 예술 유통의 지형을 바꾼 기술 플랫폼
4. 티켓은 어디서, 어떻게 팔아야 할까?
5. 신기술이 탑재된 스마트 공간

우리는 AI 기술을 기반으로 인간, 기계, 정보가 실시간으로 연결되는 초연결 시대에 들어섰다. 이 환경에서는 플랫폼 간 연결성과 사용자 경험의 연속성이 더욱 중요해지고 있으며, 이를 실현하기 위해 다양한 플랫폼 간 연계가 이루어진다. **인터플랫폼**Inter-platform 전략은 이러한 흐름 속에서 디지털 생태계에 새로운 연결 가치를 창출한다.

1 유통 전략의 변화: 판매보다 연결

1) '유통' 중심에서 '고객 편의성' 중심으로 전략 전환

유통 전략이란 기업이 제품이나 서비스를 소비자에게 효과적이고 효율적으로 전달하기 위해 사용하는 모든 과정과 경로를 계획하는 전략이다. 이는 소비자에게 제품이 어떤 장소에서, 어떤 경로를 통해 제공될지를 구체적으로 설계하는 것을 의미한다.

문화예술 분야에서의 유통 전략은 공연, 전시, 출판 등 다양한 콘텐츠를 소비자와 관객에게 어떻게 전달할지를 결정하는 과정이다. 초기에는 콘텐츠를 물리적으로 전달하는 방식과 유통의 효율성에 초점이 맞춰졌으며, 기업들은 콘텐츠를 효과적으로 배급하고 비용을 최소화하는 것을 주요 목표로 삼았다.

이후 이러한 공급 중심의 유통 전략은 고객의 편의성Convenience 중심으로 변화했다. 이 시기부터는 소비자의 시청 및 소비 환경에 맞춘 다양한 채널과 서비스를 제공하는 것이 중요해졌다. 기업들은 고객의 접근성과 편의를 높이기 위해 오프라인 극장이나 서점뿐만 아니라 온라인 스트리밍, VOD 서비스, 디지털 다운로드 등 다양한 유통 채널을 구축했다. 이러한 흐름 속에서 소비자는 장소나 시간에 구애받지 않고 원하는 콘텐츠를 더욱 편리하게 이용할 수 있게 되었다.

2) 유통의 플랫폼화 시대

디지털 시대에 온라인 플랫폼이 활성화되면서 기업들은 유통 경로를 플랫폼 중심으로 재편하게 되었다. 플랫폼 전략은 소비자와 공급자, 기업을 하나의 디지털 공간 안에서 연결해 효율적인 거래와 소통을 가능하게 했다. 아마존Amazon이나 알리바바Alibaba 같은 플랫폼 기업들은 제품의 구매에 그치지 않고 정보 제공, 결제, 배송 등 전체 과정을 하나의 플랫폼에서 처리할 수 있는 생태계를 구축하여 시장에서의 경쟁력을 강화했다.

문화예술 분야에서도 이러한 플랫폼화는 뚜렷하게 나타난다. 공연예술은 온라인 스트리밍 플랫폼을 통해 실시간으로 중계되거나 다시보기 서비스로 제공되며, 미술 작품은 온라인 갤러리나 전용 앱을 통해 감상할 수 있다. 도서나 출판 콘텐츠 역시 종이책에서 전자책, 오디오북으로 확장되었다. 이러한 디지털 플랫폼은 사용자 맞춤형 추천 기능이나 다양한 커뮤니티 기능을 통해 소비자와 콘텐츠 사이의 상호작용을 강화한다.

3) 플랫폼 연계 전략

플랫폼 간 단순 연결이 아닌 '연계'
현재 우리는 AI 기술을 기반으로 인간, 기계, 정보가 실시간으로 연결되는 초연결Hyper-connected 시대에 진입했다. 이러한 환경에서는 플랫폼 간의 연결성과 사용자 경험의 연속성이 점점 더 중요해지고 있으며, 이를 실현하기 위한 플랫폼 연계Inter-platform* 전략이 필요하다.

이미 전자상거래 시장은 이러한 플랫폼 연계 구조가 일반화되고 있다. 아마존은 자사 플랫폼뿐 아니라 외부 플랫폼과도 연계하여 소비자의 활동 데이터를 실시간으로 수집하고 분석한다. 인스타그램Instagram에서는 사용자가 주목한 콘텐츠와 반응한 브랜드를 파악하고, 레딧Reddit 같은 커뮤니티에서는 사용자 후기를 수집해 제품에 대한 실제 니즈를 파악한다. 이를 통해 아마존은 사용자가 자사 웹사이트에 접속하기 전부터 관심사를 예측할 수 있으며, 맞춤형 상품 추천부터 자동 결제와 빠른 배송 시스템에 이르기까지 전체 유통 과정을 더욱 매끄럽고 신속하게 완성한다.

나아가 아마존은 온라인과 오프라인 플랫폼까지 연계하고 있다. 아마존 고Amazon Go는 무인 결제 기술, 센서 등 IoT 기술, AI 분석이 융합된 매장으로, 소비자는 원하는 상품을 들고 나오기만 하면 자동으로 결제가 이루어진다. 이 과정에서도 아마존은 온라인상의 소비 패턴, 위치 기반 데이터, 과거 구매 이력 등을 종합적으로 활용해 오프라인 소비 경험까지 개인화한다.

온·오프라인을 넘나드는 문화예술 플랫폼

과거에는 공연과 전시가 주로 오프라인을 통해 유통되고, 온라인은 티

---

*　'Inter-'는 '사이', '상호 간의'라는 의미를 가지며, 서로 다른 플랫폼들이 밀접하게 연동되어 데이터를 주고받고, 기능을 통합하며, 하나의 일관된 사용자 경험을 만들어내는 구조를 뜻한다. 우리가 한글로 '연결'이 아닌 '연계'라는 표현을 사용하는 이유도 물리적으로 이어진 상태를 넘어서 각 플랫폼 간의 목적 있는 협력과 기능적 통합, 즉 상호작용을 전제로 한 구조를 지칭하기 때문이다.

켓 예매나 홍보를 위한 보조 수단에 머물렀다. 그러나 이제는 이러한 이원화된 구조가 상호 연결되어 디지털 플랫폼이 공연과 전시의 전 과정에서 중요한 역할을 하고 있다. 이러한 플랫폼은 작품, 관객, 예술가, 기획자, 유통자, 기술 공급자 간의 연결을 디지털 생태계로 엮는다. 관객은 앱으로 티켓을 예매하고, 현장에서 체험하는 동시에 온라인으로도 공연과 전시를 관람할 수 있으며, SNS를 통해 공연 후기를 공유하는 등 예술에 대한 접근성이 시간과 공간의 제약 없이 더욱 높아졌다.

예술도 투명하게 '디지털 정산'하는 시대

플랫폼 전략은 예술 유통의 투명성과 신뢰도를 획기적으로 향상시킨다. 과거에는 작품의 가격, 거래 이력, 저작권 정보 등이 분산되어 있거나 비공개로 처리되는 경우가 많았지만, 플랫폼을 활용하면 모든 거래 기록이 디지털로 저장되고 체계적으로 분석된다.

특히, 블록체인 기술을 도입하면 예술작품의 진위 여부, 소유권 이력, 판매 기록이 위·변조가 불가능한 방식으로 기록되어 구매자와 기관 모두 정당한 가치를 확인할 수 있는 신뢰 기반의 거래 환경이 조성된다. 티켓 판매 현황, 관람객 데이터, 작가 로열티 배분 내역 등도 실시간으로 공유되어 이해관계자 간 정산 과정 또한 투명하고 정확하게 이루어진다.

자바워키즈, 디지털 플랫폼으로 확장된 예술 유통

자바워키즈Jabbawockeez는 2008년 MTV의 〈America's Best Dance Crew〉 시즌 1에서 우승하며 이름을 알린 유명 댄스 크루이다. 이들이 지금까지 꾸준히 사랑받는 이유는 뛰어난 무대 실력뿐만 아니라 디지털 유통 플랫폼을 중심으로 예술 생태계를 효과적으로 구축했기 때문이다. 자바워키즈는 예술가, 작품, 관객, 기획자, 유통자, 기술 공급자 간의 관계를 유기적으로 연결하며 브랜드 가치를 높였고, 글로벌 팬층을 지속적으로 확장해왔다.

자바워키즈는 라스베이거스 MGM 그랜드MGM Grand 같은 대형 공연장에서 정기적으로 공연을 진행하는 한편, 유튜브와 인스타그램 등 온라인 플랫폼을 통해 공연 영상, 연습 장면, 비하인드 콘텐츠를 전 세계에 공유하고 있다. 덕분에 공연은 언제든지 다시 볼 수 있는 디지털 자산으로 자리 잡았고, 관객은 손쉽게 콘텐츠에 접근할 수 있게 되었다. 기획자와 유통자는 관객의 반응을 바탕으로 프로그램을 조정하며, 안정적인 시장을 확보할 수 있다.

특히, 관객은 공연 중 2분 이내의 짧은 영상을 자유롭게 촬영할 수 있으며, 이를 SNS에 공유함으로써 콘텐츠 확산에 기여한다. 예술가는 이러한 피드백을 반영해 작품과 프로그램을 발전시키고, 기술 공급자는 스트리밍, 촬영, 영상 편집, 업로드, 데이터 분석 등의 기술을 통해 이 생태계를 지원하는 중요한 역할을 수행한다.

라이베이거스에서 공연 중인 자바워키즈 ⓒ Goldenchyld07, Wikimedia, CC BY-SA 4.0

예술가 후원 플랫폼 예투*

예투 YeaTu는 예술 투자와 글로벌 네트워킹을 결합한 핀테크 Fin tech 플랫폼으로, 예술 유통의 투명성과 신뢰도를 혁신적으로 향상시킨 점에서 주목받고 있다. 이 플랫폼은 2023년 국내 스타트업인 에버트레져 EverTreasure가 개발했으며, 블록체인 기술을 기반으로 예술작품 거래 이력과 소유권 정보를 투명하게 관리하면서, 위조 가능성을 원천 차단하고 신뢰할 수 있는 플랫폼으로서의 입지를 다졌다.

예투의 가장 핵심적인 기능은 예술작품에 대한 투자 기회를 누구나 손쉽게 가질 수 있도록 만든 데 있다. 미술, 공연, 영화 등 다양한 예술 콘텐츠를 투자 상품으로 제공하며, 대중이 직접 예술 프로젝트에 참여할 수 있는 길을 열었다. 또한 일본, 영국 등 글로벌 네트워크와 협력하여 아티스트, 갤러리, 투자자, 기업 간 협력 구조와 수익창출 모델을 만들고 있다.

예투 공식 웹사이트

* www.yeatu.com

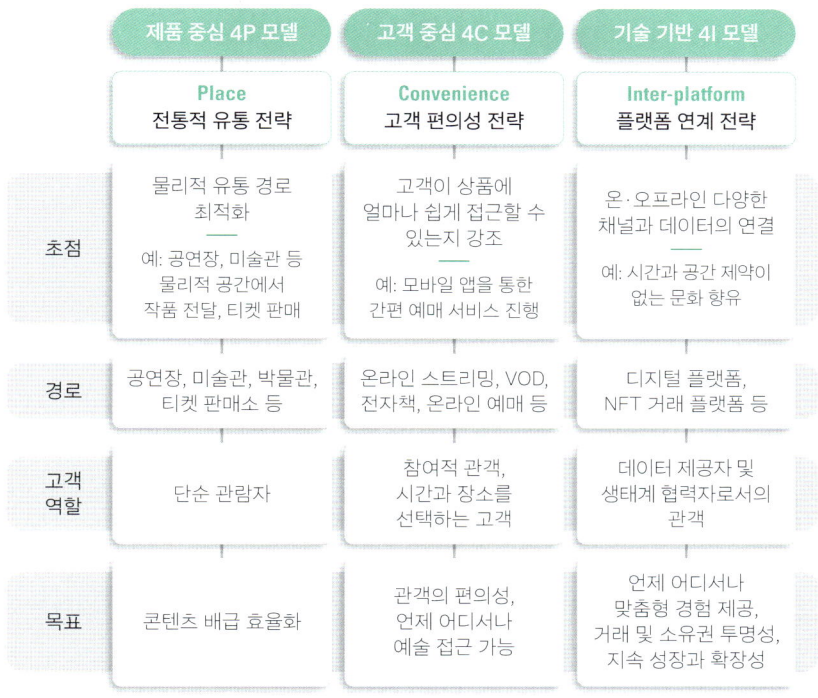

문화예술 유통 전략의 변화

2. 예술 플랫폼을 설계하는 방식

1) 예술 생태계를 위한 균형 잡힌 플랫폼 설계

플랫폼 간의 관계를 설계할 때, 실질적으로 고려해야 할 요소는 플랫폼 간의 상호 동등한 이익 구조를 만드는 것이다. 각 플랫폼은 고유한 정체성을 유지하면서도 상호작용을 통해 시너지를 창출할 수 있어야 한다. 어느 하나가 다른 하나의 성장을 위해 일방적으로 희생되는 구조는 지속가능하지 않으며, 결국 전체 생태계의 불균형을 초래할 수 있다.

특히, 문화예술 분야에서는 이러한 균형이 더욱 중요하게 작용한다. 예술 콘텐츠는 디지털화가 가능하지만, 그 출발점이자 정체성의 근간은 공연장, 전시장, 미술관 같은 오프라인 공간에 있다. 이 공간들은 물리적 장소 이상의 예술적 경험과 감정 교류가 일어나는 핵심적인 매개체로 기능한다. 만약, 디지털 유통 플랫폼이 빠르게 성장하면서 그 이익이 오프라인 공간을 잠식하거나 운영을 위협하는 방향으로 흘러간다면, 예술 생태계 전체가 무너질 위험에 직면하게 된다.

예술작품이 디지털 콘텐츠로 확장되어 더 많은 사람에게 접근 가능해지는 것은 긍정적인 방향이지만, 이로 인해 전시장 방문의 필요성이 사라지거나 현장 체험의 가치를 훼손해서는 안 된다. 오히려 디지털 유통은 오프라인 공간에 대한 관심과 방문을 유도하고, 그 공간이 독립적인 수익 구조를 갖출 수 있도록 돕는 선순환 구조를 만들어야 한다.

중요한 것은 기술적 연결을 토대로 현장성과 감성, 디지털 효율성이 조화를 이루는 생태계를 구축하는 것이다. 이러한 구조야말로 예술의 본질을 지키면서도 시대적 변화에 능동적으로 대응할 수 있는 플랫폼 전략이다.

2) 플랫폼별 콘텐츠 배치는 전략적으로

하나의 문화예술 완성품에서 파생되는 다양한 콘텐츠는 각각의 고유한 특성과 형식에 따라 가장 효과적인 유통 플랫폼에 전략적으로 배치되어야 한다. 플랫폼들이 서로 연계되어 있다고 해서 모든 콘텐츠가 동일한 플랫폼에서 균질하게 소비되는 것은 아니다.

원작의 현장감과 질감, 존재감을 생생하게 전달하는 콘텐츠는 전시회나 공연장 같은 오프라인 공간에서 경험하는 것이 가장 적합하다. 이러한 공간은 작품이 주는 물리적 감각과 감성적 경험을 가장 밀도 있게 전달할 수 있는 최적의 장소다.

반면, 현장감을 압축해 흥미로운 순간이나 핵심 메시지를 짧고 강렬하게 담아낸 콘텐츠는 틱톡TikTok이나 인스타그램 릴스Instagram Reels 같은 숏폼 플랫폼을 활용하는 것이 효과적이다. 짧은 영상 콘텐츠는 주의를 끌기에 탁월하며, 작품의 핵심 포인트를 효과적으로 노출하여 특히 젊은 층의 즉각적인 관심을 유도하는 데 유리하다.

또한, 작품의 제작 과정이나 비하인드 스토리, 작가 인터뷰 같은 콘텐츠는 유튜브YouTube나 팟캐스트Podcast 같은 영상 및 오디오 플랫폼을 통해 전달하는 것이 전략적으로 더 적절할 수 있다. 이러한 플랫폼은 비교적 긴 호흡으로 작품에 담긴 서사를 충분히 풀어낼 수 있기 때문이다. 이를 통해 관객은 작품에 대한 깊이 있는 이해를 얻고, 작가와의 정서적 연결을 만들며, 팬덤도 형성된다.

이 외에도 관객의 오감을 자극하고 상호작용을 유도하는 콘텐츠는 VR/AR 또는 메타버스 플랫폼을 통해 소비하는 것이 더 나을 수 있다. 예술작품을 입체적으로 탐색하거나, 가상공간에서 새로운 방식의 스토리텔링을 구현할 때, 이러한 기술은 예술적 경험의 깊이를 확장하는 유용한 수단이 된다.

3) 디지털화가 더딘 예술의 플랫폼화 사례

시각예술 분야 오프라인 경험의 플랫폼 연결

디지털화가 상대적으로 용이하고, 기술에 대한 대규모 투자가 가능한 방송·영화·음악 산업은 기술 발전에 발맞춰 유통 구조의 변화 속도가 빠르며, 디지털 플랫폼 설계도 전략적으로 추진되고 있다. 그러나 미술 분야의 경우, 작품의 디지털 복제물만으로는 원작이 지닌 질감이나 물리적 존재감을 온전히 대체하기 어렵다. 또한, 안전한 운송과 보관이 필수적인 특성 때문에 디지털화 및 플랫폼화 과정에서 여러 제약이 따른다. 이러한 이유로 시각미술 분야는 다른 문화예술에 비해 온·오프라인 연결 플랫폼화가 상대적으로 더디게 진행될 수밖에 없다.

그런 상황 속에서도 플랫폼화의 가능성을 보여주는 사례들이 등장하고 있는데, 그중 하나가 작품 대여 플랫폼이다. 과거에는 미술 작품을 감상하거나 소유하기 위해 고가의 비용을 지불해 직접 구매하거나, 특정 갤러리를 방문해야 했다. 이때 작품의 물리적 특성과 높은 가격은 일반 대중의 접근을 제한하는 요인이었다. 하지만 최근 몇 년 사이 국내외에서 확산하고 있는 작품 대여 플랫폼은 이러한 제한을 넘어 소비자와 작가가 만나는 방식을 변화시키고 있으며, 미술 작품 유통의 플랫폼화를 촉진하는 새로운 흐름으로 주목받고 있다.

예술 경험을 배송하는 플랫폼 '오픈갤러리'

월정액 기반의 미술 작품 대여 서비스 '오픈갤러리 Open Gallery'는 고가의 미술 작품을 소유하지 않고도 일정 기간 동안 감상할 수 있도록 하여 미술의 대중화와 일상 속 예술 경험 확산을 목표로 하고 있다. 오픈갤러리는 다양한 취향과 공간에 어울리는 국내 작가들의 원화 작품을 큐레이션해 제공하며, 사용자는 월정액 요금제에 따라 원하는 작품을 선택해 자택이나 사무공간 등에 전시할 수 있다.

 이 플랫폼은 미술을 감상하거나 소유하는 방식에 새로운 대안을 제시하며, 기존의 폐쇄적인 미술시장 구조를 탈피했다. 고객이 작품을 선택하면 전문 큐레이터가 직접 방문해 작품을 설치해주는 서비스도 제공하며, 일정 기간이 지나면 작품을 교체할 수 있어 다양한 예술작품을 경험할 수 있다. 이를 통해 예술 소비의 장벽을 낮추고, 신진 작가들에게는 작품을 알리고 수익을 창출할 수 있는 새로운 유통 경로를 제공했다.

가전과 융합한 스마트홈 플랫폼

삼성과 LG의 문화예술 프레임 TV는 기존에는 없었던 새로운 형태의 미술 플랫폼이다. 삼성의 '더 프레임 The Frame'과 LG의 '갤러리 모드 Gallery Mode'는 텔레비전이지만 예술적 감성을 일상에서 경험할 수 있도록 설계되었다. 삼성의 더 프레임은 벽에 부착하면 실제 액자처럼 보이도록 디자인되었으며, 사용자가 아트스토어에서 원하는 작품을 직접 선택해 감상할 수 있다. LG의 갤러리 모드는 프레임리스 디자인을 적용해 공간과 자연스럽게 어우러지도록 했으며, 유명 예술가들의 작품을 정기적으로 업데이트해 제공한다. 두 제품 모두 온라인 아트스토어, 모바일 앱, 스마트 홈 연동 기능을 통해 TV를 단순한 가전제품이 아닌, 지속적으로 콘텐츠가 확장되는 디지털 예술 플랫폼으로 발전시키고 있다.

3 예술 유통의 지형을 바꾼 기술 플랫폼

디지털 스트리밍 플랫폼

디지털 스트리밍 플랫폼Digital streaming platform은 인터넷을 통해 실시간으로 오디오 및 비디오 콘텐츠를 제공하는 서비스이다. 이러한 플랫폼은 사용자가 원하는 시간에 원하는 콘텐츠를 소비할 수 있도록 하여 전통적인 방송 및 영화 관람 방식에 큰 변화를 가져왔다. 스트리밍 서비스는 초기에는 주로 음악 중심으로 시작되었으나, 현재는 영화, TV 프로그램, 라이브 이벤트 등 다양한 형태의 콘텐츠를 포함하고 있다.

스트리밍 플랫폼의 역사는 1990년대 중반으로 거슬러 올라간다. 당시 리얼네트웍스RealNetworks와 마이크로소프트Microsoft 같은 기업들이 초기의 실험적인 라이브 방송을 통해 스트리밍 기술을 발전시켰다. 2000년대 초반, 넷플릭스 같은 플랫폼이 등장하면서 DVD 대여에서 온라인 스트리밍으로의 전환이 이루어졌다. 이는 소비자에게 즉각적인 콘텐츠 접근성을 제공하며, 전통적인 미디어 소비 방식에 큰 영향을 미쳤다. 이후 유튜브, 아마존 프라임 비디오, 디즈니+ 같은 다양한 플랫폼이 생겨나면서 스트리밍 시장은 급속히 성장했다.

문화예술 분야에서도 디지털 스트리밍 플랫폼의 영향력은 지속적으로 확대되었다. 전통적으로 공연과 전시는 오프라인 공간에서 이루어졌으나, 스트리밍 기술을 활용한 온라인 공연과 가상 전시가 활성화되면서 새로운 형태의 문화 소비가 가능해졌다. 음악 산업에서는 스포티파이와 애플뮤직이 디지털 음원시장을 주도하며 음반 중심의 유통 구조를 변화시켰다. 영화와 공연예술에서는 넷플릭스, 디즈니+, 메트로폴리탄 오페라의 온라인 스트리밍 서비스가 극장과 공연장을 대체하는 대안으로 자리 잡았다. 현재, 스트리밍 서비스는 콘텐츠 제공뿐 아니라 커뮤니티 기능과 소셜미디어와의 연계를 강화하며, 창작자와 소비자가 더욱 직접적으로 연결되는 구조로 발전하고 있다.

메트로폴리탄 오페라 스트리밍 플랫폼*

뉴욕 메트로폴리탄 오페라Metropolitan Opera(이하 '메트 오페라')는 2006년부터 〈Live in HD〉 프로그램을 시작하여 주요 오페라 공연을 전 세계 영화관으로 실시간 위성 중계해왔다. 이를 통해 뉴욕 링컨센터에서 열리는 오페라 공연을 수십 개국의 관객이 동시에 관람할 수 있도록 했으며, 이후 온라인 스트리밍을 도입하여 가정에서도 공연을 즐길 수 있도록 확장했다. 다국어 자막 시스템을 갖춘 자체 스트리밍 플랫폼 'Met Opera on Demand'를 운영하며, 과거 명공연부터 최신작까지 수백 편의 오페라 영상을 제공하고 있다.

2020년 이후 코로나19로 인한 극장 운영 중단과 관객 감소에 대응하기 위해 'Met Opera on Demand'를 강화하고, 특정 작품을 일정 기간 무료로 제공하는 'Nightly Opera Streams'를 운영하여 전 세계 오페라 애호가층을 적극 확보했다. 이와 함께 콘텐츠 관리와 사용자 경험 향상을 위한 디지털 혁신 전략을 추진하고 있다. 플랫폼 기술과 콘텐츠 확장을 위해 iOS, 안드로이드, 스마트 TV, 웹 등 다양한 디바이스 환경에 맞춰 앱을 지속적으로 업데이트하고 있으며, HD 영상 품질과 음향을 개선하여 현장감을 극대화하고 있다.

콘텐츠 면에서는 공연 실황과 신작 오페라, 고전 레퍼토리의 희귀 영상, 인터뷰 및 메이킹 필름 등 부가 콘텐츠를 확대하여 플랫폼 내 체류 시간을 증가시켰다. 또한 개인화 추천 시스템을 도입하여 이용자의 시청 기록, 선호 작품, 감상 패턴 등을 분석하고, 이를 바탕으로 맞춤형 공연 추천 및 큐레이션 서비스를 제공하고 있다. 이 밖에도 자동 자막 생성Speech-to-text, VR/AR, 인터랙티브 스트리밍 기술을 활용하여 더욱 혁신적인 시청 경험을 제공하는 방향으로 발전하고 있다.

---

* Mitchell Peters (2020.3.14), "Metropolitan Opera to Offer Free Performance Streams Amid Coronavirus Shutdown", Billboard 기사 참조.

하이브리드 플랫폼 vs. 옴니채널 플랫폼

온·오프라인 채널을 모두 운영하는 하이브리드 플랫폼과 옴니채널 플랫폼은 비대면 환경에서 디지털 채널의 중요성이 부각된 코로나19 팬데믹 시기에 더욱 주목받게 되었다.

이 중 하이브리드 방식은 하나의 콘텐츠나 행사를 온·오프라인에서 동시에 제공하여 관객이 선택 가능한 참여 방식을 넓히는 데 중점을 둔다. K-pop 기획사들은 공연이 현장에서 진행되는 동시에 온라인 스트리밍으로 동일한 공연 영상을 서비스하여 관객이 선택할 수 있게 한다.

반면, 옴니채널 방식은 관객의 다양한 접점을 연결하는 데 초점을 두므로 사용자가 어느 채널에서 접속하든 단절 없이 이어지는 경험을 제공한다. 한 사례로, 국립현대미술관은 오프라인 전시와 함께 온라인 뷰어, VR 투어, 해설 영상, SNS 콘텐츠를 운영하여 관람객이 전시 전·

하이브리드와 옴니채널 플랫폼 비교

구분	하이브리드 플랫폼	옴니채널 플랫폼
개념	온·오프라인 채널을 함께 운영하여 고객에게 다양한 유통 경로를 제공하는 방식	모든 유통 채널을 통합해 일관된 고객 경험을 제공하는 방식
중점 사항	고객이 특정 상황에 따라 적합한 채널을 선택할 수 있도록 옵션을 제공하는 데 중점을 둠	고객 여정 전체에서 채널 간의 경계를 허물어 심리스한 Seamless 경험을 제공하는 데 중점을 둠
채널 간 관계	온·오프라인 채널이 독립적으로 운영되며, 필요에 따라 전환 가능	채널 간의 완벽한 통합
사용자 경험	각각의 채널이 가진 장점에 맞추어 각기 다른 경험을 누림	사용자는 채널의 경계를 인식하지 않고 일관된 경험을 누림
추구 가치	온·오프라인 채널이 상호작용하며 유연성과 보완성 추구	고객의 전반적인 여정에서 일관성과 통합성 추구

중·후에 걸쳐 여러 채널에서 작품을 경험하고 이해할 수 있도록 구성하고 있다. 또 다른 사례로 오픈갤러리는 웹과 앱을 통해 작품을 탐색하고, 실제 작품은 물리적 공간에 설치되며, 이후 SNS나 이메일을 통해 관련 콘텐츠와 큐레이션을 제공함으로써 예술작품을 감상하고 소비하는 전 과정을 하나의 흐름으로 구성한다.

크라우드펀딩 플랫폼

크라우드펀딩 Crowdfunding 은 개인이나 기업이 온라인을 통해 대중으로부터 자금을 모을 수 있도록 돕는 디지털 서비스이다. 창작자나 사업자가 프로젝트를 제안하고, 이를 지지하는 사람들이 일정 금액을 후원하는 방식으로 운영된다. 주로 창의적인 아이디어, 스타트업, 사회적 목적 프로젝트 등이 자금 지원 대상으로 선정된다. 후원자는 금전적 수익 대신 제품, 서비스 혹은 감사의 표시 같은 보상을 받는 경우가 많다.

이러한 플랫폼은 전통적인 자금 조달 방식을 대체하며, 창작자와 후원자 간의 직접적인 연결을 통해 혁신적인 아이디어가 실현될 수 있도록 지원한다. 미국의 대표적인 크라우드펀딩 플랫폼 킥스타터 Kickstarter 는 예술가가 자신의 프로젝트를 소개하고, 이를 지원한 관객에게 특별한 혜택을 제공하는 구조로, 창작자와 관객 모두에게 긍정적인 영향을 미치고 있다.

AR/VR(증강현실/가상현실) 플랫폼

MelodyVR은 VR 기반의 공연 콘텐츠와 전통적인 음악 스트리밍 서비스를 결합한 음악 플랫폼이며, 구글의 ARCore는 AR 콘텐츠를 제작·경험하는 플랫폼이다. 유튜브 YouTube 360은 360°에서 촬영한 다양한 유형의 콘텐츠를 만날 수 있다.

AR과 VR은 문화예술의 새로운 표현 방식과 상호작용 경험으로, 가

상현실과 실제를 연결하는 기술이다. AR은 스마트폰, 태블릿, 스마트 글
라스 같은 기기를 통해 디지털 요소를 현실공간에 겹쳐 보여주는 기술
로, 가상 캐릭터가 실제 환경에 등장하는 포켓몬 GO^{Pokémon GO}, 가구 배
치를 미리 볼 수 있는 이케아 플레이스^{IKEA Place} 앱, 박물관의 인터랙티
브 전시 등이 대표적인 활용 사례이다.

    VR 공연은 관객이 물리적인 장소에 있지 않아도 가상 공간에서 콘
서트나 연극을 편안하게 즐길 수 있도록 한다. K-pop 아티스트들은 VR
콘텐츠를 통해 팬들과의 소통을 강화하고 있으며, 이는 팬덤을 더욱 확
장하는 데 기여하고 있다. 또한, VR 기술을 활용하면 관람객은 실제 박
물관이나 전시관을 방문하지 않고도 역사적인 유물이나 예술작품을 자
세히 관찰할 수 있다.

    VR을 활용한 예술교육은 학생들이 예술작품을 더욱 깊이 이해하고
평가할 기회를 제공한다. 국립중앙박물관은 VR·AR 기술로 관람객이
역사나 유물에 더 가깝게 다가가도록 전시공간을 기획했다. 시각 분야
에서도 가상현실 환경은 작가의 의도를 더욱 생생하게 전달하며, 작품
의 질감, 색감, 구조 등을 다양한 각도에서 관찰할 수 있게 해 학습 효과
를 높이는 데 기여한다. 나아가, VR 기반의 협업 환경이 조성되면서, 예
술가들이 공간적 제약 없이 전 세계의 동료들과 협력할 가능성도 커지
고 있다.

메타버스 플랫폼

메타버스^{Metaverse}는 '가상'과 '초월'을 의미하는 '메타^{Meta}'와 '우주'를
뜻하는 '유니버스^{Universe}'의 합성어로, 현실과 가상이 융합된 디지털 공
간을 의미한다. 3D 가상세계에서 이용자가 아바타를 통해 자유롭게
활동하며 경제·사회·문화적 요소가 결합한 확장된 현실로 정의된다.
이 개념은 1992년 닐 스티븐슨^{Neal Stephenson}의 소설『스노 크래시^{Snow}

Crash』에서 처음 등장했으며, 이후 페이스북(현 메타), 마이크로소프트, 엔비디아 등 글로벌 IT 기업들이 적극적으로 개발에 투자하면서 주목받기 시작했다. 2021년 페이스북은 사명을 메타로 변경하고, 메타버스 중심의 플랫폼 개발을 추진했다.

메타버스에서도 가상 공연과 온라인 엔터테인먼트가 점점 더 주목받고 있다. 뮤지션들은 첨단 장비를 활용해 실시간 스트리밍 공연을 진행하며, 고해상도 카메라, 고품질 오디오, 조명 시스템을 통해 더욱 몰입감 있는 무대를 연출하고 있다. 이러한 흐름을 반영하여 2022년 MTV 비디오 뮤직 어워드VMAs에서는 최우수 메타버스 공연Best metaverse performance 부문이 새롭게 신설되었다. 이 상은 메타버스 플랫폼에서 진행된 공연을 공식적으로 인정하고 장려하기 위해 도입되었으며, 가상공간에서 펼쳐지는 다양한 아티스트의 무대를 평가 대상으로 한다.

메타버스 플랫폼에서는 티켓 판매도 가능하다. 로블록스Roblox는 특히 젊은 세대에게 인기가 높아 문화예술 이벤트와 티켓 판매에 활용될 수 있는 잠재력을 지니고 있다. 공연 주최자는 로블록스의 가상공연장에서 한정판 티켓을 가상화폐로 판매하고, 이를 블록체인 기술로 관리하면 관객은 안전하고 신뢰할 수 있는 거래 환경에서 티켓을 구매할 수 있다.

아이들이 만든 세계가 돈을 벌다: 메타버스 놀이터 로블록스

2021년 로블록스Roblox는 뉴욕증권거래소에 상장하며 글로벌 IT 공룡 반열에 올랐다. 현재 사용자 수는 전 세계 2억 명 이상이며, 그 대부분은 8세 이상의 어린이와 청소년들이다. 이들이 로블록스를 이용하는 방식은 '게임을 하는 것'에 그치지 않는다. 직접 게임을 만들고, 아이템을 설계하며, 친구들과 함께 가상의 세계를 공동으로 창작한다.

로블록스의 가장 큰 특징은 바로 사용자 제작 콘텐츠User-Created Content, UCC 시스템이다. 누구나 손쉽게 3D 게임을 제작할 수 있으며, 그 안에 자신만의 규칙, 아이템, 세계관을 담을 수 있다. 실제로 한 초등학생 유저는 '고양이 옷 가게'를 열어 귀여운 의상을 판매했는데, 수백만 로벅스Robux(로블록스 내 가상화폐)를 벌어 부모님보다 더 많은 월수입을 올렸다는 일화도 있다.

무엇보다 로블록스는 메타버스 안에서의 공동체 경험, 친구와의 협업, 사회적 상호작용을 중심으로 한다. 사용자는 자신의 아바타를 꾸미고, 가상 뮤지엄을 만들며, 협업을 통해 공연장을 건설할 수 있다. 실제로 미국의 유명 아티스트 릴 나스 엑스Lil Nas X는 로블록스에서 가상 콘서트를 열어 3,300만 명의 관객을 모은 바 있다. 또한 게임 내에서 아이템 구매와 구독을 통해 지속가능한 수익모델도 갖추고 있다. 이제 로블록스는 게임 플랫폼 이상의 미래형 예술가와 창작자들을 길러내는 디지털 놀이터이자 경제 실험실로 주목받고 있다.

블록체인 및 NFT 플랫폼

문화예술 분야에서 블록체인Blockchain 플랫폼은 투명하고 신뢰할 수 있는 디지털 기반 유통 구조를 가능하게 하는 핵심 기술로 주목받고 있다. 블록체인은 모든 거래 내역을 분산 네트워크에 기록하고 위·변조를 차단하는 기술로, 예술작품의 소유권과 거래 이력, 진품 인증을 명확히 기록하는 데 강점을 가진다. 이러한 특성 덕분에 블록체인 플랫폼은 디지털 환경에서 빈번하게 발생하는 예술 콘텐츠의 복제, 위작, 암표 거래 문제를 해결할 수 있는 대안으로 부상하고 있다.

블록체인 기술 기반의 미술품 공동구매 플랫폼은 미술품 투자 문턱을 낮추어 더 많은 사람이 미술품을 소유하고 투자할 수 있게 했다는 평가를 받는다. 이러한 플랫폼은 블록체인 기술을 통해 거래의 신뢰성을 높이고, 소액으로도 고가의 미술품에 투자할 수 있다는 이점을 가진다.

특히, NFTNon-Fungible Token(대체불가능토큰)와 결합된 블록체인 플랫폼은 문화예술 콘텐츠를 하나의 고유한 디지털 자산으로 만들 수 있게 하며, 창작자와 소비자 간의 직접적인 거래를 가능하게 했다. 예를 들어 디지털 아트워크, 음악, 공연 티켓, 창작자의 특별한 메시지나 기록까지도 NFT로 발행할 수 있으며, 이 모든 정보는 블록체인에 안전하게 저장된다. 이를 통해 유통 과정의 투명성이 확보되고, 예술가는 자신의 콘텐츠를 정당한 가격에 판매하고 2차 거래에서도 수익을 공유받을 수 있는 구조를 만들 수 있다.

블록체인이 만든 음악 생태계: '탈중앙화 스트리밍 플랫폼'의 등장

블록체인 기술은 음악 산업에도 영향을 미치며 기존 유통 구조에 변화를 일으키고 있다. 전통적인 음악 산업은 스트리밍 플랫폼, 음반사, 유통사 등 중간자 중심의 구조로, 아티스트에게 돌아가는 수익이 제한적이었다. 이에 대한 대안으로 오디우스Audius, 우조뮤직Ujo Music, 이뮤직eMusic, 춘Choon, 뮤지카Muzika 등 블록체인 기반 음악 플랫폼이 등장하고 있다.

이들 플랫폼은 스마트 계약을 통해 음악이 재생될 때마다 아티스트에게 수익이 자동 분배되도록 설계되어 있으며, 중개자 없이 창작자가 직접 음원을 업로드하고 팬과 소통할 수 있는 구조를 갖추고 있다. 일부 플랫폼은 음원과 더불어 공연 티켓, 한정판 굿즈 등을 NFT로 발행해 수익모델을 다양화하고, 팬과의 연결도 강화하고 있다.

이러한 시스템은 정산 지연, 수익 분배 불투명, 창작자 소외 등의 문제를 완화하며, 블록체인을 활용한 새로운 음악 유통 모델로 주목받고 있다.

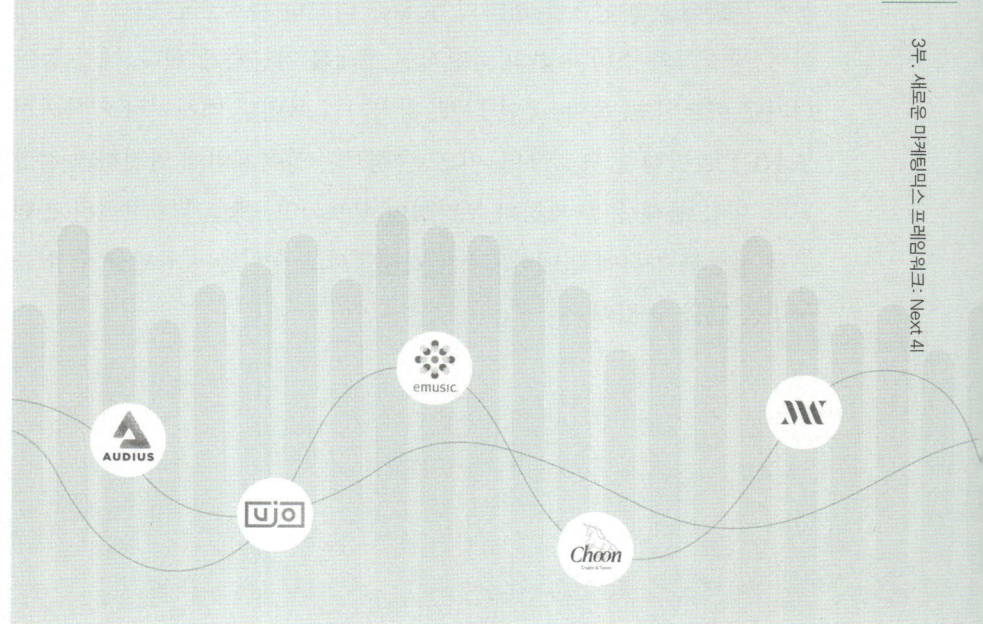

세계 최대의 NFT 유통 플랫폼 오픈씨OpenSea의 세계

오픈씨OpenSea는 세계 최대 규모의 NFTNon-Fungible Token(대체불가능토큰) 마켓플레이스로, 블록체인 기술을 기반으로 디지털 자산을 자유롭게 사고팔 수 있는 플랫폼이다. 2017년에 설립된 이 플랫폼은 이더리움Ethereum 블록체인을 중심으로 NFT 콘텐츠를 지원하며, 디지털 아트, 수집품, 음악, 게임 아이템, 가상 부동산 등 다양한 형태의 자산을 거래할 수 있도록 한다. 사용자는 지갑을 연동해 직접 NFT를 발행하거나 다른 이용자가 등록한 NFT를 구매할 수 있으며, 거래 기록과 소유권은 블록체인에 투명하게 저장된다.

오픈씨는 탈중앙화된 시스템을 기반으로 하면서도 직관적인 사용자 인터페이스를 제공하여 크리에이터와 수집가 모두에게 접근성이 높은 NFT 거래 환경을 조성해왔다. 특히, NFT 시장이 급성장하던 시기에는 글로벌 디지털 아티스트들이 작품을 판매하거나, 유명 브랜드들이 한정판 NFT를 공개하는 주요 창구로 활용되었다. 오픈씨는 NFT 생태계 내에서 표준 같은 역할을 하며 거래량, 사용자 수, 콘텐츠 다양성 면에서 가장 영향력 있는 플랫폼으로 평가받고 있다.

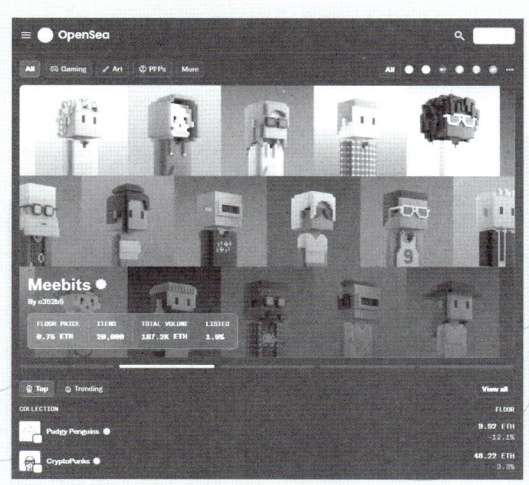

오픈씨 홈페이지

4 티켓은 어디서, 어떻게 팔아야 할까?

1) 일반적인 온·오프라인 티켓 판매

일반적으로 티켓 판매 전략은 소비자의 접근성과 편의성을 우선적으로 고려하며, 공연이나 전시의 특성에 따라 적합한 판매 채널과 가격 정책을 수립한다. 소비자에게 다양한 선택권을 제공하기 위해 온라인 플랫폼과 오프라인 매표소를 병행 운영하는 방식이 널리 활용된다.

특히, SNS 사용자의 증가로 인해 소셜미디어 플랫폼을 통한 티켓 판매의 비중도 점차 커지고 있다. 관객은 페이스북Facebook이나 인스타그램Instagram 등에서 이벤트 정보를 탐색하던 중 직접 해당 플랫폼 내에서 즉시 티켓을 구매할 수 있는 기능을 통해 손쉽게 예매를 완료할 수 있다. 예를 들어, 한 공연 주최자가 페이스북에 뮤지컬 하이라이트 영상을 게시하면서 "지금 예매하기" 버튼을 함께 삽입하면, 관객은 게시물을 스크롤하다가 해당 버튼을 클릭해 공연 시간과 좌석을 선택하고, 결제까지 간편하게 마칠 수 있다.

2) AI 기술 기반 티켓 판매

AI 시대에는 더욱 다양한 티켓 판매 플랫폼을 고려할 수 있다. 웹·앱 기반 예매 시스템을 넘어 AI 기술과 대화형 인터페이스를 활용한 개인화 추천, 챗봇 및 음성 기반 예매, 블록체인 기반 예매 등 관객의 행동과 선호를 반영한 맞춤형 티켓 판매 방식이 확산되고 있다.

개인화 추천을 통한 티켓 판매

AI 시대의 티켓 판매 플랫폼에서 가장 두드러진 변화 중 하나는 개인화 추천 시스템의 도입이다. 이는 관객의 취향, 행동 패턴, 예매 이력 등을 분석해 최적의 공연이나 전시 정보를 자동으로 추천하는 방식이다. 자주 예매하는 장르, 선호 아티스트, 관람 시간대나 지역, 머문 페이지 등의 데이터를 기반으로 AI가 적합한 콘텐츠를 선별해 제안한다. 추천은 플랫폼 초기 화면, 알림 메시지, 이메일, 앱 푸시 등 다양한 경로를 통해 제공되며, AI는 사용자의 행동을 지속적으로 학습해 추천의 정확도를 점점 높인다. 관객이 관심을 가질 가능성이 큰 콘텐츠를 우선적으로 노출함으로써 예매 전환율을 효과적으로 높일 수 있다.

챗봇과 음성 인식을 통한 티켓 판매

챗봇과 음성 인식은 더욱 직관적인 대화형 인터페이스를 통해 간편하고 개인화된 예매 경험을 제공한다. 챗봇 기반 티켓 판매는 사용자가 메신저나 앱에 접속해 자연어로 질문을 입력하면, AI 챗봇이 실시간으로 공연 정보, 일정, 좌석 가능 여부, 가격 등을 안내하고 예매까지 유도하는 방식이다. 예를 들어 "이번 주말에 볼 수 있는 뮤지컬 뭐 있어?" 또는 "○○○ 아티스트 공연 예매할 수 있을까?" 같은 질문에 챗봇은 맥락에 맞는 정보를 제공하고, 바로 결제 단계로 이어지는 과정을 자동화할 수 있다. 이는 특히 모바일 환경에서 사용자가 빠르게 정보를 얻고 행동으로 옮기게 하는 데 유리하다.

음성 인식 기술이 결합되면, 이러한 대화형 기능은 더욱 자연스럽고 접근성이 커진다. 음성으로 "오늘 서울에서 열리는 전시 보여줘" 또는 "이번 달 오페라 공연 예약해줘"라고 말하면, AI가 이를 인식하고 관련된 티켓 정보를 안내하거나 예매를 진행할 수 있다. 이는 시각적 탐색이 어려운 사용자, 혹은 운전 중이나 다른 활동 중에도 쉽게 접근할 수 있다.

또한, 챗봇과 음성 인식은 고객 응대 자동화에도 효과적이다. 환불, 일정 변경, 좌석 배치 문의 등 단순 반복적인 고객 요청에 빠르게 대응하며, 24시간 운영이 가능해 이용자의 만족도를 높인다. 최근에는 이들 기술에 AI 추천 알고리즘이 더해져 사용자의 이전 예매 내역과 관심사에 따라 맞춤형 공연을 제안하는 기능도 확대되고 있다.

블록체인 기반 티켓 판매

블록체인 기반 티켓 시스템은 공연, 전시, 스포츠 경기 등 다양한 이벤트에서 발생할 수 있는 부정 거래와 암표 문제 등을 해결하는 데 유용하다. 이 시스템은 티켓의 발행, 유통, 거래, 입장까지의 모든 과정을 블록체인 상에 기록하여 투명성과 안정성을 확보한다는 점에서 기존의 티켓팅 방식과 큰 차이가 있다. 특히 공연 티켓을 NFT로 발행하면 티켓의 진위 여부를 쉽게 확인하고, 티켓의 불법복제나 암표 유통을 방지할 수 있다. 재판매나 양도가 필요한 경우에도 스마트 계약Smart contract을 통해 안전하게 거래할 수 있고, 일정 수익이 자동으로 아티스트나 주최 측에 배분되는 기능도 구현할 수 있어 예술 산업의 수익 구조를 공정하게 만드는 데 도움이 된다.

블록체인이 바꾸는 티켓 유통의 미래: XP 사례*

2022년 팝스타 테일러 스위프트의 미국 투어 티켓 예매가 시작되자 수많은 팬이 티켓마스터Ticketmaster 웹사이트에 몰려들었다. 그러나 예매는 시작과 동시에 마비되었고, 판매가 갑작스럽게 중단되면서 수많은 팬이 티켓을 구하지 못하는 사태가 벌어졌다. 이 과정에서 티켓이 암표상들에게 대거 넘어가 정가보다 훨씬 높은 가격에 재판매되었고, 팬들은 정당한 가격으로 공연을 관람할 권리를 침해받았다. 이 사건은 티켓 판매 시스템의 불투명성, 수수료 문제, 시장 독점성 등 구조적인 문제를 적나라하게 드러냈다.

이러한 기존 시스템의 한계를 해결하기 위해 2023년 기술 스튜디오인 Captain Labs는 블록체인 기반 티켓 플랫폼인 XP를 출시했다. XP는 솔라나 Solana 블록체인을 기반으로 구축된 탈중앙화 티켓 마켓플레이스로, 티켓 판매와 유통 전반에 걸쳐 투명하고 안전한 거래 환경을 제공한다. 기존 티켓 플랫폼에서 발생하는 높은 중개 수수료와 불투명한 가격 책정 구조를 제거함으로써 판매자와 소비자 간의 직접적이고 공정한 거래를 가능하게 한다.

XP의 가장 핵심적인 특징은 티켓마다 발급되는 'tpNFTTamper-proof NFT'(변조 방지 대체불가능토큰)이다. 이 기술을 통해 티켓의 진위 여부는 누구나 검증할 수 있으며, 티켓이 실제 사용되었는지 여부도 블록체인상에 명확하게 기록된다. XP는 이미 11만 건 이상의 이벤트에서 총 3,400만 장 이상의 티켓을 판매하며 실질적인 성과를 보여주고 있다. 이 플랫폼은 신용카드와 암호화폐 결제를 모두 지원하며, 사용자는 별도의 가상지갑 없이 휴대폰 번호만으로도 간편하게 가입하고 티켓을 구매할 수 있다.

XP는 이른바 '티켓마스터 사태'로 대표되는 기존 티켓 플랫폼의 구조적 문제를 정면으로 비판하며, 더 공정하고 경제적인 티켓 유통 생태계를 제안한다. 팬들은 블록체인을 기반으로 한 투명한 시스템에서 정가에 가까운 가격으로 티켓을 구매할 수 있으며, 창작자와 행사 주최자 또한 중간 유통 과정을 줄임으로써 더 많은 수익을 확보할 수 있다.

* https://www.wepin.io/ko/blog/xp-solana-ticket-marketplace

NFT 티켓의 국내 적용 사례: 콘크릿*

콘크릿KONKRIT은 '현대카드'와 '멋쟁이사자처럼'이 공동 설립한 NFT 기반 디지털 자산 플랫폼으로, 공연 티켓, 멤버십, 디지털 굿즈 등을 거래할 수 있도록 설계되었다. 사용자에게는 소셜 로그인, 원화 결제, 디지털 자산 보관 기능을 제공해 접근성과 편의성을 높였다.

콘크릿은 2022년 장범준 콘서트에서 NFT 티켓을 처음 도입했으며, 2024년 '또모 시네마 오케스트라 슈퍼콘서트'에서는 국내 최초로 지정좌석제가 적용된 NFT VIP 티켓을 판매했다. 이 공연에는 블록체인 기반 난수 생성 기술VRF을 활용한 공정 추첨 시스템도 도입되어 연말 선물 추천 이벤트를 진행했다.

NFT 티켓은 소유권과 거래 내역이 블록체인에 기록되어 위조와 암표를 방지하며, 양도 제한, 1인당 구매 수량 제한, 매크로 차단 기능 등을 통해 부정 거래를 원천적으로 차단한다. 실물 티켓 분실 위험이 없고, 좌석 지정 기능도 탑재되어 사용자 편의성 역시 높다.

또한 콘크릿의 NFT는 입장권이지만 백스테이지 패스, 팬 전용 콘텐츠, 굿즈, 멤버십 혜택 등과 결합할 수 있어 팬과 아티스트 간의 소통 강화와 브랜드 충성도 제고에도 기여한다. 공연 유통의 공정성과 확장성을 동시에 실현한 대표적인 국내 NFT 티켓 플랫폼 사례로 주목받고 있다.

* https://konkrit.io/

5 신기술이 탑재된 스마트 공간

1) 오프라인 공간의 중요성

사회 전반적으로 디지털 전환이 가속화되며 콘텐츠 기반 산업에서는 온라인 플랫폼과 스트리밍 서비스가 주요 채널로 자리 잡았다. 이로 인해 겉보기에는 오프라인 공간의 중요성이 줄어든 것처럼 보일 수 있지만, 문화예술은 여전히 디지털로 완전히 대체될 수 없는 고유한 가치를 지니고 있다.

문화예술은 본질적으로 감각적이고 물리적인 경험을 바탕으로 한다. 예술작품이나 공연은 관객이 작품과 직접 마주하고, 공간의 분위기를 체험하며, 때로는 다른 관객과 감정을 교류하는 과정에서 진정한 가치를 발휘한다. 오프라인 공간에서만 느낄 수 있는 현장성과 물리적 접촉은 디지털 경험과는 분명한 차이를 가진다.

또한, 오프라인 공간은 디지털 플랫폼이 제공할 수 없는 독창적이고 제한적인 경험을 가능하게 한다. 한정된 시간 동안만 열리는 전시회, 특정 공간을 활용한 설치미술, 현장 공연은 관객에게 특별한 경험을 선사하며, 이는 디지털 콘텐츠의 대량소비와 대비되는 희소성과 가치를 지닌다. 이러한 경험은 관객의 기억에 강렬한 인상을 남기며, 브랜드 충성도와 문화예술에 대한 지속적인 관심을 유도하는 데 기여한다. 한편, 기술의 발전은 오프라인 공간에서조차 신기술이 적극 활용되며, 더 스마트한 관람 환경이 조성되고 있다.

2) 기술 활용 오프라인 스마트 공간

스마트 공간(스마트 공연장, 스마트 미술관, 스마트 경기장 등)은 '기술을 활용한 전시나 공연'보다는 기술과 예술, 그리고 관객이 유기적으로 상호작용하는 복합적인 경험을 제공하는 장소이다. 다양한 신기술과 콘텐츠가 융합된 이 공간은 공연과 전시의 질을 높이고, 관객의 몰입도와 참여를 강화한다. 이는 AI 시대에 걸맞은 미래지향적 오프라인 문화공간의 새로운 모델로 주목받고 있으며, 그 구현 방식은 다음과 같이 살펴볼 수 있다.

사물인터넷IoT과 센서 기술은 공간 운영의 기반이 된다

전시장이나 공연장 내부에 설치된 센서는 관객의 동선을 파악하고, 특정 작품이나 구역에서 머무는 시간을 분석해 관람 흐름을 최적화할 수 있다. 관객의 반응 데이터를 실시간으로 수집해 전시 기획이나 콘텐츠 개선에 활용할 수 있으며, 센서를 활용한 도난 방지 시스템도 작품 보안을 강화하는 데 기여한다. 또한, 관람객이 특정 지점에 접근하면 자동으로 작품 해설이나 멀티미디어 콘텐츠를 제공하는 위치 기반 서비스도 구현 가능하다.

VR(가상현실), AR(증강현실), MR(혼합현실) 기술은 시공간의 한계를 넘어선다

유실되거나 복원이 어려운 역사적 유물이나 공연 무대는 VR을 통해 재현되며, 관객은 가상 공간 안에서 자유롭게 탐험할 수 있다. AR은 전시 작품의 내부 구조를 시각화하거나, 작품 위에 해설 정보를 겹쳐 보여줌으로써 이해도를 높인다. 또한, AR 기반 포토존, 가상 팬미팅 등 관람객의 참여를 유도하는 콘텐츠도 적극적으로 활용된다. MR 기술은 실제 공간 위에 가상 요소를 정교하게 결합해 작품과 관객이 실시간으로 상호작용할 수 있는 환경을 조성한다.

홀로그램 기술은 공연과 전시에 새로운 연출 기법을 제공한다

이미 고인이 된 아티스트의 무대를 실감 나게 재현하거나, 무대 위에서 실제 배우와 홀로그램 캐릭터가 함께 등장해 공연을 펼치는 등 현실과 가상이 공존하는 무대 구성이 가능하다. 이러한 연출은 관객에게 기존 공연과는 완전히 다른 몰입감과 신선함을 제공하며, 특히 젊은 세대에게는 기술 친화적인 감상 경험으로도 주목받고 있다.

홀로그램에서 실시간 동작 제어와 인터랙션도 가능해지고 있다. 관객의 반응에 따라 홀로그램 콘텐츠가 변화하거나, 무대 조명 및 음향과 연동되어 실시간 퍼포먼스의 일부로 기능하는 형태로 진화하고 있다. 이는 공연의 생동감과 현장성을 한층 더 높여주며, 제한된 출연 인원이나 공간 조건에서도 다층적이고 풍부한 연출을 가능하게 한다.

전시 공간에서도 홀로그램은 예술가의 작업 과정을 입체적으로 시각화하거나, 역사적 인물을 생생하게 구현해 교육적 깊이를 더하는 방식으로 활용될 수 있다. 관객은 '보는 것'을 넘어 공간 속에서 등장인물과 '마주하고 교감하는 듯한' 경험을 할 수 있게 된다. 특히, 홀로그램은 설치미술, 미디어아트, 스토리텔링 전시와 결합되어 전시의 서사 구조를 입체적이고 감각적으로 구성하는 데 효과적이다.

3D 프린팅으로 현장에서 즉시 제작한다

3D 프린팅 기술은 전통적인 제작 방식보다 시간과 비용을 절감할 수 있으며, 복잡한 형상이나 맞춤형 디자인 구현에도 유리하다. 이러한 장점 덕분에 설치미술, 무대 디자인, 인터랙티브 전시 등 다양한 예술 분야에서 활용도가 높다. 그뿐만 아니라, 3D 프린팅은 MD 상품과 고객 맞춤형 굿즈 제작에도 활용된다. 관객의 취향이나 공연 경험을 반영해 개인화된 제품을 제작할 수 있으며, 공연의 테마나 특정 아티스트의 상징 요소를 기반으로 한 한정판 피규어, 팬 굿즈, 기념 조형물 등을 현장에서 즉시 제작하거나 주문형으로 제공할 수 있다.

로봇으로 관람객과의 경험 밀도를 높인다

입구에 배치된 안내 로봇은 방문객의 동선을 효율적으로 설계하고, 전시 일정, 공연 시작 시간, 화장실이나 카페 등 부대시설의 위치 등 다양한 정보를 제공한다. 다국어 지원 기능이 탑재된 경우, 외국인 관람객도 언어 장벽 없이 편리하게 정보를 얻을 수 있어 접근성과 환대감을 동시에 높일 수 있다.

또한, 도슨트 로봇은 전시관 내부를 자유롭게 이동하며 관람객을 따라다니거나, 지정된 루트에 따라 작품을 소개한다. 음성 안내와 함께 디스플레이 화면이나 투사 장치를 활용해 시각 자료를 제공하거나, 관람객과 대화를 나누듯 작품의 배경과 작가 정보를 친근하게 전달한다. 일부 로봇은 퀴즈, 게임, 미션 수행 기능을 통해 어린이나 청소년 관람객이 능동적으로 전시에 참여하도록 유도하며, 교육적 효과도 기대할 수 있다.

블록체인 기술은 티케팅 과정을 혁신한다

공연장에 도착한 관객은 스마트폰을 이용해 블록체인 티켓의 QR 코드 또는 인증 화면을 제시한다. 이 정보는 공연장의 인증 시스템과 연동되어 실시간으로 블록체인상의 소유 여부를 확인한 후 입장이 허용된다. 블록체인 티켓은 다양한 부가 기능도 함께 제공한다. 공연이 끝난 후 해당 NFT는 디지털 기념품, 한정 콘텐츠 접근 권한, 다음 공연의 선예매 혜택 등으로 활용될 수 있으며, 관객의 디지털 지갑에 계속 보관된다. 이를 통해 관객은 관람객을 넘어 디지털 커뮤니티의 일원으로 연결되는 경험을 한다.

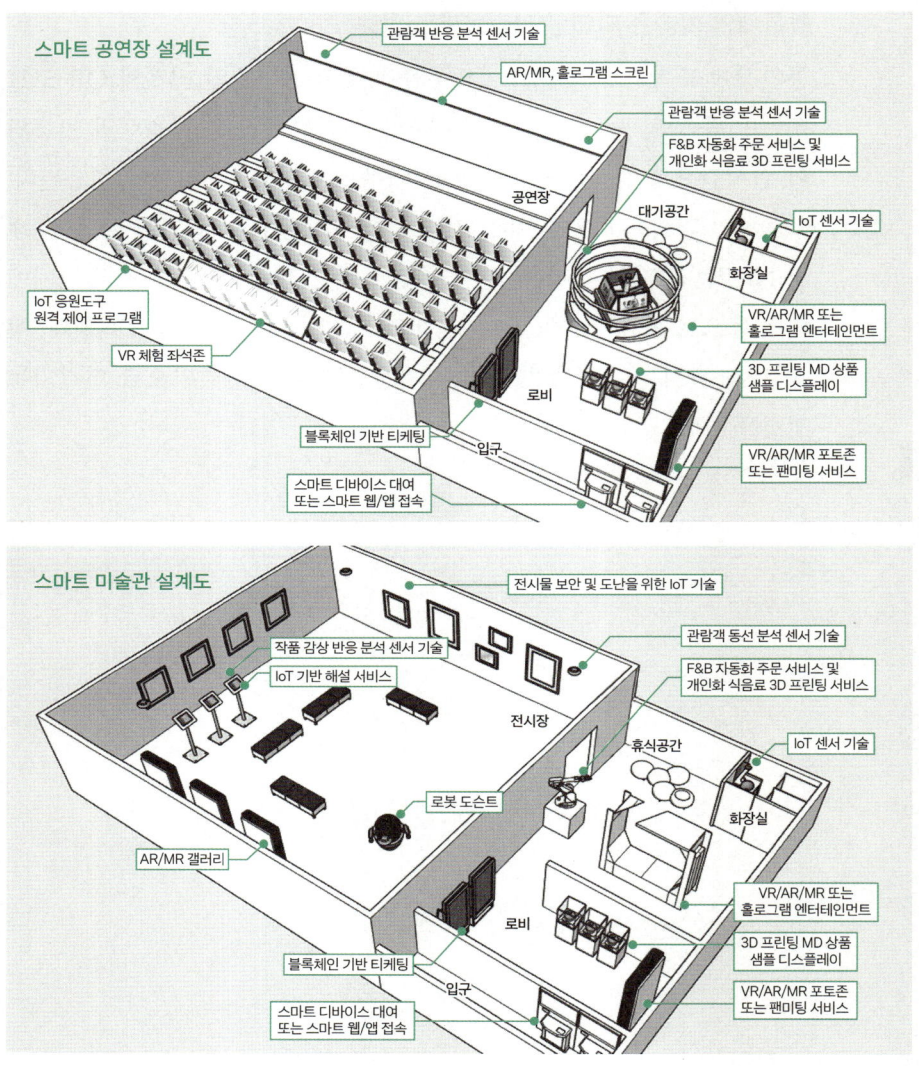

스마트 공간 설계도 예시

* 예술경영지원센터 (2019), 「문화예술 유통·소비 활성화를 위한 4차산업혁명 기술 활용방안 연구」, 문화체육관광부 정책연구보고서.

10장

이머시브 촉진 전략:
Immersive Promotion

"사람들은 당신이 무엇을 하는지가 아니라,
왜 그것을 하는지를 산다."
– 사이먼 사이넥Simon Sinek, 경영 전략가

1. 촉진의 기본 원리
2. 촉진 전략의 변화: 감정과 몰입으로의 확장
3. 이머시브 촉진 전략 도구
4. IMC 실행 방식의 변화
5. 커뮤니케이션 과정과 고객 여정

촉진 전략에서는 고객과의 커뮤니케이션을 넘어, 고객이 브랜드 세계에 깊이 몰입할 수 있도록 하는 이머시브 Immersive 전략을 강화했다. 고객이 언제 어디서나 브랜드를 인지하고 경험할 수 있는 '항상 연결 상태', 즉 무한 접점을 유지함으로써 다양한 순간과 채널에서 브랜드의 가치와 이야기를 다각도로 전달하는 것이다.

1 촉진의 기본 원리

1) 촉진 개념

촉진Promotion은 기업이 고객과 효과적으로 소통하고 제품 또는 서비스의 가치를 전달하여 구매를 유도하는 모든 커뮤니케이션 활동이다. 촉진은 상품의 존재를 알리고 브랜드 인지도를 높이는 동시에, 소비자가 구매를 고려하도록 관심과 동기를 유발하는 역할을 한다.

촉진 전략은 소비자가 제품에 관심을 갖고, 그 가치를 이해하며, 구매를 결정하기까지의 과정을 단계별로 지원하는 커뮤니케이션 계획을 말한다. 제품을 처음 인지하는 순간부터 구매 후 만족도 관리에 이르기까지 고객의 전체 구매 여정에 걸쳐 실행되어야 하며, 이를 통해 브랜드와 고객 사이에 신뢰와 긍정적인 관계를 구축하는 것을 목표로 한다.

한편, 문화예술 분야에서의 촉진 전략은 상업적 제품 판매와 달리, 예술적 가치와 메시지를 관객에게 전달하고 공감과 참여를 이끌어내는 커뮤니케이션 활동을 중심으로 한다. 공연, 전시, 영화 등은 감성적·사회적 의미를 내포하고 있기 때문에 촉진 전략 역시 정보 전달과 함께 예술이 지닌 상징성과 감동을 효과적으로 전달하는 데 중점을 둔다. 이는 관객의 감정과 경험을 자극하고, 참여를 유도하며, 예술적 감수성을 높이는 역할을 한다.

2) 촉진과 마케팅 믹스 관계

촉진 전략은 마케팅 믹스의 다른 요소인 상품, 가격, 유통 전략과 긴밀하게 연계되어 실행되며, 고객의 관심을 유도하고 행동으로 이어지도록 한다. 상품 전략은 촉진 활동의 중심축으로, 촉진 전략은 작품이 지닌 고유한 메시지와 미학적·사회적 가치를 관객에게 효과적으로 전달함으로써 감동과 공감, 참여 욕구를 자극하는 역할을 한다. 이때 촉진 메시지는 작품의 목표 관객층, 예술 장르의 특성, 그리고 기관 또는 작가의 브랜드 정체성을 반영해야 한다.

가격 전략 역시 촉진 전략의 방향성에 중요한 영향을 미친다. 고가의 티켓을 판매하는 공연이나 전시의 경우, 예술의 품격, 프리미엄 경험, 한정성 등을 강조할 수 있으며, 무료 혹은 저렴한 가격대의 콘텐츠는 '누구나 쉽게 누릴 수 있는 문화 경험', '일상 속 예술' 같은 메시지를 강조할 수 있다. 또한, 조기 예매 할인, 패키지 티켓, 1+1 이벤트 같은 가격 기반 판매촉진 전략은 단기적인 관객 유입과 매출 증대에 효과적이며, 특히 특정 시기나 타깃 관객층의 집중적인 참여 유도에 자주 활용된다.

유통 전략과의 연계도 중요하다. 작품이 관객에게 전달되는 경로가 오프라인 중심인지, 온라인 중심인지에 따라 촉진 전략은 달라져야 한다. 공연장, 미술관, 박물관 등의 오프라인 공간을 중심으로 할 경우, 현장 이벤트, 관람 후 포토존, 아티스트와의 만남, 체험형 부스 같은 현장 기반 참여형 촉진 활동이 효과적이다. 반면, 온라인 스트리밍 공연, 디지털 전시, 메타버스 기반 전시 등의 비대면 유통 경로에서는 소셜미디어 콘텐츠, 인플루언서 마케팅, 관람 인증 이벤트, 온라인 후기를 활용한 입소문 유도가 주로 이루어진다.

    촉진 활동은 이러한 마케팅 믹스 요소들과 서로 조화를 이루며 작동할 때 더 큰 설득력을 가지며, 관객과의 지속적인 관계 형성으로 이어질 수 있다.

3) 촉진 전략의 4대 도구

대표적인 촉진 전략의 4대 도구로는 광고Advertising, 홍보Public Relations, PR, 판매촉진Sales promotion, 인적판매Personal selling가 있다. 문화예술 분야에서도 이 4가지 요소는 관객과의 접점을 확장하고, 작품에 대한 관심을 유도하며, 실제 관람으로 이어지게 하는 데 중요한 역할을 한다.

    먼저, 광고는 공연이나 전시 정보를 대중에게 널리 알리는 가장 직접적인 수단이다. 전통적인 TV, 라디오, 인쇄물 그리고 최근에는 유튜브, 인스타그램, 페이스북 등 디지털 매체를 활용한 타깃 광고가 활발하게 이루어지고 있다. 광고는 작품의 콘셉트와 감성을 공감각으로 전달할 수 있어 관객의 감정에 호소하는 데 효과적이다.

    홍보는 문화예술 기관이나 아티스트가 언론 보도, 인터뷰, 사회공헌 활동 등을 통해 브랜드 이미지와 공공성, 신뢰를 형성하는 수단이다. 사회적 메시지를 담은 전시 기획, 지역사회와 연계한 예술 프로그램 운영, 언론 보도를 통한 작가 소개 등이 그 예이다. 홍보는 제3자의 관점에서 메시지를 전달한다는 점에서 소비자의 신뢰도를 높일 수 있다.

    판매촉진은 관객의 구매 행동을 직접적으로 자극하는 단기적인 전략이다. 조기 예매 할인, 시즌 패키지, 친구 초대권 제공, 굿즈 증정, SNS 인증 이벤트 등은 공연이나 전시 관람을 유도하는 대표적인 판촉 방법이다. 단기 매출 증가에 효과적인 도구이지만, 반복적으로 사용하면 브

촉진전략 도구와 문화예술 분야 적용

촉진 도구	대표적인 기법	문화예술 분야 적용 예
광고	ATL* 매체(방송, 라디오, 잡지, 신문 등), 디지털 매체, 우편, 포스터, 전단, 옥외게시판, 현장 디스플레이, 상징과 로고 등	전시회, 공연, 영화 등을 홍보하기 위해 TV, 라디오, 인쇄물, 디지털 광고 플랫폼을 통해 대중에게 노출
홍보	보도자료, 출판물, 미디어 간담회와 인터뷰, 연설/세미나, 제휴/협찬, 연례 운영보고서, 지역사회 관계, 로비 등	긍정적인 평판과 인식 제고를 위해 문화적 행사 및 작품 관련 보도자료 배포, 미디어 협업
판매촉진	이벤트 기반 할인, 프로모션 코드, 쿠폰 제공, VIP 패키지 판매, 견본품과 선물 등의 혜택, 할부판매나 교환 혜택 등	입장권 할인, 조기 예약 할인, 상품 묶음 판매 같은 전략으로 관람객 유치
인적판매	도슨트 투어, 아티스트와의 Q&A 세션, 체험형 워크숍, 판매 시연, 전화판매, 경매, 인센티브 프로그램 등	전시 가이드, 큐레이터와의 대화, 워크숍 등을 통해 직접적인 관객 참여와 소통 강화

랜드 가치가 저하될 위험도 존재하므로 조심해야 한다.

마지막으로 인적판매는 문화예술기관의 상담 직원, 예매처 직원, 또는 감독과의 대화 등 관객과 직접 소통하며 티켓 구매를 유도하는 방식이다. 관객과의 대화, 전시 도슨트 투어 등은 작품에 대한 공감을 형성하고 관객과의 관계를 형성하는 데 효과적이다. 또한, 고액 후원자나 VIP 관객을 대상으로 하는 맞춤형 응대나 일대일 마케팅도 인적판매의 일환으로 활용된다.

---

*   ATL Above the Line은 TV, 라디오, 신문, 잡지 등 대중매체를 활용한 광범위한 광고 활동이다. 반면, BTL Below the Line은 ATL을 제외한 모든 활동을 포괄하며, 이벤트, 프로모션, 전시, 체험 마케팅 등 직접적이고 타깃 중심의 마케팅 활동이다.

2   촉진 전략의 변화: 감정과 몰입으로의 확장

1) 초기 촉진 전략에서 커뮤니케이션 전략으로의 전환

전통적인 촉진 전략은 제품 설명 중심의 메시지를 전달하고, 4대 ATL 도구를 활용해 소비자의 구매 결정을 빠르게 유도하여 단기간 내 매출을 증대시키는 것을 목표로 했다. 그러나 시장 환경이 복잡해지고 소비자의 정보 수용 방식과 기대가 변화함에 따라 촉진 전략은 점차 관계 중심의 커뮤니케이션Communication 전략으로 전환되기 시작했다. 이는 소비자 자체가 단순히 정보를 수동적으로 받아들이는 존재에서 벗어나, 브랜드와 상호작용하고 감정적으로 연결되기를 원하는 능동적 주체로 변화했기 때문이다. 이에 따라 기업은 고객과의 지속적인 소통과 신뢰 구축을 바탕으로, 쌍방향 소통을 통해 관계를 형성하고 참여를 유도하는 방식으로 전략의 초점을 이동시켰다.

2) '이머시브 Immersive' 성격이 강해진 촉진 전략

소셜미디어가 일상화되고 코로나19 팬데믹으로 비대면 소통이 크게 확산하면서, 고객은 언제 어디서나 실시간 상호작용이 가능하고 개인화된 경험을 제공받기를 기대하게 되었다. 이에 따라 촉진 전략에서는 커뮤니케이션을 넘어 '이머시브' 특성을 강화했다. 이머시브 Immersive 는 '몰입적인', '빠져들게 하는'이라는 의미로, 특정 경험이 사용자를 완전히 둘러싸서 현실과 구분하기 어려울 정도로 깊이 몰입하도록 하는 것을 의미한다. 즉, 고객이 브랜드나 콘텐츠와 상호작용하며 감각적으로 경험하는 방식으로 기억에 남는 강렬한 인상을 제공하고, 감정적 유대감을 형성하는 것이다.

    이머시브 촉진 전략은 브랜드가 고객의 일상 곳곳에서 다각도로 체험되고 상호작용되도록 설계하는 것으로, 언제 어디서나 원할 때 직접 참여하고 브랜드 가치를 오감으로 느끼게 하는 데 중점을 둔다. 이를 위해 온·오프라인을 넘나드는 이벤트, 몰입형 디지털 콘텐츠, 실시간 초개인화된 맞춤 정보 제공 등을 적극적으로 도입한다. 핵심은 고객이 언제 어디서나 브랜드를 인지하고 경험할 수 있는 '항상 연결 상태', 즉 무한 접점 Infinte touchpoints 을 유지함으로써 다양한 접점에서 브랜드 가치와 이야기를 다각도로 전달하는 것이다. 이를 통해 고객은 필요한 순간에 자연스럽게 브랜드를 떠올리고, 즉각적으로 소통할 수 있는 환경에 놓이게 되며, 기업은 고객과의 정서적 유대감을 한층 더 공고히 하는 계기를 마련하게 된다.

3) 이머시브 촉진 전략의 특징

니즈를 앞서 읽고 고객을 끌어들인다

이머시브 촉진 전략은 소비자와의 몰입형 경험을 위해 설계된 커뮤니케이션 방식을 의미한다. 이 전략의 첫 번째 특징은 소비자가 필요를 인식하기 전에 미리 니즈를 파악하고 충족시켜주는 사전적 프로모션이다. 이는 주로 데이터 기반의 예측 분석과 개인화된 메시지를 통해 구현된다. 고객이 아직 구매 의사를 갖기 전 단계에서 자연스럽게 브랜드에 노출되도록 하므로 신규 고객을 유입시키는 데 효과적이다. 이러한 방식은 '예방적 마케팅 Anticipatory marketing' 또는 '프리액티브 마케팅 Preactive marketing'이라고도 불리며, 잠재고객의 행동 패턴을 기반으로 선제적인 브랜드 경험을 제공한다.

실시간 맥락을 읽고 고객 충성도를 지킨다

두 번째 특징은 실시간 상황과 맥락에 맞는 반응형 프로모션이다. 이는 고객의 현재 위치, 행동, 구매 이력 등 다양한 데이터를 실시간으로 분석해 가장 적절한 순간에 맞춤형 메시지를 제공함으로써 이루어진다. 이러한 접근은 고객의 참여를 유지하고 브랜드에 대한 충성도를 강화하는 데 효과적이며, '컨텍스트 기반 마케팅 Contextual marketing' 또는 '모멘트 마케팅 Moment marketing'으로도 불린다. 이를 통해 기존 고객의 재방문과 반복 구매를 유도할 수 있다.

감정을 읽고 공감으로 관계를 이어간다

세 번째 특징은 소비자의 감정을 이해하고 이에 공감해주는 감성 중심의 프로모션이다. 이는 고객의 가치관과 정서적 경험에 기반하여 브랜드와 정서적 연결을 형성하고 신뢰를 구축하는 데 중점을 둔다. 감성 분

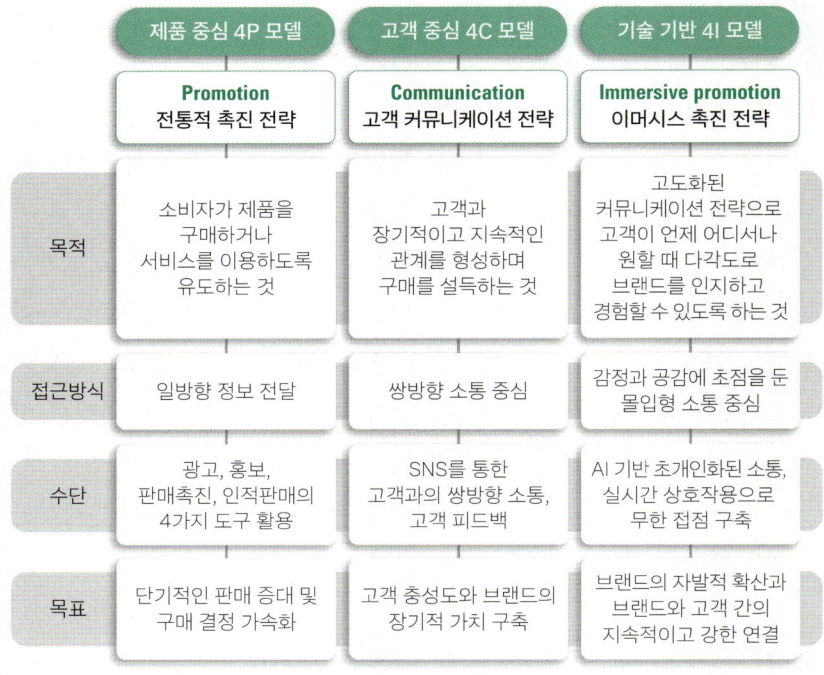

문화예술 촉진 전략의 변화

석, 스토리텔링 콘텐츠, 참여형 캠페인 등을 통해 고객과의 관계를 더욱 깊이 있게 확장하며, 교차 구매나 상향 구매를 유도하는 데 효과적이다. 이러한 전략은 '감성 마케팅Emotional marketing' 또는 '공감 마케팅Empatic marketing'으로 정의되며, 고객을 단순한 구매자로 보지 않고 브랜드의 동반자로 인식하는 데 초점을 맞춘다.

3 이머시브 촉진 전략 도구

전통적인 미디어 환경에서 사용되던 4대 촉진 도구는 디지털 환경으로의 전환과 함께 그 영향력이 약화되었고, 대신 온라인과 소셜미디어 도구의 중요성이 크게 부각되었다. 이로 인해 다양한 형태의 커뮤니케이션 중심 도구들이 등장했다. AI 시대에는 이러한 커뮤니케이션 도구들이 AI 기술을 기반으로 한층 더 업그레이드되었다. AI 기반 도구들은 소비자의 행동 패턴과 관심사를 실시간으로 분석하여 개인화된 메시지를 제공하고, 더욱 정교한 맞춤형 촉진과 몰입형(이머시브) 경험까지 가능하게 만들었다.

촉진 전략 도구 비교

전통적인 촉진 전략 도구	커뮤니케이션 전략 도구	이머시브 촉진 전략 도구
소비자에게 '보여주기' 위한 도구들	소비자와 '소통'하는 데 쓰이는 도구들	고객이 '경험하고 몰입'하게 하는 데 쓰이는 도구들
- 광고 - 홍보 - 판매촉진 - 인적판매 등	- 광고 커뮤니케이션 - 홍보 커뮤니케이션 - 직접 커뮤니케이션 - 디지털 마케팅 - 모바일 마케팅 - 스토리텔링 마케팅 - 콘텐츠 마케팅 - 이벤트 및 스폰서십 등	- 빅데이터 분석 도구 - 자동화 콘텐츠 생성 기술 - 개인화 체험 마케팅 - VR/AR 기술 - 메타버스 플랫폼 - 인터랙티브 디지털 콘텐츠 - 소셜미디어 관리 도구 - 챗봇과 가상비서 - 음성 검색 최적화 기술 - 위치 기반 마케팅 - 근접 마케팅 - IoT 기반 마케팅 등

1) 데이터 기반 개인화 및 자동화 도구

디지털 환경에서는 소비자 데이터를 실시간으로 분석하고, 이를 바탕으로 맞춤형 콘텐츠와 메시지를 자동으로 생성·제공하는 기술이 핵심이다. 빅데이터 분석 도구는 사용자의 이력과 온라인 행동 패턴 등 방대한 정보를 추적하여 개인의 특성과 니즈를 정교하게 파악한다. 자동화 콘텐츠 생성 기술은 자연어 생성NLG 기반의 알고리즘을 활용해 이메일, 블로그 게시물, 소셜미디어 콘텐츠 등 다양한 디지털 채널에 맞춘 맞춤형 콘텐츠를 자동으로 제작한다. 이를 통해 고도로 타기팅된 체험 중심의 마케팅이 가능해지며, 개별 소비자에게 최적화된 촉진 전략을 효과적으로 전개할 수 있다.

2) 감각 자극 및 정서 연결 강화 도구

마케터는 소비자의 감각을 활용해 브랜드 몰입과 정서적 연결을 강화하기 위해 여러 도구를 활용할 수 있다. VR과 AR은 현실을 초월한 시뮬레이션을 통해 제품이나 서비스를 생동감 있게 접할 수 있도록 하며, 메타버스는 가상환경 속에서 자연스러운 탐색과 교류를 가능하게 한다. 인터랙티브 디지털 매체는 사용자가 콘텐츠 속에서 직접 행동하거나 선택하며 경험을 만들어간다. 이러한 기술들은 소비자의 참여도를 높이고, 브랜드에 대한 기억과 감정적 반응을 더욱 깊게 각인시키는 효과를 지닌다.

3) 소셜 및 커뮤니티 연동 도구

디지털 환경에서 소셜 및 커뮤니티 연동 도구는 소비자와의 실시간 소통을 강화하고, 참여와 공감, 자발적 확산을 통해 브랜드와의 관계 형성을 높이는 역할을 한다. 소셜미디어 관리 도구는 여러 플랫폼에서 콘텐츠 운영, 사용자 반응 분석, 고객 응대를 통합적으로 관리할 수 있도록 지원한다. 챗봇과 가상비서는 소비자의 문의나 요청에 24시간 즉시 대응하며, 맞춤형 해결책을 제공한다. 특히 최근에는 스마트폰과 스마트 스피커의 확산으로 음성 검색 활용이 급격히 늘어나면서, 음성 검색 최적화 기술이 주목받고 있다. 이 기술은 소비자의 음성 명령을 AI가 분석해 의도를 파악하고, 브랜드 콘텐츠를 음성 기반 검색 환경에 맞게 조정·최적화한다.

4) 현실 공간 기반 마케팅 도구

공간 기반 기술을 활용한 마케팅 도구들은 소비자의 위치나 이동 동선에 따라 맞춤형 메시지를 제공해 실제 구매 행동이나 매장 방문을 유도하는 데 효과적이다. 위치 기반 마케팅은 사용자가 특정 지역에 접근했을 때 타이밍에 맞춘 정보나 혜택을 제공하고, 근접 마케팅은 비콘Beacon 등 근거리 무선통신 기술을 활용하여 매장 내에서도 정밀한 타기팅을 실행한다. 사물인터넷IoT 기반 마케팅은 스마트 디바이스와 물리적 환경을 연결해 소비자에게 더 높은 수준의 편의성과 실시간 반응 서비스를 제공한다. 이러한 기술들은 오프라인 공간과 디지털 커뮤니케이션을 결합한 마케팅을 가능하게 한다.

4   IMC 실행 방식의 변화

1) IMC의 기본 개념과 경험으로의 확장

통합 마케팅 커뮤니케이션Integrated Marketing Communications, IMC이란 기업이나 브랜드가 다양한 마케팅 채널과 커뮤니케이션 수단을 유기적으로 통합하여 소비자에게 일관된 메시지를 전달함으로써 브랜드 가치를 지속적으로 강화하는 전략이다. IMC는 여러 채널을 나열하는 것이 아니라, 목표고객에게 맞춘 전략적 커뮤니케이션을 통해 강력한 시너지 효과를 창출하는 통합적 접근 방식이다.

    문화예술 분야에서의 IMC는 문화예술 상품이 지닌 특성으로 인해 관객의 감정적 몰입과 직접적인 상호작용을 중시하는 '경험 기반 IMCExperiential IMC, EIMC'로 확장되었다. EIMC는 IMC에 더해 소비자가 직접 보고 느끼고 참여함으로써 브랜드 메시지에 더 깊이 공감하도록 돕는 커뮤니케이션까지 포괄하는 개념이다. 이러한 변화는 다양한 혁신 기술의 발전과 함께 가속화되었다.

IMC 개념 시각화*

2) AI와 IMC의 만남

AI 기술은 초개인화 마케팅을 가능하게 하여 개별 소비자에게 실시간 상황에 맞는 다양한 형태의 맞춤형 메시지를 전달하거나, 소비자와의 쌍방향 의사소통을 통해 유연하게 메시지를 주고받을 수 있도록 한다. 이러한 변화는 자칫 IMC의 핵심 개념인 '통합'을 흔드는 것으로 보일 수 있다.

* Not Just Marketing (2016), "Integrated Marketing Communication" 기사의 그림 발췌.

물론, IMC의 전통적인 개념인 '통합'만으로는 급변하는 마케팅 환경을 온전히 설명하기에는 한계가 있다. 그러나 중요한 점은 메시지가 실시간으로 달라지더라도 브랜드의 핵심 가치와 철학이라는 큰 틀을 중심에 두고, 각 소비자와의 접점에 따라 메시지를 유연하게 조율해나가는 것이다.

AI 시대의 IMC 개념은 다음과 같이 비유하면 더욱 쉽게 이해할 수 있다. 전통적인 IMC는 마치 하나의 악보를 중심으로 모든 연주자가 정해진 대로 똑같이 연주하는 군악대의 행진곡과 같다. 각각의 연주자가 각자의 파트를 맡아 정확하고 질서정연하게 하나의 곡을 완성한다. 이처럼 기존 IMC는 브랜드가 소비자에게 언제, 어디서, 누구를 통해 전달되든 간에 동일한 메시지를 일관되게 반복적으로 전달하는 데 중점을 뒀다.

반면, AI 기술이 접목된 오늘날의 IMC는 즉흥성과 조화를 겸비한 오케스트라 연주에 가깝다. 브랜드는 지휘자로서 중심 주제와 방향을 제시하고, 각 채널은 상황과 소비자에 맞춰 메시지를 유연하게 조율하는 각 악기 파트가 된다. 메시지는 다르게 전달되더라도 궁극적으로 하나의 조화로운 브랜드 교향곡을 완성하는 것이다.

5 커뮤니케이션 과정과 고객 여정

고객과의 관계를 설계할 때 커뮤니케이션 과정과 고객 여정을 이해하는 것이 중요하다. 이 두 이론이 각각 고객의 심리적 변화와 실제 경험 흐름을 구조적으로 이해하고 관리할 수 있도록 돕기 때문이다.

커뮤니케이션 과정 모형은 고객이 브랜드 메시지를 인지하고 관심을 가지며 행동으로 이어지는 일련의 내적 변화를 설명한다. 이 과정은 시간의 흐름을 따라 전개되며, 종적 Vertical 관점에서 고객의 심리적 전환 단계를 파악하고 설계하는 데 유용하다. 반면, 고객 여정은 고객이 브랜드와 상호작용하는 다양한 접점을 중심으로 구성된다. 이는 시간적 순서보다는 공간적 분포에 초점을 맞추며, 접점 간의 연결성과 일관성에 기반한 횡적 Horizontal 흐름을 따른다. 이러한 접근은 고객 경험 전반을 유기적으로 조망하고 관리할 수 있게 해준다.

마케터는 이 두 모델을 함께 고려함으로써 고객의 인식 속에서 일어나는 변화와 실제 행동 및 경험을 동시에 포착할 수 있다.

1) 마케팅 커뮤니케이션 과정

전통 모델인 AIDA와 디지털 대응 모델 5A

AIDA 모델은 미국의 광고 전문가 엘모 루이스E. St. Elmo Lewis가 1898년 개발한 전통적인 마케팅 이론으로, 소비자가 제품이나 서비스를 구매하기까지의 심리적 과정을 네 단계로 설명한다. AIDA는 주의Attention, 관심Interest, 욕구Desire, 행동Action으로 구성되며, 고객이 브랜드를 인지하고 흥미를 느낀 뒤, 구매 욕구를 형성하고 최종적으로 행동으로 이어지는 전형적인 소비자 여정을 나타낸다. 이 모델은 명확하고 단순한 구조 덕분에 오랜 시간 동안 광고와 판매 전략의 핵심 틀로 활용되어왔다.

이후 디지털 시대가 도래하면서, 이를 더욱 현실적으로 반영하기 위해 필립 코틀러는 2017년 5A 모델을 제시했다. 5A는 인지Awareness, 매력Appeal, 문의Ask, 행동Act, 옹호Advocate의 다섯 단계로 이루어져 있다. 고객은 광고, 소셜미디어, 인플루언서 마케팅, 입소문 등을 통해 브랜드를 인지하고, 스토리텔링이나 차별화된 메시지를 통해 매력을 느낀다. 이후 검색, 리뷰, 기업 콘텐츠 등을 통해 제품 정보를 탐색하는 문의 단계로 이어지며, 충분한 정보를 바탕으로 구매가 이루어진다. 만족한 고

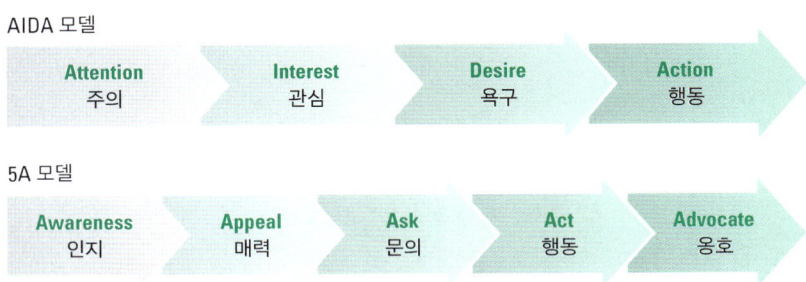

AIDA 모델과 5A 모델

객은 자발적으로 브랜드를 추천하는 옹호 단계에 이르게 되고, 이 마지막 단계는 고객이 브랜드 가치를 확산하는 주체로서 중요한 역할을 한다는 점에서 디지털 시대의 소비자 행동을 잘 반영하고 있다.

순환적인 고객 여정을 이해하는 CDJ 모델

CDJ Customer Decision Journey 모델은 소비자의 구매 결정 과정이 복잡하고 비선형적인 여정임을 강조한다. 기존의 AIDA나 5A 모델은 선형적이고 단계적인 흐름을 설명하는 반면, CDJ 모델은 소비자의 여정이 반복적이고 순환적으로 이루어질 수 있음을 보여준다.

이 모델은 고려Consideration, 평가Evaluation, 구매Purchase, 재구매 또는 충성도Post-purchase/loyalty의 네 단계로 구성된다. 소비자는 먼저 특정 브

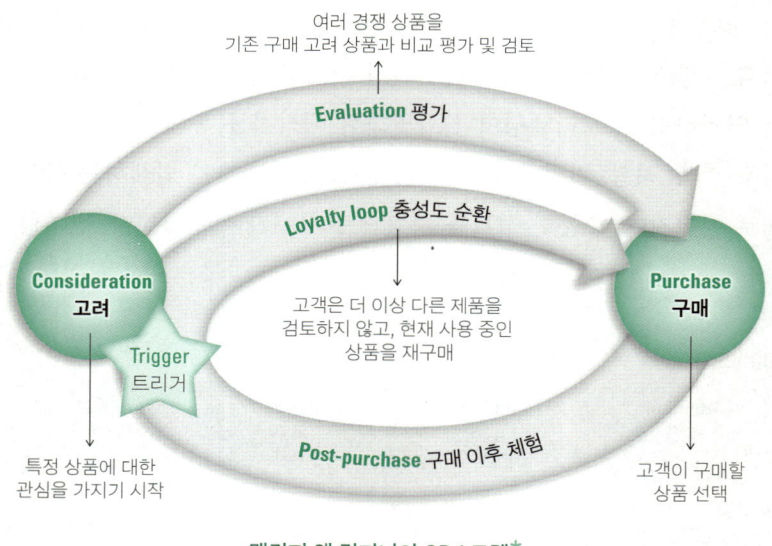

맥킨지 앤 컴퍼니의 CDJ 모델*

* David Court, D. 외 (2009), "The consumer decision journey", McKinsey Quarterly 기사의 그림 재구성.

랜드에 관심을 갖고, 다양한 정보를 바탕으로 브랜드를 비교·평가한 뒤 구매를 결정한다. 이후 브랜드 경험을 바탕으로 재구매하거나 이탈 여부를 결정하는 충성도 단계로 이어진다.

이 모델의 핵심은 소비자의 여정이 반복될 수 있다는 점이다. 고려 단계에서 인식한 브랜드가 평가 단계에서 제외되거나, 구매 이후의 경험에 따라 충성 고객으로 전환되기도 하고 반대로 이탈하기도 한다. 또한, 소비자는 브랜드와의 상호작용을 통해 새로운 정보를 계속 접하면서 여정을 다시 시작할 수 있다. 이러한 순환 구조는 고객의 행동이 고정된 경로를 따르지 않으며, 다양한 접점에서의 경험이 구매 결정에 지속적인 영향을 미친다는 것을 의미한다.

프로모션 성과를 측정할 수 있는 RACE 모델

RACE 모델은 2010년 영국의 디지털 마케팅 전문가 데이브 채피Dave Chaffey가 제안한 개념이다. 고객 여정을 네 단계로 구분하고, 각 단계에 맞는 성과지표Key Performance Indicator, KPI를 설정함으로써 마케팅 활동을 체계적으로 관리하고 성과를 효과적으로 측정할 수 있도록 한다.

RACE는 도달Reach, 행동Act, 전환Convert, 유지Engage의 네 단계로 구성된다. 도달 단계는 브랜드를 처음 접한 고객에게 인지도를 높이는 과정으로, 방문자 수, 클릭률, 노출 수 등의 지표로 측정한다. 행동 단계는 고객이 웹사이트 방문이나 콘텐츠 열람을 통해 관심을 보이는 시점으로, 페이지 조회 수, 체류 시간 등을 활용해 참여도를 평가한다. 전환 단계는 구매나 가입 등 구체적인 행동으로 이어지는 단계이며, 전환율이나 매출 등의 수치로 성과를 분석한다. 유지 단계는 전환된 고객이 브랜드와 관계를 유지하며 재구매하거나 추천하는 단계로, 재구매율, 이탈률, 고객 평점 등이 주요 지표로 사용된다.

AI 시대는 이러한 성과지표 관리를 더욱 효율적으로 만들어주고 있

RACE의 단계별 특징

구분	도달 Reach	행동 Act	전환 Convert	유지 Engage
목표	브랜드가 잠재고객에게 도달하고 인지도를 높임	고객이 브랜드와 적극적으로 상호작용하도록 유도	고객이 행동에서 실제 구매로 전환하도록 유도	기존 고객과의 관계를 유지하며 충성도 강화
활동	SEO*, 소셜미디어 마케팅, 디스플레이 광고, 콘텐츠 마케팅	웹사이트 탐색, 콘텐츠 읽기, 댓글 작성, 이메일 구독	구매, 예약, 가입, 상담 신청 등	개인화된 이메일, 리워드 프로그램, 맞춤형 콘텐츠 제공
활동 예	고객의 행동 데이터를 분석해 광고 타기팅 및 도달 범위 확대	실시간 추천 및 고객 요구에 맞춘 개인화된 상호작용 제공	구매 가능성을 예측하고 개인화된 프로모션으로 전환율 극대화	후속 메시지와 리워드 프로그램 제공, 피드백 분석을 통한 서비스 개선
성과 지표	웹사이트 방문자 수, 클릭 수, 노출 수 등	페이지뷰, 체류 시간, 클릭률 등	전환율, 구매 건수, 평균 거래 금액 등	재구매율, 고객 평점, 추천 고객 수 등

다. AI는 방대한 데이터를 빠르게 분석하여 단계별 KPI를 자동으로 수집하고 시각화할 수 있으며, 이상 징후나 성과 저하 요인을 실시간으로 탐지해 즉각적인 대응을 가능하게 한다. 이를 통해 고객의 행동 패턴에 맞춰 맞춤형 캠페인을 자동으로 실행하는 등 마케팅의 자동화와 개인화를 동시에 실현할 수 있다.*

---

* SEO Search Engine Optimization 는 웹사이트와 콘텐츠를 검색엔진에 최적화하여 검색 결과 상위에 노출되도록 하는 디지털 마케팅 전략이다.

2) 고객 여정 단계 및 관리

고객 여정과 고객 여정 지도

고객 여정Customer journey이란 고객이 특정 브랜드나 제품을 처음 인지한 순간부터 구매, 사용, 사후 경험, 재구매 또는 추천에 이르기까지 경험하는 전 과정을 의미한다. 고객 여정 관리란 이러한 고객 여정을 체계적으로 분석하고 설계하며, 각 단계에서 고객에게 제공되는 경험을 일관되고 긍정적으로 유지할 수 있도록 전략적으로 운영하는 활동을 말한다. 이는 고객 중심의 사고방식을 바탕으로 마케팅, 세일즈, 고객 서비스 등 다양한 부서가 긴밀하게 협력하도록 조율하는 과정이며, 데이터를 기반으로 경험을 설계하고 이를 지속적으로 개선해나가는 과정이기도 하다.

고객 여정에서 널리 사용되는 프레임워크는 고객 여정 지도Customer Journey Mapping, CJM이다. CJM은 이론이라기보다는 방법론적 도구에 가깝지만, 고객이 브랜드와 접하는 모든 단계와 접점을 시각화하는 데 활용된다. 특히 고객의 이동 경로를 따라 고객의 생각, 감정, 동기, 불편 요소 등을 함께 분석함으로써 여정 전반에 걸친 각 단계의 강점과 약점을 진단할 수 있다.

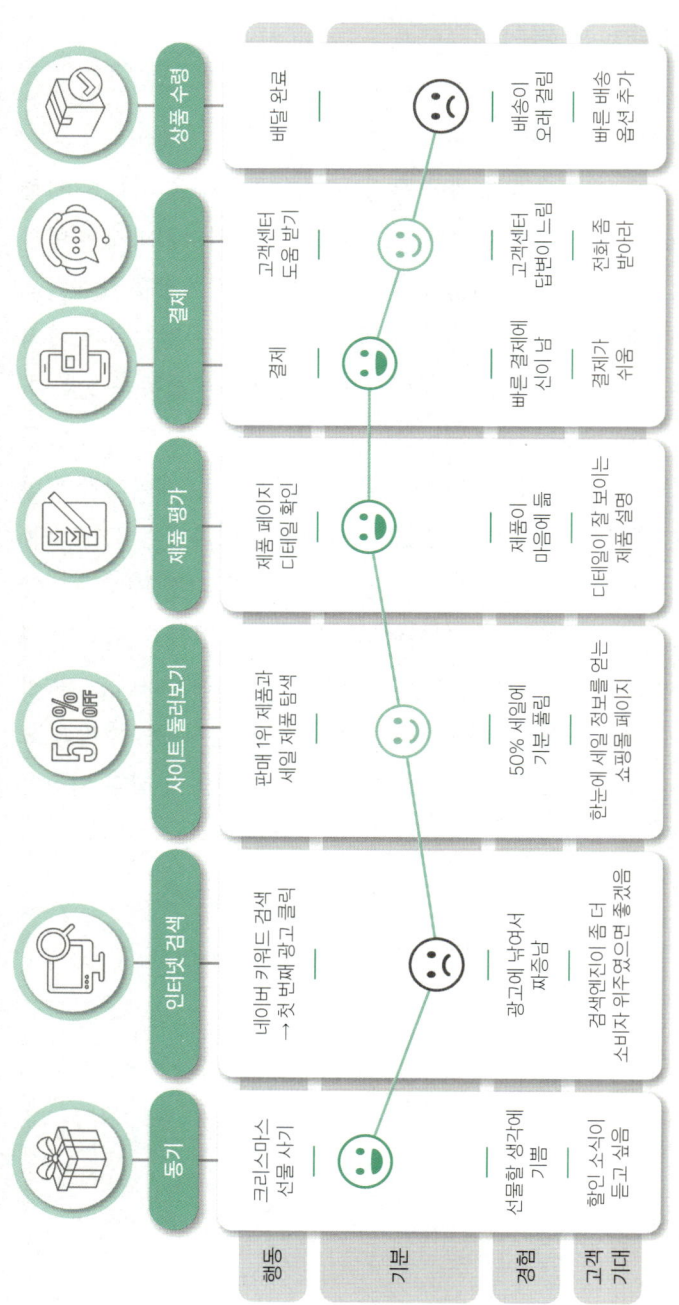

실제 마인드맵 서비스 기업의 고객 여정 지도 프레임워크*

* Edraw Software 웹페이지(https://www.edrawsoft.com/kr/)의 "고객 여정 지도 쉽게 그리는 방법?" 그림 발췌 및 재구성.

3부. 새로운 마케팅믹스 프레임워크: Next 4I

문화예술 분야에서의 고객 여정

문화예술 분야의 고객 여정 단계는 공연 및 전시 관람 과정에서 소비자가 예술 콘텐츠를 접하고, 구매하고, 관람한 이후의 경험까지 포함하는 과정으로 구성된다. 해당 단계는 크게 구매 전 단계, 구매 단계, 구매 후 단계로 나눌 수 있다.

구매 전 단계는 '인지'와 '탐색'으로 구성된다. 소비자는 공연 및 전시 정보를 발견하고 이를 인지하는 과정에서 온라인 검색, 지인 추천 등을 통해 정보를 탐색한다. 이 과정에서 소비자의 관심을 유도하기 위해 빅데이터 기반의 개인 맞춤형 추천 서비스가 활용될 수 있다.

구매 단계는 '결제', '이동', '대기', '관람'으로 이루어진다. 소비자는 공연 및 전시 티켓을 구매한 후 이동 수단을 결정하고, 현장에 도착하여 입장 대기 과정을 거친다. 이후 공연 및 전시를 관람하는 단계에 진입한다. 이 과정에서는 모바일 티케팅, 위치 기반 서비스, 실시간 교통 정보 제공, VR/AR을 활용한 대기 공간 체험 등의 기술이 적용될 수 있다.

구매 후 단계는 '퇴장', '구전', '참여'로 나뉜다. 소비자는 공연 및 전시 관람 후 퇴장하며, 온라인 및 오프라인을 통해 감상 후기를 공유하거나 다른 소비자에게 추천하는 구전 과정을 거친다. 또한, 추가적인 참여 활동으로 온라인 스트리밍, 관련 상품 구매 등 2차로 콘텐츠를 소비할 수 있다. 공급자는 이 단계에서 관람객의 후기를 빅데이터로 분석하여 향후 마케팅 및 서비스 개선에 활용할 수 있다.

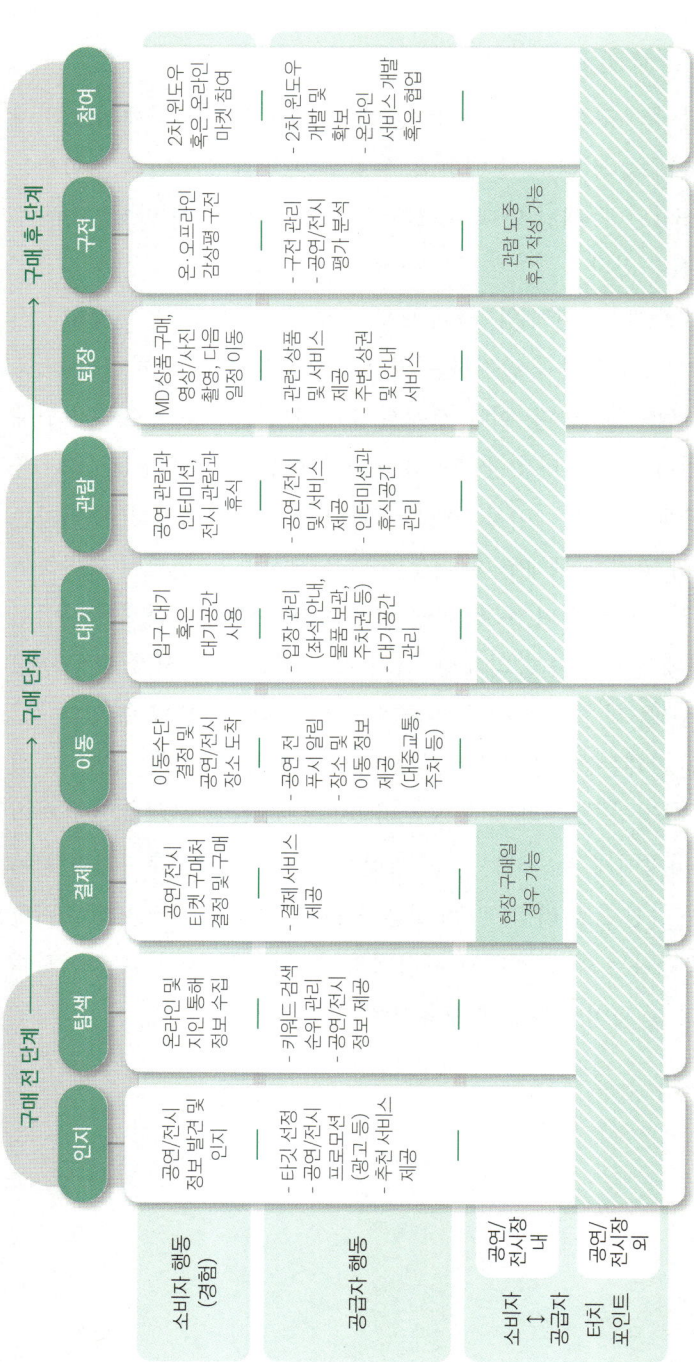

공연/전시 관람 고객 여정 단계*

* 예술경영지원센터 (2019), 「문화예술 유통·소비 활성화를 위한 4차산업혁명 기술 활용방안 연구」, 문화체육관광부 정책연구보고서 그림 발췌 및 재구성.

4부

마케팅 리서치와 미래 대비 전략

4부. 마케팅 리서치와 미래 대비 전략

11장 마케팅 리서치 혁신

"데이터가 의견을 이긴다."
– 세스 고딘Seth Godin, 마케팅 전략가

1. 마케팅 리서치의 변화: 설문에서 프로그래밍으로
2. 리서치 기반 문화예술 위기관리
3. 리서치 기반 문화예술 재원 확보
4. AI 시대의 리서치 무기, 프롬프트

오늘날의 마케팅 리서치는 다양한 데이터 소스를 통해 방대한 양의 정보를 실시간으로 수집·분석할 수 있는 환경에 놓여 있다. 특히, 웹사이트와 모바일 애플리케이션의 사용 기록, 소셜미디어, IoT 기기와 센서 등에서 생성되는 텍스트·이미지·영상 같은 비정형 데이터를 AI 기술이 빠르고 정교하게 처리하고 있다.

1 마케팅 리서치의 변화: 설문에서 프로그래밍으로

성공적인 마케팅 전략의 기반에는 탄탄한 마케팅 리서치가 있다. 하지만 최근에는 기술이 빠르게 발전하면서 시장 변화와 소비자 반응도 훨씬 더 짧은 주기와 다양한 규모로 일어나고 있다. 이제는 과거처럼 긴 시간과 큰 비용을 들여 조사하는 방식으로는 실질적인 인사이트를 얻기 어렵다.

이러한 환경에서는 AI와 빅데이터 분석 기술을 적극적으로 활용한 마케팅 리서치가 필수이다. 방대한 데이터를 빠르게 수집하고 분석해 실시간으로 소비자 행동을 파악하고 트렌드를 예측해야만 현실적이고 실행 가능한 전략을 세울 수 있다.

1) 마케팅 리서치의 중요성

마케팅 리서치는 시장 데이터와 소비자 행동 분석을 통해 STP와 4P의 각 요소에 대해 구체적인 의사결정을 가능하게 한다. 세분화 단계에서는 소비자 데이터를 바탕으로 시장을 체계적으로 분류할 수 있는 기준을 마련해주며, 타기팅 단계에서는 각 세그먼트의 시장성을 평가함으로써 최적의 목표시장을 선정할 수 있게 한다. 포지셔닝 단계에서는 소비자 인식 및 경쟁 분석 결과를 토대로 차별화된 브랜드 이미지 구축에 필요한 전략적 인사이트를 제공한다.

마케팅 믹스의 상품 전략에서는 소비자의 선호와 니즈를 분석하여 적합한 제품과 서비스 개발이 이루어지도록 한다. 가격 전략에서는 시장 경쟁 구조와 소비자의 가격 민감도에 대한 정보를 바탕으로, 합리적이면서 수익성 있는 가격을 설정할 수 있는 기반을 제공한다. 유통 전략에서는 소비자 접근성이 높은 유통 채널을 식별함으로써 효율적인 유통 경로 구축을 가능하게 한다. 촉진 전략에서는 타깃 소비자에 대한 깊은 이해를 바탕으로, 효과적인 메시지 전달과 광고 전략 수립이 이루어지도록 유도한다. 예술단체의 경영 측면에서도 마케팅 리서치는 관객의 요구를 정확히 파악하고, 예술 콘텐츠의 가치를 극대화하며, 지속가능한 경영 전략 수립에 핵심적인 역할을 수행한다.

2) AI 기술이 바꾼 마케팅 리서치

기존에 흔히 사용되던 마케팅 리서치는 주로 설문조사나 인터뷰 같은 방식으로 데이터를 수집하는 데 기반을 두고 있다. 이러한 방식은 표본을 선정한 뒤, 해당 집단의 응답을 분석하여 전체 시장의 흐름을 예측하는 데 활용된다. 이 방식은 특정한 질문에 대한 직접적인 답변을 얻을 수 있다는 점에서 명확성과 구조화된 데이터 수집이라는 장점이 있다. 그러나 데이터를 수집하고 분석하는 데까지 시간이 오래 걸려 빠르게 변화하는 소비자 행동이나 시장 트렌드를 즉각적으로 반영하기에는 부족하다.

반면, AI 기술이 발달한 현재의 마케팅 리서치는 다양한 데이터 소스를 활용해 방대한 양의 데이터를 실시간으로 수집하고 분석할 수 있다. 웹사이트와 모바일 애플리케이션의 사용 기록, 소셜미디어, IoT 기기 및 센서 등에서 생성되는 비정형 데이터(텍스트, 이미지, 영상 등)를 AI 기술이 빠르고 정교하게 처리한다.

AI 기반 리서치는 특히 트렌드 예측과 실시간 데이터 처리 능력에서 강점을 보이며, 변화하는 소비자 행동과 시장 흐름을 실시간으로 포착할 수 있다. 이는 마케팅 전략 수립 시 즉각적인 피드백을 가능하게 하며, 효과적인 대응 방안을 도출하는 데 기여한다. 더불어, AI 기술은 데

마케팅 리서치 방식 변화

구분	기존 마케팅 리서치	AI 시대 마케팅 리서치
데이터 수집 방식	설문조사, 인터뷰, 표본조사, 현장 연구, 사례 분석 등	실시간 데이터 수집과 자동화된 데이터 크롤링
데이터 범위	과거 데이터 기반, 샘플, 응답자의 의견이나 답변 등	대규모 데이터, 글로벌, 비정형 데이터 등
분석 속도	수작업, 제한적 도구 사용, 분석 시간 소요	실시간 처리, 즉각적인 결과 도출
정확성	조사대상자의 응답과 주관적 답변에 의존	머신러닝과 딥러닝 기반으로 데이터를 정교하게 분석
비용	리서치 과정에서 높은 인적 자원 및 비용 소모(다만, 리서치 기간에만 비용 지불)	자동화 프로세스를 통해 비용 절감(다만, 분석 도구 정기 사용료 같은 운영 비용은 지속적으로 발생할 수 있음)
기술 활용	주로 전통적인 통계 분석 도구 사용(SPSS, SAS, Stata, 엑셀, R 등)	AI 기술 적극 사용(머신러닝, 딥러닝, 컴퓨터 비전, 자연어 처리, 이미지 분석, 음성인식, VR/AR, 신경망, 로보틱스, 시뮬레이션, 오토메이션 등)

이터를 개인이나 시간 단위로 세분화해 분석할 수 있어 소비자의 성향, 행동 패턴, 선호도 등을 더욱 정밀하게 파악할 수 있다.

3) 문화예술 분야의 마케팅 리서치 방식

문화예술 분야에서의 마케팅 리서치는 크게 1차 자료와 2차 자료를 기반으로 이루어진다. 우선, 1차 자료는 직접 데이터를 수집하는 방식으로, 관객을 대상으로 한 설문조사, 공연 후 현장 만족도 평가, 인터뷰, 표적집단면접 Focus Group Interview, FGI 등을 통해 관람객의 반응과 인식을 파악한다.

    2차 자료는 기존에 축적된 데이터를 활용하는 방식으로, 박스오피스 매출 데이터, 공연예술통합전산망 KOPIS, 티켓 예매 사이트의 통계, 각종 협회 및 기관의 산업 보고서 등이 활용된다. 이러한 자료는 장르별 관객 수, 지역별 예매 분포, 공연 트렌드 등을 파악하는 데 유용하며, 전반적인 시장 흐름을 읽는 데 도움이 된다.

    한편, 방송, 대중영화, 게임 등 산업 규모가 큰 분야에서는 이미 빅데이터와 AI 기반의 리서치 방식을 적극적으로 활용하고 있다. 소셜미디어 반응, 스트리밍 데이터 등 온라인 데이터를 실시간으로 추적하고, 자체적인 흥행 예측 모델을 개발하여 콘텐츠의 성공 가능성을 사전에 분석한다.

    그러나 아직 소규모 공연예술 단체나 지역 기반 예술 기관에서는 이러한 방식의 도입이 더딘 것이 현실이다. 인력과 예산이 제한된 상황에서 데이터 분석을 위한 전담 인력을 두기 어렵고, 실시간 분석 시스템이나 예측 모델 구축 역시 기술적·재정적 부담이 크기 때문이다. 그러나 최근에는 좀 더 간편한 분석 도구와 경량화된 플랫폼들이 등장하고 있으며, 온라인을 통해 누구나 데이터 리터러시Data literacy* 교육을 접할 기회도 확대되고 있다. 이러한 흐름에 따라 AI 기반 리서치 기법 역시 중·소규모 문화예술기관에도 확산될 것으로 전망된다.

---

* 데이터 리터러시란 데이터를 읽고, 해석하고, 분석하며, 이를 기반으로 의사결정을 내릴 수 있는 능력을 의미하는 개념이다.

2

리서치 기반
문화예술 위기관리

전통적으로 위기를 관리하는 방식

문화예술 산업에서 위기관리란 예술단체나 기관이 예상치 못한 상황에 효과적으로 대응하며, 조직의 평판과 재정적 안정성, 예술적 비전을 보호하는 데 중점을 두는 활동을 의미한다. 이러한 위기관리 과정은 전통적으로 위기 식별, 대응계획 수립, 커뮤니케이션 관리, 후속 조치로 이루어졌다. 기존의 위기관리 방식은 몇 가지 주요 단계를 거친다. 우선, 문제가 발생하면 신속하게 상황을 파악하고 위기의 원인과 영향을 분석한다. 이어서 대응 전략을 수립하고, 필요한 경우 즉각적인 조치를 통해 위기의 확산을 차단한다. 동시에 내부 팀과 외부 이해 관계자들에게 투명하고 일관된 메시지를 전달하여 신뢰를 유지하는 데 주력한다. 마지막에는 위기가 수습된 이후 교훈을 정리하고, 유사한 상황이 반복되지 않도록 예방 대책을 마련한다.

데이터로 위기를 예측하고, AI로 대응하는 전략

AI 기술을 통해 다양한 데이터를 실시간으로 분석함으로써 위기 발생 가능성을 사전에 탐지하고, 이를 토대로 대응 전략을 수립하는 능력이 한층 강화되었다.

우선, AI를 활용해 위기를 예측하고 조기 경고 시스템을 구축할 수 있다. 소셜미디어 데이터, 온라인 리뷰, 관객 피드백 등을 실시간으로 모니터링하여 위기의 징후를 사전에 감지한다. 예를 들면, 특정 공연에 대한 부정적 반응이 급증하는 패턴을 분석해 조기에 경고함으로써 문제를 신속히 인지하고 초기 단계에서 완화할 수 있다.

다음으로, 수집된 데이터를 기반으로 대응 전략을 수립한다. AI는 과거 유사 사례를 분석해 효과적이었던 메시지와 대응 방안을 도출하고, 이를 토대로 평판 회복을 위한 명확한 커뮤니케이션 전략을 제시한다.

또한, AI는 고객과의 맞춤형 커뮤니케이션을 가능하게 한다. 관객 데이터를 분석하여 개인별 최적의 메시지를 생성하고, 이메일·소셜미디어·뉴스레터 등 적합한 채널을 통해 신속하게 전달한다. 이를 통해 고객의 신뢰를 유지하고 공감대를 형성할 수 있다.

마지막으로, 위기 이후에는 학습과 재발 방지 전략을 통해 전체적인 관리 체계를 강화한다. 위기 대응 결과를 분석하여 효과적이었던 대응과 개선이 필요한 부분을 파악하고, 유사 상황 발생 시 활용할 수 있는 교훈을 도출함으로써 위기 대응 역량을 지속적으로 향상시킨다.

디지털 위기 대응을 위한 AI 모더레이션의 역할

AI 모더레이션Al-generated moderation 시스템은 인공지능을 기반으로 온라인 콘텐츠를 자동 분석하고 관리하는 기술이다. 디지털 플랫폼과 소셜미디어 환경에서의 위기는 종종 사용자 생성 콘텐츠에서 비롯되며, 부적절한 게시물이나 악의적인 댓글, 허위 정보가 빠르게 퍼질 경우 브랜드 신뢰도와 사회적 평판에 심각한 타격을 줄 수 있다. 이러한 문제를 예방하기 위해 AI 모더레이션은 잠재적인 위험 요소를 조기에 감지하고, 확산을 막는 데 중요한 역할을 한다.

이 시스템은 텍스트, 이미지, 영상 등 다양한 형태의 콘텐츠를 실시간으로 모니터링하며, 커뮤니티 가이드라인이나 운영 정책을 위반하는 내용을 자동으로 탐지한다. 예컨대, 혐오 표현이나 폭력적 언어, 선정적이거나 불법적인 내용이 포함된 게시물을 즉시 식별해 삭제하거나 노출을 제한함으로써 불필요한 논란이 커지는 것을 방지한다. 실시간 채팅이나 댓글 기능이 있는 서비스에서도 공격적이거나 선동적인 발언을 자동으로 걸러내어 이용자 간의 갈등이 확산하는 것을 억제하고, 커뮤니티의 안정성과 신뢰를 유지하는 데 기여한다.

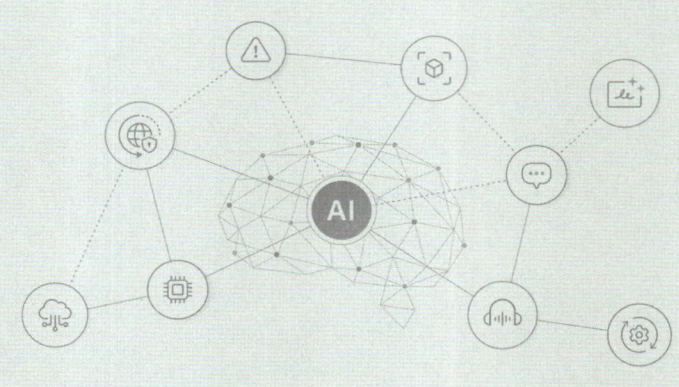

3 리서치 기반 문화예술 재원 확보

안정적 재원 확보의 중요성

문화예술 산업의 재원과 지원은 주로 티켓 판매 수익, 정부 및 민간 단체의 보조금, 기업 후원, 기부금, 그리고 크라우드펀딩 같은 대중 참여형 방식 등을 통해 이루어진다. 이러한 재원을 안정적으로 확보하는 일은 예술적 비전과 활동을 지속하는 데 필수이다.

그러나 예술단체의 재정 구조는 외부 환경의 변화에 매우 민감하다. 경기 불황, 정부 정책의 축소, 기업의 후원 방향 전환, 개인 기부자들의 관심 변화 등은 갑작스러운 재정적 어려움을 초래할 수 있다. 이로 인해 창작 활동이 위축되거나 장기 프로젝트가 중단되며, 예술가들의 생계마저 위협받을 수 있다.

환경적 변화에 대응하기 위해 예술단체는 단기적인 후원 유치에 그치지 않고, 장기적인 관점에서 수익 구조의 다변화를 추구해야 한다. 개인 기부자와의 지속적인 관계 형성, 지역사회와의 협력, 후원 기업과의 신뢰 구축을 위한 꾸준한 노력이 병행되어야 한다.

이러한 전반적인 활동은 본질적으로 마케팅 프로세스와 동일한 흐름을 따른다. 후원자, 기부자, 관객 등 다양한 이해관계자와의 관계를 형성하고 유지하며, 그들의 관심과 요구를 파악한 뒤 이에 맞는 전략을 수립하는 일련의 과정은 마케팅의 핵심 활동과 일치한다. 이와 같은 이유로 재원 확보 전략을 수립하는 데 있어 마케팅 리서치는 중요한 수단이 된다.

AI 기반 펀드레이징 Fundraising*의 미래

AI 기술을 활용하면 잠재 후원자와 기부자의 관심사, 과거 기부 이력 등을 분석하여 더욱 정교하고 효과적인 맞춤형 제안서를 작성할 수 있다. 예를 들어, 기업 후원의 경우에는 해당 기업의 사회적 책임CSR**과 예술단체의 미션을 연계하여 설득력 있는 후원 제안을 구성할 수 있고, 개인 기부의 경우에는 특정 프로젝트나 프로그램에 대한 관심사를 바탕으로 맞춤화된 기부 요청 메시지를 전달할 수 있다.

AI 기반 마케팅 리서치는 크라우드펀딩 캠페인의 성공률을 높이는 데도 유용하다. 캠페인의 타깃 관객층을 명확히 정의하고, 이들에게 가장 효과적으로 전달될 수 있는 메시지와 홍보 전략을 수립하는 데 도움을 준다. 특히, 예술 프로젝트의 독창성과 사회적 가치를 강조하는 스토리텔링 방식은 대중의 공감과 참여를 유도하며, 소셜미디어를 통해 캠페인의 도달 범위를 효과적으로 확대할 수 있다.

보조금 신청 및 결과 보고 과정의 효율성 향상 또한 중요한 영역이다. AI는 보조금 신청서 작성 시 적절한 키워드를 추천하고, 과거의 성공 사례를 분석해 승인 가능성을 높이는 전략을 제시할 수 있다. 또한, 데이

---

*   펀드레이징은 특정 목적(비영리 단체 활동, 예술·문화 프로젝트, 스타트업 운영 등)을 위해 기부금이나 투자금을 모으는 활동이다.

** CSR Corporate Social Responsibility은 기업이 단순한 이윤 추구를 넘어, 사회적·환경적 책임을 이행하고 이해관계자에게 긍정적인 영향을 미치기 위해 수행하는 활동을 의미하는 개념이다.

터 분석 도구를 활용해 프로젝트 성과를 정량화함으로써 명확하고 설득력 있는 보고서를 작성할 수 있으며, 이를 통해 보조금 지원 기관에 더욱 체계적으로 성과를 전달할 수 있다.

그뿐만 아니라, 실시간으로 후원 트렌드와 잠재적 파트너를 파악하는 능력도 점점 중요해지고 있다. 소셜미디어, 산업 보고서, 경제 데이터를 실시간으로 분석함으로써 새로운 후원 기회나 협력 가능성을 조기에 식별할 수 있다. 특정 기업이 문화예술 후원에 관심을 보이는 경우, 이러한 정보를 기반으로 협업을 제안하여 전략적 파트너십을 구축하는 데도 활용할 수 있다.

AI 기술을 적극적으로 활용하는 기금 모금 컨설팅사: CCS Fundraising 사례*

CCS Fundraising은 1947년에 설립되었으며, 비영리단체를 위한 기금 모금 전략을 제공하는 글로벌 컨설팅 회사이다. 예술·문화 기관은 물론 교육, 의료, 종교, 사회복지 등 다양한 분야의 비영리조직과 협력하며, 기부자 개발, 캠페인 기획 및 실행, 리더십 교육, 데이터 기반 분석 등 기금 모금의 전 과정에 걸쳐 전략적인 지원을 제공한다.

특히 이 회사는 'AI in Fundraising'을 발표하고, 인공지능과 데이터 분석을 조직 전반에 도입하여 기부 가능성이 큰 대상을 식별하고 개인화된 커뮤니케이션을 자동화하는 등 디지털 시대에 부합하는 혁신적인 기금 모금 방식을 제시하고 있다. CCS는 자체적으로 개발한 AI 툴킷으로 철저한 데이터 분석과 전략적 사고를 기반으로 각 조직의 특성과 목적에 맞는 캠페인을 설계해 수많은 기관이 수백만 달러의 기부금을 성공적으로 유치할 수 있도록 돕고 있다.

* https://www.ccsfundraising.com/insights/ai-in-fundraising/

4   AI 시대의 리서치 무기, 프롬프트

이제 마케터는 질문 하나로 수백 페이지의 리포트를 대신할 수 있다. 그 질문이 바로 '프롬프트Prompt'다. 프롬프트란 인공지능에 원하는 정보를 요청하거나 특정 방식으로 응답하도록 지시하는 문장을 의미한다. 예컨대, "2024년 소비자 트렌드를 마케팅 관점에서 요약해줘"라는 문장은 AI가 어떤 데이터를 어떤 관점에서 정리해야 하는지를 알려주는 지침이 된다. 프롬프트가 명확하고 구체적일수록 AI는 더욱 실용적인 응답을 생성한다.

마케팅 리서치에서 프롬프트의 가장 큰 장점은 속도와 효율성이다. 과거에는 수십 개의 보고서를 검토하고 정리하는 데 많은 시간과 인력이 필요했다. 이제는 프롬프트 하나로 경쟁사 분석, 소비자 니즈 파악, 시장 트렌드 정리 같은 반복적 리서치 업무의 상당 부분을 AI에 맡길 수 있다. 특히 새로운 아이디어를 탐색하거나 인사이트를 도출해야 할 때, 프롬프트는 강력한 브레인스토밍Brainstorming* 도구가 되어준다.

* 브레인스토밍은 여러 사람이 모여 자유롭게 아이디어를 말하면서 서로의 생각을 확장해

마케팅 믹스 분석 프롬프트 예시

4P 요소	활용 프롬프트
Product 제품	"이 타깃과 포지셔닝에 맞는 상품의 핵심 특징은 무엇인가?" "타 브랜드와 차별화되는 제품 요소는 무엇이어야 할까?"
Price 가격	"타깃 고객에게 적합한 가격 전략은 무엇인가?" "프리미엄/가성비 전략 중 어떤 것이 이 포지셔닝에 더 효과적일까?"
Place 유통	"이 제품을 가장 효과적으로 유통할 수 있는 채널은 무엇인가?" "온라인과 오프라인 중 어떤 비중이 더 커야 할까?"
Promotion 촉진	"이 타깃에게 가장 효과적인 마케팅 메시지는 무엇일까?" "어떤 홍보 채널(SNS, 인플루언서, 이벤트 등)이 효과적일까?"

물론, AI가 제공하는 결과가 항상 완벽한 것은 아니며, 인간의 최종 판단을 대체할 수도 없다. 그러나 AI와 효과적으로 소통하고 원하는 인사이트를 이끌어내는 프롬프트 설계 능력, 즉 프롬프트 엔지니어링 역량을 갖춘 마케터는 그렇지 않은 마케터보다 AI를 전략적 도구로 더 잘 활용하여 리서치 경쟁에서 앞서나갈 수 있다.

가는 방식으로, 문제를 해결하거나 새로운 아이디어를 찾을 때 활용되는 창의적 토론 기법이다.

12장

마케팅 성과 관리의 진화

"측정되지 않는 것은 관리되지 않는다."
— 피터 드러커 Peter Drucker, 경영학자

1. 일반적인 마케팅 성과 관리 및 지표
2. 문화예술 산업의 성과 지표
3. 점유율의 지표들: 시장에서 지갑을 넘어 시간까지
4. 고객제표란? 고객을 자산으로 보는 새로운 지표

방대한 데이터 환경에서 성과 지표를 한층 깊이 있게 해석할 수 있도록 돕는 것이 바로 AI 분석 도구다. AI는 시계열 데이터, 실시간 로그, 고객 행동 이력 등을 종합적으로 분석해 특정 맥락에서 어떤 요인이 고객 반응에 영향을 주는지를 밝혀낼 수 있다.

1 일반적인 마케팅 성과 관리 및 지표

마케팅 성과 관리는 목표 설정, 실행, 측정, 분석, 개선의 과정을 반복하는 방식으로 이루어진다. 먼저 기업은 마케팅 캠페인의 목적과 전략을 수립한 후 이를 실행하고, 그 결과를 다양한 지표를 통해 측정한다. 측정된 성과는 데이터를 기반으로 분석되며, 이 분석 결과를 바탕으로 전략을 보완하거나 방향을 조정하여 다음 캠페인의 효율성을 높인다. 대표적인 마케팅 성과 지표는 측정 목적에 따라 다음과 같이 나누어볼 수 있다.

성과 기반 지표
직접적인 성과를 수치로 보여주는 지표들이다. 전환율Conversion rate, 클릭률Click through rate, 이탈률Bounce rate 등이 포함되며, 사용자가 광고나 콘텐츠에 반응해 실제 행동으로 이어지는지를 확인하는 데 활용된다. 예를 들면 광고를 클릭한 사람 중 얼마나 많은 비율이 상품을 구매했는지를 통해 캠페인의 효율성을 평가할 수 있다.

재무적 지표

마케팅 활동이 기업의 수익에 어떤 영향을 미쳤는지를 분석하는 데 사용된다. 여기에는 투자 수익률Return on investment, 고객당 평균 구매금액Average order value, 고객 생애 가치Customer lifetime value 등이 있으며, 이 지표들은 마케팅 비용 대비 얼마나 실질적인 이익이 발생했는지를 확인하게 해준다.

브랜드 및 고객 인식 지표

소비자의 브랜드에 대한 인지도와 인식을 측정하는 데 중점을 둔다. 브랜드 인지도Brand awareness, 브랜드 선호도Brand preference, 고객 만족도Customer satisfaction score 등이 여기에 해당하며, 이 지표들을 통해 소비자에게 브랜드가 얼마나 긍정적으로 자리 잡았는지를 판단할 수 있다.

고객 행동 및 충성도 지표

고객이 브랜드와 어떤 관계를 맺고 있는지를 파악하는 데 유용하다. 순추천지수Net promoter score, 반복 구매율Repeat purchase rate, 이탈률Churn rate 등이 포함되며, 이 지표들로 마케팅 활동이 고객 충성도 유지에 얼마나 기여했는지를 살펴볼 수 있다.

2. 문화예술 산업의 성과 지표

1) 문화예술 산업별 성과 지표의 다양성

문화예술 산업에서는 분야별 또는 산업 규모에 따라 대표적인 성과 지표가 달라질 수 있으며, 성과를 측정하는 기준 또한 다양하다. 판매 실적에 기반한 경제적 성과(정량적 지표)뿐만 아니라 관객과의 정서적 연결, 사회적 가치, 예술적 영향력 등 정성적 지표까지 함께 고려된다.*

공연예술 분야: 공연장 관객 수, 좌석 점유율

공연장 관객 수와 좌석 점유율은 공연이 얼마나 많은 사람에게 도달했는지를 수치로 보여주며, 유료와 무료 관객 수의 구분은 티켓 판매 수익과도 직접적으로 연결된다. 여기에 더해, 관객 만족도 조사나 리뷰 평점, 재관람 의사율 같은 정성적 지표도 중요한 평가 기준으로 활용된다. 특히 공공기관이나 국공립 예술단체의 경우, 지역사회 기여도나 문화 접

---

* 정량적 지표는 매출액, 방문자 수, 클릭 수처럼 수치로 측정할 수 있는 요소를 평가하는 지표이다. 반면, 정성적 지표는 소비자의 태도, 만족도, 감정처럼 수치로 표현하기 어려운 요소를 평가하는 지표이다.

근성 향상 여부도 성과 판단의 핵심 요소가 된다.

전시예술 분야: 입장객 수, 입장권 판매액
입장객 수, 회차별 관람객 수 추이, 전시물 구매율 등이 기본적인 지표로 사용되며, 유료 전시는 입장권 판매액이 가장 직관적인 지표가 된다. 한편, 관람객의 체류 시간이나 전시장 내 동선 분석을 통해 관람 경험의 질을 측정하기도 하며, 전시 이후 관련 상품의 판매 실적이나 SNS 언급량도 마케팅 성과를 간접적으로 나타낸다. 이 외에도 교육 프로그램 참여자 수, 외부 기관과의 협업 성과 등도 지표가 된다.

출판 분야: 판매 부수, 판매 매출액
온·오프라인 서점의 실적을 보여주는 판매 부수, 매출액, 베스트셀러 순위 등이 대표적인 지표이다. 전자출판의 활성화로 e북 구독 수, 오디오북 청취 시간, 독자 평점 및 리뷰 수 등의 중요성도 커지고 있다. 독자 후기, SNS 언급량, 서평 블로그나 유튜브 리뷰 영상 등을 통해 사회적 반향을 평가하기도 한다. 아동도서, 인문서, 교육서의 경우, 학교 및 기관 납품 수량, 교육 활용 사례, 저자 강연 활동 등이 문화적·사회적 기여도를 판단하는 지표로 활용된다.

영화 산업: 영화관 관객 수, 박스오피스 수익
극장 영화는 개봉 첫 주 관객 수, 누적 관객 수, 박스오피스 수익 등이 대표적인 정량적 성과 지표이다. 영화의 OTT 플랫폼 시청률이나 조회 수*,

---

* 〈케이팝 데몬 헌터스K-pop Demon Hunters〉(2025)는 넷플릭스 역사상 가장 많이 시청한 영화로 기록된 작품이다. 공개 후 10주 동안 누적 2억 3,600만 뷰를 달성했고, 총 시청 시간은 4억 4,340만 시간에 이르며, OTT 플랫폼에서 가장 성공적인 영화로 평가받고 있다.

평균 시청 시간, 평점과 리뷰 수 등 디지털 기반의 지표들도 중요하다. 영화제 수상 실적, 비평가 평점, 글로벌 배급 성과도 예술성과 문화적 파급력을 보여주는 중요한 지표로 활용된다.

대중음악 산업: 음원 수익, 스트리밍 횟수

음원/음반 판매량, 스트리밍 횟수, 차트 순위, 유튜브 조회 수 등이 주요 성과 지표이다. 여기에 팬덤 활동 참여도, SNS 팔로워 수 증가율, 글로벌 시장에서의 반응 등도 주요한 마케팅 성과로 평가된다. 콘서트 티켓 판매량과 예매 속도 역시 아티스트의 인기도와 현장 동원력을 보여주는 중요한 지표이며, 공연 투어의 흥행 여부를 판단하는 기준이 된다.

방송 산업: 시청률

광고 수익과 직접적으로 연관되는 본방송 시청률과 재방송 시청률이 가장 대표적이다. 실시간 방송 외에도 VOD(다시보기) 조회 수, OTT 시청률, 클립 영상 조회 수, SNS 공유량 등 디지털 기반 지표들도 중요해졌다. 또한 프로그램에 대한 시청자 반응, 댓글 및 커뮤니티 내 언급량, 온라인 리뷰 평점 등의 정성적 지표도 콘텐츠의 영향력을 측정하는 데 활용된다.* 공영방송이나 공공 콘텐츠의 경우 사회적 이슈 환기, 공익성 달성 정도, 문화 다양성 기여도 같은 비재무적 성과도 주요 평가 기준으로 포함된다.

온라인 게임 산업: 다운로드 수, DAU/MAU

사용자 기반 데이터 분석이 활발한 분야로, 다운로드 수, 일간/월간 활

---

* 온라인에서는 부정적인 리뷰가 긍정적인 리뷰보다 오히려 판매를 더 자극할 때도 있다. 콘텐츠의 특성에 따라 부정적 언급이 많을수록 사람들의 반발심이나 호기심을 불러일으켜 관심과 매출로 이어지는 역설적인 경우도 있다. (Meeker, A., 2022)

성 사용자 수Daily Active Users, DAU/Monthly Active Users, MAU, 플레이 시간, 결제 전환율 등을 지표로 사용한다. 여기에 더해서 게임 이탈률Churn rate, 재방문율Retention rate, 게임 내 구매액Average Revenue Per User, ARPU 등의 세부 지표를 통해 유저의 경험을 분석한다. 게임이 e스포츠로 발전하면, 대회 성과, 해외 진출 실적, 문화 교류 지표 등도 평가 기준에 포함된다.

2) AI가 바꿔놓은 마케팅 성과 관리

숫자는 숫자일 뿐 의미를 찾아야 한다

고객 행동 데이터를 수집할 수 있는 채널과 플랫폼이 폭발적으로 증가하면서 마케팅 성과 관리 방식도 한층 복잡해졌다. 과거에는 오프라인 방문자 수나 온라인 클릭 수 같은 단순한 지표만으로 고객 반응을 평가했지만, 이제는 이러한 수치만으로는 고객의 행동을 온전히 설명하기 어렵다. 고객의 반응은 다양한 맥락적 요소에 따라 달라지며, 이를 이해하지 못하면 성과 지표 해석에도 한계가 생긴다.

이러한 한계는 '단순 지표의 함정'에서 잘 드러난다. 예를 들어, SNS 광고의 클릭률이 5%에 이르면 성공처럼 보일 수 있지만, 실제로는 봇Bot의 클릭이거나 관심 없는 사용자의 실수일 수도 있다. 넷플릭스의 사례도 있다. AI 추천 시스템으로 시청 전환율은 높였지만, 비슷한 콘텐츠만 반복 노출돼 이용자가 지루함을 느끼고 이탈하는 현상이 나타났다. 수치만 보면 성공처럼 보여도 그 속에 감춰진 문제를 놓칠 수 있다.

오늘날 소비자 행동은 더욱 복잡하고 역동적으로 변화하고 있으며, 동일한 광고라도 언제, 어디서, 어떤 상황에서 노출되었느냐에 따라 완전히 다른 결과를 낳을 가능성이 커졌다. 출근 시간대에 모바일로 본 광고와 퇴근 후 데스크톱에서 접한 광고는 몰입도나 반응률에서 큰 차이를 보일 수 있고, 연휴나 특정 사회적 사건처럼 문화적 맥락이 개입된 시점에는 평소와는 다른 소비 심리가 작동하기도 한다. 이처럼 고객 행동은 시간, 장소, 기기, 정서 상태, 문화적 배경 등 복합적인 요인의 영향을 받기 때문에 단편적인 지표만으로 전체 흐름을 파악하기는 점점 더 어려워지고 있다.

이러한 방대한 데이터 환경 속에서 성과 지표를 더욱 깊이 있게 해석할 수 있도록 돕는 것이 바로 AI 분석 도구이다. AI는 시계열 데이터, 실시간 로그, 고객 행동 이력 등을 종합적으로 분석하여 특정 맥락에서 어떤 요소가 고객 반응에 영향을 미쳤는지를 파악할 수 있다. 시간대별, 기기별, 고객 세그먼트별 등으로 성과를 세분화해서 분석할 수도 있다. 마케터는 숫자를 해석하는 수준을 넘어서 데이터 속 의미를 읽어내고 이를 전략으로 전환하는 설계자 역할을 수행해야 한다.

고정된 지표에서 시계열 지표로, 마케팅 성과를 시각화하다

개인화 및 초개인화 마케팅이 확산하면서, 마케팅 성과를 측정하는 방식 역시 더 이상 고정된 지표에만 의존할 수 없는 시대가 되었다. 오늘날의 소비자는 동일한 광고나 콘텐츠를 접하더라도 시간, 장소, 기분 등 다양한 맥락에 따라 상이한 반응을 보이며, 이러한 변화무쌍한 상황을 정밀하게 읽어내는 역량이 점점 더 중요해지고 있다.

따라서 평균 수치의 단편적인 성과 분석은 필연적으로 한계에 부딪히게 된다. 이제는 AI 기술을 활용해 개별 소비자의 반응을 시계열로 접근하여 분석할 필요가 있다. 동일한 광고라도 오전 7시에 노출했을 때와 오후 7시에 노출했을 때, 또는 평일과 주말에 노출했을 때의 반응률이 달라질 수 있다.

이러한 분석 방식은 금융시장의 차트 분석과 유사한 점이 있다. 주가가 시간에 따라 등락을 거듭하듯 소비자의 반응 역시 실시간으로 변화하며, 이를 시각적으로 분석하면 시간대, 기기, 연령, 성별 등 다양한 요소를 조합한 정밀 타기팅이 가능해진다. 예컨대 '오전 10시에 집 앞 호수공원에서 강아지를 산책시키며 스마트폰으로 유튜브 채널에 접속한 두 자녀를 둔 30대 여성'과 같이 세분화된 타깃 설정이 가능해진다. 궁극적으로는 AI와 실시간 데이터 분석을 통한 초개인화 마케팅의 기반 자료로 활용될 수 있다.

현장만 보지 말라. 디지털 반응도 성과다

문화예술 콘텐츠는 여전히 다른 상품에 비해 현장 소비 비중이 높은 분야다. 특히 공연, 전시, 이벤트 같은 예술 상품은 전통적으로 현장 관람객 수나 좌석 점유율을 주요 성과 지표로 삼아왔다. 그러나 오늘날에는 오프라인 중심의 콘텐츠라 하더라도 디지털 확장을 고려한 마케팅 성과 관리가 필수이다.

디지털 네이티브 세대의 관람 경험은 현장에서 끝나지 않고, 관람 이후 SNS 공유, 해시태그 참여, 후기 게시 등으로 이어지는 온라인 경험으로 자연스럽게 이어진다. 이로 인해 관련 영상의 온라인 조회 수, 해시태그 수, 바이럴 확산 속도 등과 같은 디지털 지표는 실질적인 마케팅 성과로 볼 수 있다. 더 나아가, 이러한 온라인 반응은 브랜드 인지도 제고와 관객의 재방문 의사에도 영향을 미친다.

결국, 오늘날의 성과는 '얼마나 많은 사람이 구매했는가'보다 '얼마나 많은 사람에게 영향을 미쳤는가'로 정의된다. 디지털 반응은 바로 이러한 영향력을 수치화할 수 있는 핵심 지표로, 예술 콘텐츠의 파급력과 사회적 도달 범위를 평가하는 데 중요한 역할을 한다.

3. 점유율의 지표들: 시장에서 지갑을 넘어 시간까지

시장점유율에서 지갑점유율로

시장점유율Market share은 특정 기업이나 단체가 전체 시장에서 차지하는 비율을 나타내며, 매출, 판매량, 고객 수 등을 기준으로 경쟁력을 평가한다. 예를 들면, 한 도시에서 특정 극단이 연극 관객의 30%를 차지하고 있다면, 이 극단의 시장점유율은 30%로 평가된다. 이러한 수치는 해당 단체의 시장 내 입지를 명확히 보여주며, 경쟁력을 파악하는 데 중요한 역할을 한다.

하지만 소비자 중심의 마케팅이 중요해지면서 등장한 개념이 바로 지갑점유율Wallet share이다. 지갑점유율은 특정 고객의 전체 지출 중에서 기업이 차지하는 비율을 측정하는 개념으로, 고객 관계 관리Customer Relationship Management, CRM와 밀접하게 연관되어 발전해왔다. 이는 새로운 고객을 확보하고 기존 고객으로부터 더 많은 매출을 창출하는 데 중점을 둔 전략으로 변화했다.

특히, 고객이 동일한 시장 내 여러 브랜드와 거래하는 상황에서는 지갑점유율을 높이는 것이 중요하다. 이는 한 고객과의 깊이 있는 관계를 통해 기업이 차지하는 경제적 비중을 극대화하는 것을 의미한다. 따라서 기업은 고객과의 지속적인 관계 강화를 통해 더 많은 소비를 유도하는 방향으로 전략을 전환하고 있다.

문화예술 분야에서도 지갑점유율 개념이 적용된다. 이는 관객이 문화예술 활동에 지출한 금액 중 특정 단체가 차지하는 비율을 의미하며, 해당 단체가 관객과의 관계에서 얼마나 큰 경제적 비중을 차지하고 있는지를 보여준다. 예컨대, 한 관객이 연간 문화예술 소비에 100만 원을 지출하고, 그중 40만 원을 특정 단체의 프로그램에 사용했다면, 해당 단체의 지갑점유율은 40%로 계산된다. 이는 단체가 관객의 문화예술 소비에서 얼마나 큰 역할을 하고 있는지를 나타내며, 관객 충성도를 파악하는 데 중요한 지표가 된다.

시간점유율의 도입

기술의 발전은 시장점유율과 지갑점유율의 개념을 넘어, 고객의 시간을 중심으로 한 몰입도와 참여율을 측정하는 시간점유율Time share이라는 새로운 관점의 지표를 고려하게 만들었다. 콘텐츠가 홍수처럼 쏟아지고 선택지가 넘쳐나는 오늘날, 고객의 시간을 얼마나 확보하느냐가 기업의 성과와 경쟁력을 평가하는 핵심 지표로 자리 잡고 있다.

시간점유율의 중요성은 디지털 플랫폼이 일상생활 깊숙이 자리 잡으며 더욱 부각되고 있다. 소비자는 하루 중 상당한 시간을 온라인 활동에 할애하고 있으며, 기업들은 이 시간을 차지하기 위해 치열한 경쟁을 벌이고 있다. 이러한 경향은 특히 소셜미디어, 스트리밍 서비스, 온라인 쇼핑, 게임 플랫폼 등에서 두드러진다.

기업들은 개인화된 콘텐츠와 서비스를 통해 고객이 자사 플랫폼에 더 오래 머물도록 유도하고 있다. 넷플릭스와 유튜브의 맞춤형 콘텐츠 추천, 틱톡의 짧고 중독성 있는 영상, 이커머스 플랫폼의 개인화된 상품

시장·지갑·시간점유율 비교

구분	시장점유율	지갑점유율	시간점유율
정의	전체 시장에서 기업, 브랜드, 상품 등이 차지하는 비율	고객의 총지출 중 특정 기업, 브랜드, 상품의 비중	고객이 특정 플랫폼이나 서비스에서 소비하는 시간의 비중
초점	시장점유율 확대	고객 지출 점유율 극대화	고객의 시간 점유 및 몰입도 강화
평가 대상	경쟁사와의 시장 내 위치	개별 고객과의 관계 및 충성도	고객의 디지털 참여도 및 사용 시간
측정 기준	매출, 판매량, 사용자 수	고객의 구매 금액	사용 시간, 세션 지속 시간
주요 전략	신규 고객 확보, 경쟁사 점유율 획득	기존 고객 매출 증대, 교차 판매* 및 업셀링**	콘텐츠 개인화, 지속적 참여 유도
주 적용 분야	제조업, 유통업, 전통 서비스업	금융, 리테일, 고급 소비재	소셜미디어, 스트리밍, 게임, 이커머스
목적	시장 내 점유율 강화 및 성장	고객당 수익 증대	사용자 경험 강화 및 플랫폼 사용 증대

제안 등은 모두 시간점유율을 높이기 위한 전략의 대표적인 사례다. 결국, 새로운 고객을 확보하려면 시장점유율을 관리하고, 기존 고객의 지출을 극대화하려면 지갑점유율을 높이며, 고객의 몰입도를 강화하려면 시간점유율을 확대해야 한다. 이 3가지 성과 지표는 균형 있게 운영되어야 한다.

---

* 교차판매Cross-selling는 고객이 구매하려는 제품이나 서비스와 관련된 다른 상품을 함께 제안하여 추가 구매를 유도하는 판매 기법이다.

** 업셀링Upselling은 고객이 이미 구매하려는 제품이나 서비스보다 더 고급이거나 가격이 높은 대안을 제안하여 추가 매출을 창출하는 판매 기법이다.

넷플릭스의 시간점유율 전략

미디어 기업 넷플릭스Netflix는 시간점유율을 핵심 성과 지표로 삼아 플랫폼의 성공을 평가하고 성장 전략을 수립해왔다. 넷플릭스는 고객이 하루 중 자사 플랫폼에서 얼마나 오랜 시간을 소비하는지 면밀히 분석하여 플랫폼의 성과를 관리한다. 방문자 수나 구독자 수를 측정하고 사용자가 콘텐츠에 얼마나 깊이 몰입하고 지속적으로 시청하는지를 평가하여 플랫폼 경쟁력을 강화하고 있다.

넷플릭스는 AI 개인화 추천 알고리즘을 통해 사용자의 시청 기록과 선호도를 분석하여 맞춤형 콘텐츠를 제안함으로써 플랫폼 체류 시간을 늘린다. 특정 장르의 드라마를 즐겨 보는 사용자가 있다면, 유사한 장르나 비슷한 테마를 가진 영화와 시리즈를 추천하여 자연스럽게 연속 시청을 유도한다. 또한, 시리즈 형태의 콘텐츠를 집중적으로 제공함으로써 한 번 시청이 다음 에피소드로 이어지게 만들어 평균 시청 시간을 증가시킨다. 전 세계 사용자의 시간대별 시청 데이터를 면밀히 분석하여 가장 활발히 플랫폼을 이용하는 시간대에 신규 콘텐츠를 공개한다.

시간점유율을 중시한 덕분에 넷플릭스는 광고 기반 모델 없이도 구독료 수익만으로 플랫폼을 성공적으로 운영하고 있다. 플랫폼에서 소비하는 시간이 증가할수록 구독 유지율이 높아지고, 새로운 사용자가 가입할 가능성 또한 증가한다는 데이터를 확보하여 이를 기반으로 지속적인 투자와 콘텐츠 확장을 이어간다.

4

고객제표란?
고객을 자산으로 보는
새로운 지표

2024년 『동아비즈니스리뷰 DBR』를 통해 처음 소개된 고객제표 Customer statements*는 고객 중심 경영 성과를 평가하기 위한 새로운 시스템이다. 이는 기존 재무제표로는 파악하기 어려운 자사 고객의 상태와 흐름을 종합적으로 분석할 수 있는 수단이다. 고객제표는 고객상태표, 고객손익계산서, 고객흐름표, 고객변동표의 4가지 하위 제표로 구성된다.

고객상태표 Customer balance sheet

고객상태표는 일정 시점에서 고객 기반의 규모와 질적 상태를 파악하는 제표이다. 고객을 신규 고객, 기존 고객, 충성 고객, 휴면 고객, 이탈 고객 등으로 분류하고, 각 그룹의 수와 구성 비율을 통해 전체 고객 구조를 진단한다. 문화예술 기관에서는 특정 시점의 관람객 수, 시즌 구독자 수, 장기 관람자 비율 등을 측정하여 관객 기반이 얼마나 안정적인지를 평

---

* https://www.customerstatements.kr

가할 수 있다. 이를 통해 충성도 높은 관객층이 얼마나 확보되어 있는지를 진단하고, 효과적인 관객 유지 전략을 수립하는 데 활용할 수 있다.

고객손익계산서 Customer income statement

고객손익계산서는 고객으로부터 발생한 수익과 그에 따른 비용을 분석하여 고객 기반이 가져오는 순가치를 계산하는 제표이다. 고객 1인당 평균 티켓 수익, 고객 획득 비용Customer Acquisition Cost, CAC, 고객 유지 비용, 마케팅 비용 대비 수익률 등을 산출한다. 이를 통해 어떤 프로그램이 경제적으로 효과적인지 판단하고, 예산 배분 및 프로그램 기획의 우선순위를 결정하는 데 기초자료로 활용할 수 있다.

고객흐름표 Customer flow statement

고객흐름표는 일정 기간 동안 고객의 유입, 이탈, 전환 등의 변화를 동적으로 보여주는 제표이다. 고객의 이동 경로와 흐름을 분석함으로써 고객군 간의 전환 현황과 원인을 파악할 수 있다. 공연·전시장에서는 무료 체험 관람자가 유료 관람객으로 전환되는 비율, 첫 방문 관객의 재방문율, 시즌권 구매 전환율 등을 분석할 수 있다. 이를 바탕으로 초기 관객의 충성 관객화 전략, 반복 관람 유도 방안 등을 수립할 수 있다.

고객변동표 Customer variation statement

고객변동표는 고객 기반의 변화 원인을 분석하고, 이러한 변화가 조직의 전략과 운영에 어떤 영향을 미쳤는지를 평가하는 제표이다. 고객 수의 증감이 새로운 홍보 채널, 외부 이슈, 프로그램 변화 등 어떤 요인에 기인한 것인지, 그리고 고객 가치가 어떠한 내부 또는 외부 요인에 의해 달라졌는지를 분석할 수 있다.

관객(관람객)제표 구성요소*

관객(관람객)제표		재무제표
관객(관람객) 상태표	현재 예술단체·기관의 식별 관객과 비식별 관객 수와 매출 정보	재무상태표
관객(관람객) 손익계산서	예술 활동에 의한 재무적 성과를 식별 관객과 비식별 관객에 의한 수익과 비용으로 설명	손익계산서
관객(관람객) 흐름표	일정 기간 관객 흐름의 유형별 유입 및 유출로 평가	현금흐름표
관객(관람객) 변동표	일정 기간 관객 그룹별 획득, 유지·상승·하락·이탈 추이로 관객 변동 내역 요약	자본변동표

- 식별 관객: 티켓 구매 시 본인의 개인정보를 제공함으로써 구매자가 누구인지 알 수 있는 고객(멤버십 가입 고객 등)
- 비식별 관객: 예술단체·기관이 관객 정보를 획득할 방법이 없거나, 멤버십 가입 후 활동을 적극적으로 하지 않는 관객

---

*   김형수 (2024), 「고객이 누구인지 모르는 '고객 문맹' 심각, 제품·결과 중심의 재무제표 한계 넘어서야」, 『동아비즈니스리뷰』 390(1)의 그림 '재무제표와 고객제표의 구성요소' 재구성.

4부. 마케팅 리서치와 미래 대비 전략

나가는 글

미래를 준비하는 예술교육

> "사람을 먼저 생각하라. 기술은 그다음이다."
> – 제리 양Jerry Yang, 야후 공동 창립자

예술교육의 현재와 역할

예술은 사고파는 상품이지만, 그보다는 인간의 감정과 사고를 자극하여 삶을 더욱 깊고 풍요롭게 만들어주는 특별한 경험으로 더 큰 의미를 찾을 수 있다. 예술작품을 감상하며 이를 개인의 삶과 연결 짓고 그 안에서 의미를 발견하게 될 때, 예술이 주는 감동은 더욱 깊이 있게 다가온다. 흔히 "아는 만큼 보인다"는 말이 있듯, 예술을 제대로 이해하고 감상하는 능력이 높을수록 더욱 깊은 울림을 경험할 수 있다. 이는 '보는' 즐거움을 넘어 마음을 '움직이는' 경험으로 이어진다.

이러한 관점에서 '예술교육'은 매우 중요한 역할을 한다. 예술교육은 감상자가 더욱 풍부한 감성으로 예술을 이해하고 수용할 수 있도록 돕는 과정이다. 예술을 어떻게 바라보고 느껴야 하는지를 익힌 이들은 자연스럽게 예술에 대한 애정과 관심을 더욱 깊이 갖게 되며, 이는 건강한 예술 생태계의 지속가능성에 기여한다. 따라서 유아기부터 예술적 감수성을 기를 수 있는 교육과 더불어, 성인을 위한 해설 프로그램이나 체험 중심의 교육도 함께 이루어져야 한다. 이러한 노력을 통해 예술은 일시적인 흥밋거리가 아닌 일상 속 삶의 한 부분으로 자리 잡을 수 있게 된다.

특히 AI 기술이 빠르게 발전하고, 누구나 손쉽게 콘텐츠를 만들거나 접할 수 있는 오늘날에는 예술의 본질을 이해하고 감상하는 능력이 오히려 더욱 중요해지고 있다. 이제는 일반인부터 전문 예술가, 그리고 AI 창작자에 이르기까지 누구나 콘텐츠를 생산하며, 그 양도 감당하기 어려울 만큼 넘쳐나고 있다. 이러한 상황 속에서 진정한 감동을 느끼기 위해서는 대상을 섬세하게 바라보는 안목과 감각이 필수이다.

이 책에서는 예술교육에 대해 본격적으로 다루고 있지는 않지만, 향후 문화예술 산업의 발전과 마케팅 전략을 논의함에 있어 반드시 함께 고려되어야 할 중요한 주제이다. 마케팅이 관객의 관심을 유도하고 예술로 이끄는 역할을 한다면, 예술교육은 그 관객이 예술과 지속적으로 관계를 맺고 삶 속에서 함께할 수 있도록 하는 힘을 지닌다. 그러므로 예술교육은 부수적 활동이 아니라 문화예술 산업의 중심에 놓여야 할 핵심적인 요소이다.

미래 세대를 위한 예술교육 방향

일반적으로 예술교육은 오프라인 환경에서 이루어지는 경우가 많으며, 참여자 간의 상호작용과 협업을 중요시한다. 음악, 미술, 무용, 연극 등 다양한 예술 분야에서 학생들은 한 공간에 모여 함께 배우며, 그룹 활동이나 공동 창작을 통해 협업 능력을 기른다. 이러한 교육은 대개 체계적인 프로그램을 기반으로 운영되며, 이론과 실기가 균형을 이루는 것이 특징이다. 학생들은 정해진 커리큘럼에 따라 예술작품의 역사적 맥락을 배우고, 실습을 통해 기술을 연마하며, 동료들과 피드백을 주고받는다. 또한, 멀티미디어 도구를 보조적으로 활용하여 시각적·청각적 자료를 통해 학습의 폭을 넓힌다.

AI 시대에는 예술교육이 새로운 방식으로 변화하고 있다. 디지털 기술과 온라인 도구의 발전으로 교육이 물리적 공간에 얽매이지 않게 되었다. 학생들은 AI 기반 온라인 플랫폼을 통해 장소와 시간에 구애받지 않고 학습할 수 있으며, 이러한 플랫폼은 각 개인의 수준과 목표에 맞춘 맞춤형 교육을 제공한다. 학습 속도와 방법 또한 개인화되어 AI가 학생의 학습 데이터를 분석하여 강점과 약점을 파악하고, 적합한 학습 자료와 과제를 제안한다. 이러한 교육 방식은 특히 기술적 숙련도를 높이는 데 효과적이다.

AI 기반 예술교육의 다양한 사례를 살펴보면, 미술 교육에서는 AI가 창의성을 표현하고 기술을 습득하는 강력한 도구로 활용된다. 대표적인 사례로, AI 이미지 생성 도구인 달리DALL·E를 이용하여 학생들은 텍스트를 통해 이미지를 만들며 창작 과정을 탐구한다. 또한 구글의 딥드림DeepDream은 기존 이미지를 변형하거나 새로운 스타일로 재창조하여 미술적 표현과 AI의 관계를 학습하는 데 유용하다.

음악 교육에서는 AI 작곡 도구인 아이바AIVA와 앰퍼 뮤직Amper Music 사용자가 점점 늘어나고 있다. 이들 도구는 클래식, 재즈, 전자 음악 등 다양한 장르의 곡을 작곡할 수 있도록 지원하며, AI는 음정, 화음, 리듬의 기초를 학습할 수 있는 환경을 제공하여 음악 창작 과정을 직관적으로 이해하도록 돕는다. 구글의 뮤직랩MusicLab은 음악 구조와 기본 원리를 실험하며 배우는 인터랙티브 플랫폼으로, 초보자부터 전문가까지 폭넓게 활용되고 있다.

오페라 교육에서는 AI 기반 성악 기술 분석이 주목받고 있다. 음성 분석 도구인 칸토메트릭스Cantometrix는 음정, 발음, 호흡 기술을 세밀히 분석하여 개선점을 제안한다. 또한, 리브레토 작성 지원 기능을 통해 오페라 대본 작성법을 학습할 수 있다.

문예 교육에서는 챗GPTGhatGPT 등 AI 스크립트 생성 도구를 활용하여 스토리텔링 구성과 효과적인 대본 작성법을 학습할 수 있다. 이러한 도구는 창작 아이디어를 확장하고, 구조적인 대사와 이야기를 체계적으로 구성하는 데 유용하다. 또한, 수도라이트Sudowrite나 플롯 제너레이터Plot Generator 등은 플롯 전개와 대사 구성의 다양성을 탐구하여 창의적 스토리 구성 능력을 키울 수 있다.

안무 교육에서는 AI 기반 동작 분석과 VR 기술이 결합된 교육 프로그램들이 등장했다. 무브 AI Move AI는 학생들의 무대 동작을 분석하여 개선할 부분을 제안하며, VR을 활용하여 유명 안무가의 작품을 가상으로 체험하고 따라 하는 학습을 지원한다. AI 안무 생성 도구는 무대 동작 설계를 지원하여 창작자가 다양한 동작 패턴을 실험하고 복잡한 안무의 흐름을 학습할 수 있게 한다.

연출 분야에서는 벡터웍스 스포트라이트Vectorworks Spotlight나 디스가이즈Disguise 등의 AI 기반 가상 무대설계 도구를 활용하여 조명과 세트 디자인을 실험하면서 무대 연출의 기본 원리를 학습할 수 있다. 다양한 조명 효과와 무대 구성을 시뮬레이션하여 무대 연출 감각을 기르고, 실제 공연 제작 전에 다양한 시도를 해볼 수 있는 환경을 제공한다.

방송 분야에서는 AI를 활용한 스크립트 생성, 음성 변조, 자동 편집 기술 등을 사용하여 학생들이 방송 기획 단계부터 스토리 구성까지 전 과정을 체계적으로 학습할 수 있다. 이러한 기술을 통해 방송 제작의 복잡성을 줄이고, 사전 실습을 통해 빠르고 효율적으로 역량을 강화할 수 있다.

물론 오프라인 교육이 제공하는 직접적인 상호작용, 팀워크, 감정적 교류의 가치는 여전히 중요하다. 창작 과정에서 오가는 즉흥적인 피드백과 사람 간의 에너지 교환은 예술의 본질과 깊이 연결되어 있기 때문이다. 그러나 이제는 누구나 원하는 시간과 방식으로 예술을 배울 수 있는 기술 환경이 되었고, AI는 그 가능성을 현실로 바꾸어가고 있다. 미래의 예술교육은 온라인과 오프라인의 장점을 균형 있게 조화시키는 방향으로 나아가야 할 것이다.

참고문헌

국내 문헌

강정수 (2024).『AI 에이전트 시대, 경제의 주인이 바뀐다』. 더스퀘어.

고정민·손지현·안성아·서영덕·김영수 (2010).「영화 티켓 가격 민감도 분석: 콘텐츠 특성, 상영지역, 상영시간을 중심으로」.『문화경제연구』13(2), 199-220.

고정민·안성아 (2014).「한국 문화콘텐츠산업 수출의 유형별 포지셔닝 및 전략방향」.『문화경제연구』17(3), 139-159.

고정민·안성아·이백헌 (2009).「영화관람방식에 따른 인터넷VOD의 소비의향 분석」.『문화산업연구』9(2), 101-119.

권보람·류성한·김영걸 (2015). Identifying Factors Affecting Behavioral Intent of Potential and Existing N-screen Service Users. *ETRI Journal*, 37(2), 417-427.

김병희 (2022).『문화예술 마케팅 커뮤니케이션 전략』. 학지사.

김상균 (2025).『휴머노이드』. 베가북스.

김상훈·이유석·이지수 (2018).『하이테크 마케팅(제4판)』. 박영사.

김선영·김형준 (2014).「〈앙상블 디토〉관객세분화에 따른 관람형태를 중심으로 본 새로운 클래식 음악관객에 관한 연구」.『예술경영연구』32, 67-91.

김성주·안성아 (2020).「1인 미디어 게임방송 유형과 시청동기가 후원의도에 미치는 영향」.『문화경제연구』23(2), 85-106.

김소영·안성아·장대철(2013).「예술기반창조경영의 개념과 유형」.『문화경제연구』 16(2), 41-63.

김지현 (2024).『IT 트렌드 2025』. 크레타.

김해경 (2024).『가치라는 것, 브랜딩에 앞서는 본질에 관하여』. 현암사.

김형수 (2024).「재무재표에 보이지 않는 정보: 인사이트, 고객제표 속에 영업 전략 숨어 있었다」.『동아비즈니스리뷰』404(1).

_____ (2024).「고객이 누구인지 모르는 '고객 문맹' 심각, 제품·결과 중심의 재무제표 한계 넘어서야」.『동아비즈니스리뷰』390(1).

김형수·박예린·이정민 (2019).「머신러닝을 이용한 공연문화예술 개인화 장르 추천 시스템」.『경영정보학연구』21(4), 31-45.

노희영 (2020).『노희영의 브랜딩 법칙, 대한민국 1등 브랜드는 어떻게 탄생하는가』. 21세기북스.

박은정·안성아 (2019).「청소년의 팬 활동에 따른 굿즈 구매행동 연구」.『문화경제연구』22(1), 161-186.

박태웅 (2024).『박태웅의 AI 강의 2025』. 한빛비즈.

류성한 (2024).「중국 20분도 안 되는 웹드라마가 일주일 만에 3억 뷰? 중국 숏폼 웹드라마의 폭발적인 성장」.『신문과방송』2, 73-78.

류성한·윤혜정·박재현·장영훈 (2022).「메타버스 개념 및 현황에 대한 논의와 향후 연구 방향 제안」.『지식경영연구』23(2), 1-13.

성소라·회퍼, R., 맥러플린, S. (2021).『NFT 레볼루션』. 더퀘스트.

손지현 (2013).「연극 종사자의 행복 수준과 결정 요인에 관한 연구」.『문화경제연구』16(2), 3-24.

_____ (2018).「공연예술 소비 현황 조사」. 예술경영지원센터.

송길영 (2021).『그냥 하지 말라, 당신의 모든 것이 메시지다』. 북스톤.

송낙원 (2007).『포스트 할리우드』. 커뮤니케이션북스.

송재민·류성한·김영걸 (2023). Free to Premium in Mobile TV Service: Intrinsic and Extrinsic Motivational Factors Affecting Free Users' Paid Subscription Intention. *Asia Pacific Journal of Information Systems*, 33(2), 318-341.

안광호·하영원·유시진 (2023).『마케팅원론 제8판』. 학현사.

안상훈 (2009). 「효과적 가격 경쟁을 위한 4가지 열쇠」. 『동아비즈니스리뷰』 44(1).

안성아 (2007). 「한국영화에서 스타의 신호 역할과 재무적 가치」. 『영화연구』 34, 69-92.

_____ (2010). 「공연 헤비관객과 라이트관객의 관람특성 비교」. 『문화산업연구』 10(3), 151-169.

_____ (2012). 「공연 장르 간 전환행동 연구」. 『문화경제연구』 15(3), 55-78.

_____ (2004). 「영화 수명주기 군집분석」. 『광고연구』 65, 61-76.

안성아·김태준 (2003). 「영화 개봉점유율과 관객감소율의 영향 요인 분석」. 『마케팅연구』 18(3), 1-17.

안성아·서영덕·손지현 (2014). 「공공·민간 예술지원 실태조사」. 한국문화예술위원회.

안성아·이백헌·고정민 (2013). 「불법복제를 고려한 영화채널 간 배급시기 및 가격 결정 모형」. 『마케팅연구』 28(1), 133-160.

안성아·이재박 (2012). 「클래식 음악 취향형성 시기에 관한 연구」. 한국문화경제학회 공동학술대회 발표자료.

안성아·조현주 (2004). 「스타 공동 브랜딩에 대한 연구」. 『소비자학연구』 15(4), 59-76.

안성아·한민희·박세훈·이진 (2001). 「문화상품 소비자의 행태적 세분화」. 『광고학연구』 12(4), 231-250.

안현우·안성아 (2019). 「특수상영관 유형별 성과 및 흥행요인 연구」. 『문화경제연구』 22(3), 179-203.

양성병 (2024). 「고객은 동적 존재, 모두 똑같진 않아, 장기적 흐름 평가와 모니터링이 핵심」. 『동아비즈니스리뷰』 390(1).

예술경영지원센터 (2008). 「연극, 뮤지컬 관람객조사 보고서: 마케팅 관점에서」. 문화체육관광부 정책연구보고서.

_____ (2011). 「2010 클래식음악, 발레 관람객조사 보고서: 마케팅 관점에서」. 문화체육관광부-예술경영지원센터 정책연구보고서.

_____ (2019). 「문화예술 유통·소비 활성화를 위한 4차산업혁명 기술 활용방안 연구」. 문화체육관광부 정책연구보고서.

유미래·안성아 (2023). 「중장년 기혼 여성의 팬덤 활동에 미치는 가족의 영향 연구」. 『문화와 융합』 45(2), 467-481.

윤상혁·손지현·고민삼·김영걸 (2015). 「SNS 온라인 리뷰를 활용한 TV 프로그램 품질평가 연구」. 『방송통신연구』 90, 42-73.

이민주·류성한·김영걸 (2015). 「미디어-콘텐츠 레퍼토리 개발 및 유형별 특성 분석: 엔터테인먼트 콘텐츠를 중심으로」. 『한국콘텐츠학회 논문지』 15(2), 196-207.

이재박·안성아 (2020). 「자동창작시대의 예술작품: 인공지능은 예술 창작의 주체가 될 수 있는가?」. 『인공지능인문학연구』 5, 27-54.

임혜경·전수환·최윤서 (2013). 「기업협력형 문화예술교육프로그램 개발 사례연구」. 『예술경영연구』 28, 113-136.

최연미 (2024). 『AI 마케팅 인사이트』. 리더스북.

최연식 (2015). 「클래식 음악 대중을 위한 관객개발 방향 제언: 앙상블 디토 관객의 옴니보어적 특성을 중심으로」. 『문화정책논총』 29(1), 50-76.

최혁재·안성아 (2014). 「K-pop 히트 유형 분석」. 『문화경제연구』 17(1), 3-34.

한국방송통신전파진흥원 (2021). 「미 할리우드의 인공지능을 활용한 효과적인 제작 기획 및 투자 결정 트렌드」. 정책연구보고서.

현대라이프 (2015). 『현대카드가 일하는 방식 50 Pride Edition 2』. 이야기나무.

번역서

김상훈·안성아 역 (2009). 『영화마케팅 바이블』. 북코리아. 원서명: *Marketing to Moviegoers: A Handbook of Strategies and Tactics* (Robert Marich, 2005, Elsevier).

김태훈 역 (2019). 『마케팅이다』. 쌤앤파커스. 원서명: *This is Marketing* (Seth Godin, 2018, Portfolio).

용호성 역 (2007). 『전석매진』. 김영사. 원서명: *Standing Room Only: Strategies for Marketing the Performing Arts* (Philip Kotler, Joanne Scheff Bernstein, 1997, Harvard Business Press).

방영호 역 (2023). 『필립 코틀러 마케팅의 미래』. 매일경제신문사. 원서명: *Entrepreneurial Marketing* (Philip Kotler, Hermawan Kartajaya, Hooi Den Huan, Jacky Mussry, 2023, Wiley).

_____ (2024). 『필립 코틀러 마켓 6.0』. 더퀘스트. 원서명: *Marketing 6.0: The Future Is Immersive* (Philip Kotler, Hermawan Kartajaya, Iwan Setiawan, 2024, Wiley).

안진환 역 (2010). 『마켓 3.0』. 타임비즈. 원서명: *Marketing 3.0: From Products to Customers to the Human Spirit* (Philip Kotler, Hermawan Kartajaya, Iwan Setiawan, 2010, Wiley).

윤덕환 역 (2021). 『브랜드는 어떻게 아이콘이 되는가』. 한국경제신문사. 원서명: *How Brands Become Icons: The Principles of Cultural Branding* (Douglas B. Holt, 2004, Harvard Business Review Press).

윤영호 역 (2015). 『제프리 무어의 캐즘 마케팅』. 세종서적. 원서명: *Crossing the Chasm* (Geoffrey A. Moore, 2014, HarperBusiness).

윤훈현 역 (2012). 『마케팅관리론 제14판』. 피어슨에듀케이션코리아. 원서명: *Marketing Management* (Philip Kotler, Kevin Lane Keller, 14th ed., Pearson, 2011).

이보아·안성아 역 (2004). 『문화예술 기관의 마케팅』. 김영사. 원서명: *Marketing for Cultural Organizations* (Bonita M. Kolb, 2000, Routledge).

이종인 역 (2014). 『블록버스터 법칙』. 세종서적. 원서명: *Blockbusters: Hit-making, Risk-taking, and the Big Business of Entertainment* (Anita Elberse, 2013, Harvard Business Review Press).

이진원 역 (2017). 『필립 코틀러의 마켓 4.0』. 더퀘스트. 원서명: *Marketing 4.0: Moving from Traditional to Digital* (Philip Kotler, Hermawan Kartajaya, Iwan Setiawan, 2016, Wiley).

_____ (2021). 『필립 코틀러 마켓 5.0』. 더퀘스트. 원서명: *Marketing 5.0: Technology for Humanity* (Philip Kotler, Hermawan Kartajaya, Iwan Setiawan, 2021, Wiley).

임연철·이구슬·이지향 역 (2013). 『문화예술마케팅』. 커뮤니케이션북스. 원서명: *Arts Marketing Insights* (Joanne Scheff Bernstein, 2006, Jossey-Bass).

정미나 역 (2021). 『평균의 종말』. 21세기북스. 원서명: *The End of Average: How We*

Succeed in a World That Values Sameness (Todd Rose, HarperOne, 2016).

최경남 역 (2007). 『광고 불변의 법칙』. 거름. 원서명: *Ogilvy on Advertising* (David Ogilvy, 2007).

국외 문헌

Abercrombie, N., & Longhurst, B. J. (1998). *Audiences: A Sociological Theory of Performance and Imagination*. Sage.

Avery, J., & Nahas, R. (2022). Camera IQ and the metaverse: Building augmented reality brand experiences. *Harvard Business Review*, March-April, 1-7.

Avery, J., & Singh, N. (2024). AI-powered marketing. *Harvard Business Review*, July-August, 78-85.

Bailey, J. (2020). Can machine learning predict the price of art at auction? *Harvard Data Science Review*, 2(2), 1-13.

Bardhi, F., & Eckhardt, G. M. (2017). Liquid consumption. *Journal of Consumer Research*, 44(3), 582-597.

Beltramo, M., Godart, F. C., & Tassini, G. (2024). Should your brand hire a virtual influencer? *Harvard Business School Case*, 524-025, 1-21.

Bonneville-Roussy, A., & Eerola, T. (2018). Age trends in musical preferences in adulthood: 3. Perceived musical attributes as intrinsic determinants of preferences. *Musicae Scientiae*, 22(2), 20-37.

Bonneville-Roussy, A., & Rentfrow, P. J. (2013). Music through the ages: Trends in musical engagement and preferences from adolescence through middle adulthood. *Journal of Personality and Social Psychology*, 105(4), 703-717.

Burtch, G., Cho, D., Liang, Y., & Smith, M. D. (2021). Will movie theaters survive when audiences can stream new releases? *Harvard Business Review*, July-August, 98-105.

Chatterjee, S. (2024). The genius behind Netflix's ascension to the top: Personalization-driven arbitrage. *Harvard Business Review*, March-April, 65-72.

Cowen, A., & Tabarrok, A. (2000). An economic theory of avant-garde and popular art, or high and low culture. *Southern Economic Journal*, 67(2), 232-253.

Craig, T., Sugai, P., & Aroean, L. (2015). Hatsune Miku: Japanese virtual idol ignites global value co-creation. *Harvard Business Review*, November, 112-119.

Davis, F. D. (1989). Perceived usefulness, perceived ease of use, and user acceptance of information technology. *MIS Quarterly*, 13(3), 319-340.

Dover, P. A., & Marston, S. (2006). Polyphonic HMI: Mixing music and math. *Harvard Business School Case*, 506-009, 1-17.

Elberse, A. (2009). Should you invest in the long tail? *Harvard Business Review*, 87(7-8), 88-96.

Godart, F., Henry, B., & Tassini, G. (2017). Artsy: The rise of online art commerce. *Harvard Business Review*, September, 76-85.

Gupta, S., & Mohapatra, R. (2024). Attryb: AI-driven website personalization for online sellers. *Harvard Business School Case*, 524-041, 1-24.

Hagtvedt, H., & Patrick, V. M. (2008). Art infusion: The influence of visual art on the perception and evaluation of consumer products. *Journal of Marketing Research*, 45(3), 379-389.

Hargreaves, D. J., & Bonneville-Roussy, A. (2018). What is 'open-earedness', and how can it be measured? *Musicae Scientiae*, 22(2), 180-195.

Holbrook, M. B. (1993). Nostalgia and consumption preferences: Some emerging patterns of consumer tastes. *Journal of Consumer Research*, 20(2), 245-256.

Holbrook, M. B., & Schindler, R. M. (1989). Some exploratory findings on the development of musical tastes. *Journal of Consumer Research*, 16(1), 119-124.

_____ (1994). Age, sex, and attitude toward the past as predictors of consumers' aesthetic tastes for cultural products. *Journal of Marketing Research*, 31(3), 412-422.

_____ (1996). Market segmentation based on age and attitude toward the past:

Concepts, methods, and findings concerning nostalgic influences on customer tastes. *Journal of Business Research*, 37(2), 147-156.

_____ (2013). Commentary on "Is there a peak in popular music preference at a certain song-specific age? A replication of Holbrook & Schindler's 1989 study." *Musicae Scientiae*, 17(4), 414-423.

Holt, D. B. (2016). Branding in the age of social media. *Harvard Business Review*, 94(3-4), 40-50.

Kim, W. C., Mauborgne, R., & Ji, M. (2017). A maestro without borders: How André Rieu created the classical music market for the masses. *Harvard Business Review*, December, 58-64.

Meeker, A. (2022). Negative reviews can boost sales even more than positive ones. *Harvard Business Review*, November-December.

Michel, S. (2024). The AI paradox: Will generative AI enhance or destroy the business model of 99designs.com? *Harvard Business Review*, April, 90-98.

Moon, Y. (2002). Electronic Arts introduces The Sims Online. *Harvard Business Review*, November, 100-110.

Orbach, B., & Einav, L. (2007). Uniform prices for differentiated goods: The case of the movie-theater industry. *International Review of Law and Economics*, 27(2), 129-153.

O'Reilly, D., & Kerrigan, F. (2010). *Marketing the Arts: A Fresh Approach*. Routledge.

Parasuraman, A. (2000). Technology readiness index (TRI): A multiple-item scale to measure readiness to embrace new technologies. *Journal of Service Research*, 2(4), 307-320.

Park, C. W., Jaworski, B. J., & MacInnis, D. J. (1986). Strategic brand concept-image management. *Journal of Marketing*, 50(4), 135-145.

Peterson, R. A., & Kern, R. M. (1996). Changing highbrow taste: From snob to omnivore. *American Sociological Review*, 61(5), 900-907.

Pulcrano, J., Frank, L., Gilgen, D., Meyer, K., & Paparella, F. (2022). Largo.ai in Hollywood: Good enough? *Harvard Business Review*, May, 1-19.

Rose, T. (2016). *The End of Average: How We Succeed in a World That Values Sameness*. HarperOne.

Shon, J. H., Kim, Y. G., & Yim, S. J. (2014). Classifying Movies Based on Audience Perceptions: MTI Framework and Box Office Performance. *Journal of Media Economics*, 27(2), 79-106.

Sirgy, M. J. (1985). Using self-congruity and ideal self-congruity to predict purchase motivation. *Journal of Business Research*, 13(3), 195-206.

찾아보기

ㄱ

가격 차별화 208, 213
가상 아이돌 109
가상 인플루언서 101
가치 중심 마케팅 54, 55, 63
감성지능(EQ) 21
감성 컴퓨팅 131
개인화 프라이싱 226
경험 기반 IMC(EMC) 281
고객 관계 관리(CRM) 321
고객변동표 326
고객상태표 325
고객손익계산서 326
고객 여정 284, 289, 291
고객제표 325
고객흐름표 326
공연예술통합전산망(KOPIS) 300
관여도 110, 111
구글 21, 22
구글 아트앤컬처 22
구글 애드 익스체인지 223
구찌 20
국립극단 100

기능적 가치 176
기대상품 175, 177, 178

ㄴ

나노 마케팅 123
나이키 182
네이버 107
넷플릭스 24, 26, 28, 35, 138, 150, 158, 184, 324
노키아 35
니켈로디온 141
닌텐도 37, 38

ㄷ

다양성 추구 111, 112
다이내믹 프라이싱 208, 221
다이슨 20
더 프레임 243
던킨도너츠 146
돌비 시네마 141
듀오링고 146

디즈니 192
디즈니+ 26, 138

ㄹ

라르고 66
라이트 유저 107
레딧 235
로보틱스 56
로봇 264
로블록스 251, 252
로지 101
롱테일 24, 201
루브르 아부다비 143
루이비통 20
루카스필름 193
루퍼스 128
룰루레몬 147
뤼미에르 형제 26
리퀴드 소비 117
릴 미켈라 101

ㅁ

마블 193
마이크로 세그먼트 122, 149
마이크로소프트 37
마크 저커버그 65
메세나 63
메타 65
메타버스 250
메트로폴리탄 오페라 247
멜론 26
모멘트 마케팅 275

무한 접점 274
문화적 자본 98
문화 할인율 103
미드저니 185
밈 24

ㅂ

바스키아 15
반복 구매율 314
방탄소년단(BTS) 154, 155
버추얼 연예인 101, 109
번들링 가격 215
베타맥스 26
벨웍스 21
보컬로이드 109
봇 318
브랜드 아이덴티티 193
브랜드 인지도 314
브랜드 자산 191
브랜드 충성 110, 111
브랜드 확장 196
브랜디드 콘텐츠 16
브리태니커 34
블록버스터 35
블록체인 56, 258, 259, 265
블루오션 전략 82
비전 프로 131
비정형 데이터 131
비콘 280
비플 29

ㅅ

사물인터넷(IoT) 56, 131, 262, 280
사회적 책임(CSR) 15, 55, 64
샘 올트먼 127
샤넬 20
서지 프라이싱 221
소니 35, 37
순 추천지수 314
슈퍼 마리오 38
슈프림 146
스마트 계약 258
스마트 공간 262
스와치 15
스위치 37
스크린 X 26
스크랩북 89
스키밍 가격 전략 214
스타벅스 20
스타 브랜드 194, 195
스포티파이 24, 26, 28, 138
시간점유율 322
시나리오 플래닝 83
시네리틱 89
시네마토그래프 26
시리 129
시장 세분화 121, 134, 135
시장점유율 321
신스테이션 225
심즈 41, 42

ㅇ

아디다스 182
아마존 128, 129, 151, 221, 235

아마존 고 235
아미 155
아우디 131
아이치이 67
아이튠즈 26, 36
아이팟 36
아이폰 147
아트 게놈 프로젝트 160
아트시 160
애플 20, 26, 36, 129, 131, 147
애플뮤직 24, 37
앤디 워홀 15
양파 모델 175
어쩌면 해피엔딩 103
에버렛 로저스 112
에어비앤비 16
엔델 184, 186
엔카르타 34
예방적 마케팅 275
예측 프라이싱 224
예투 238
오픈갤러리 243
오픈씨 255
오픈AI 127
옴니보어 98
옴니채널 플랫폼 248
와스더 225
월마트 129, 130
웨어러블 디바이스 56
위버스 154
위키피디아 34
유니보어 98
유튜브 138, 241
유튜브360 249

이케아 플레이스 250
인스타그램 235, 241
인플루언서 24, 101, 270, 285
일간/월간 활성 사용자 수(DAU/MAU) 317

ㅈ

자바워키즈 237
자율 가격제 216
적응형 스토리텔링 187
전환율 313
제롬 매카시 161
제임스 컬리턴 161
제품수명주기(PLC) 20, 199
제프리 무어 114
제한된 합리성 127
지갑점유율 321
지적재산(IP) 192, 196

ㅊ

찰스 다윈 52
촉진 전략 도구 278

ㅋ

캐논 35
캐즘 114
커뮤니케이션 163, 284
컨텍스트 기반 마케팅 275
케이팝 데몬 헌터스 316
코닥 34, 35
코일 230

코카콜라 121
콘셉트 테스트 63
콘솔 게임 37
콘크릿 260
쾌락적 소비 105, 106
큐레이션 28
크라우드소싱 45
크라우드 컬처 146
크라우드펀딩 24, 107, 249
크리에이티브 랩 21, 22
크립톤 퓨처 미디어 109
키스 해링 15, 16

ㅌ

태양의 서커스 82
테오도르 레빗 199
텐센트 비디오 67
토머스 쿤 51
통합 마케팅 커뮤니케이션(IMC) 281
트리니티 어스 67
티빙 26
티켓마스터 228
틱톡 241

ㅍ

파레토 법칙 106
파타고니아 145
팟캐스트 241
팩텀 AI 130
페르소나 65, 148, 149, 151
포드 53, 121
포커스 그룹 인터뷰(FGI) 63

포켓몬 GO 198, 250
표적집단면접(FGI) 300
프로슈머 24
프롬프트 309
프리액티브 마케팅 275
피에르 부르디외 98
픽사 16, 193
필립 코틀러 52

ㅎ
하이브리드 플랫폼 248
하츠네 미쿠 109
할리우드 61, 89, 141
행동경제학 127
허버트 갠스 97
헤비 유저 106, 107
헨리 포드 53
혁신의 딜레마 33, 36, 38
혁신 확산 이론 112, 113
현대카드 18
홀드백 38, 40
홀로그램 27, 109, 263
홈시어터 38
희소성 마케팅 20

ABC
A/B 테스트 65
AI 모더레이션 304
AI 비서 126, 129
AI 쇼핑 어시스턴트 128
AI 신뢰도 점수 132
AI 에이전트 65, 126, 127, 129, 131, 132

AIDA 모델 285
AIO 126
Arts Marketing 59

BMW 15

CCS Fundraising 308
CDJ 모델 286
ChatGPT 56, 114, 126, 151
Content Marketing 59
Cultural Arts for Marketing 58
Cultural Marketing 58

EA 41, 42
ERRC 모델 82
ESG(환경·사회·지배구조) 64

HubSpot 151

IMAX 26, 141

K-콘텐츠 103
K-pop 102

NFT 29, 253, 258, 259, 260

OSMU 196
OTT 26, 38, 67

P2P 26, 34
PEST 분석 71, 72
PESTLE 분석 73

RACE 모델 287

RTB 223

SEO 125, 126
sLLM 151
SOAR 분석 80, 81
STEEP 73
Storytelling Marketing 59
SWOT 분석 76

TOWS 분석 78

VHS 26
VR/AR 27, 56

Wii 37

123

3C 분석 75
3D 프린팅 264
4차 산업혁명 55
4C 162, 163
4DX 26, 141
4I 163, 164, 165
4P 53, 161
5가지 경쟁요인 모델 74
5A 모델 285
20세기폭스 193
99디자인스 45